Kleines Wörterbuch der europäischen Gartenkunst

W0086915

Kleines Wörterbuch der europäischen Gartenkunst

Von
Gabriele Uerscheln und
Michaela Kalusok

Mit 30 Abbildungen

Philipp Reclam jun. Stuttgart

Universal-Bibliothek Nr. 18115
Alle Rechte vorbehalten
© 2001 Philipp Reclam jun. GmbH & Co., Stuttgart
Gesamtherstellung: Reclam, Ditzingen. Printed in Germany 2001
RECLAM und UNIVERSAL-BIBLIOTHEK sind eingetragene Marken
der Philipp Reclam jun. GmbH & Co., Stuttgart
ISBN 3-15-018115-1

www.reclam.de

Inhalt

Vorwort
7

Gartenstile Europas
9

Der antike griechische Garten 9 · Der antike römische
Garten 10 · Der spanisch-arabische Garten 12 · Der
mittelalterliche Garten 15 · Der holländische
Garten 18 · Der italienische Garten der
Renaissance 19 · Der manieristische Garten 22 · Der
französische Garten des Barock 23 · Der englische
Garten 26 · Der Garten des Historismus 29 · Der
Garten des Jugendstils und der klassischen
Moderne 30 · Der Garten der Postmoderne 31

Abkürzungen
35

Wörterbuch von A bis Z
37

Ausgewählte Gärten in Europa
279

Literaturhinweise
283

Zu den Autorinnen
287

Vorwort

Die Gartenkunst als Disziplin der Kunstgeschichte ent-
wickelte ihre Stile durch alle Epochen der europäischen
Geschichte. Während man jedoch in Hochschulen und
Museen sammelnd, bewahrend, forschend und vermittelnd
Gedächtnisse für die klassischen Disziplinen der bildenden
Kunst schuf, blieb die kunstwissenschaftliche Bearbeitung
der Gartenkunst weitgehend vernachlässigt. Seit mit Beginn
der 70er Jahre die Diskussionen über den Umgang mit der
Natur aus den verschiedensten Motiven vehement und öf-
fentlich geführt werden, wurden zahlreiche Projekte zum
Thema »Natur« mit unterschiedlichen Prioritäten und Ziel-
setzungen ins Leben gerufen. In Zeiten eines radikalen Ver-
lustes sinnstiftender Instanzen, der umfassenden Besetzung
der Lebenswelt durch moderne technische Medien und der
zunehmenden Künstlichkeit von Welt nimmt die Hinwen-
dung zur Natur wieder zu. Verbunden hiermit ist ein
wachsendes Interesse an Gartenkunst und ihren Schöpfungen: den Gärten. Als Mittler zwischen ungestalteter Natur
und dem Menschen bedürfen sie seit jeher besonderer Aufmerksamkeit und behutsamer Pflege, die nur in der Zusammenarbeit aller mit Gartenkunst befaßter Disziplinen effek-
tiv sein kann.

Mangelnde Aufmerksamkeit oder der wissentlich hinge-
nommene Verfall großer Kulturleistungen haben viele Gar-
tenkunstdenkmäler fast in Vergessenheit geraten lassen.
Nach der griechischen und römischen Antike waren es die
maurischen Herrscher in Spanien, die, aus dem Orient
kommend, die Gartenkunst Europas neu belebten und Gestaltungen anregten, die bis weit in das 19. Jahrhundert auf
das engste mit der Geschichte von Herrscherdynastien und
einflußreichen Familien des Großbürgertums verbunden
sein sollten.

Das *Kleine Wörterbuch der europäischen Gartenkunst* führt im ersten Teil in die Gartenstile Europas von der Antike bis zur Gegenwart ein. Im zweiten Teil werden in über 550 Stichworten die wichtigsten Fachbegriffe, Gartentypen und -motive, Gartenarchitekten wie Gartentheoretiker sowie über 60 europäische Gärten vorgestellt. Diese sind der Übersicht halber im Anhang noch einmal nach Ländern geordnet aufgelistet.

Gabriele Uerscheln
Michaela Kalusok

Gartenstile Europas

Der antike griechische Garten

Die ältesten Beschreibungen von griechischen Gartenanlagen finden sich in der *Odyssee* Homers (Ende 8. Jh. v. Chr.), wo im Zusammenhang mit den trojanischen Kriegen und den Irrfahrten des Odysseus auch Paläste und deren Gärten geschildert werden. Die Beschreibungen zeigen, daß die Gärten – z. B. der sagenhafte Garten des Alkinoos – keine reinen Ziergärten waren, sondern von Hecken oder Mauern umschlossene Nutzgärten, die dreigeteilt waren in einen Gemüsegarten, einen Obst- und einen Weingarten.

In der von Göttern bestimmten Naturanschauung der Griechen spielte die reine Naturbetrachtung und Naturliebe jedoch zunächst keine Rolle. Von baumbestandenen Gärten, die mit dem Kult einer Gottheit verbunden waren, den Heiligen Hainen, in denen Götterbilder und Altäre aufgestellt waren, berichtet schon Homer. Der Zutritt zu diesen Hainen blieb den Bürgern versagt.

Antike Grottenanlagen – z. B. die Grotte der Nymphe Kalypso – wurden erstmals ebenfalls durch Homer überliefert. Die Grotte der Kalypso, in der Odysseus gefangengehalten wurde, war in mehrere Räume aufgeteilt und öffnete sich in einen naturbelassenen, baumbestandenen Garten. Die Grottenanlagen waren motivisch, jedoch ohne direkten gestalterischen Bezug bedeutsam für den römisch-antiken Garten und wirkten von dort aus auch auf die Gärten der Renaissance und des Barock. Insgesamt jedoch blieb der formale Einfluß des griechischen Gartens auf die Gartenkunst der Neuzeit gering.

Die Griechen zogen das Leben in der Stadt dem Landleben vor. In der Stadt legte man Wandelgänge und Alleen an, die – u. a. bei den Ring- und Sportplätzen gelegen – als

Ort der körperlichen Ertüchtigung sowie der Begegnung und Konversation dienten. So entstand eine Kultur der öffentlichen Gärten oder vielmehr Promenaden, verbunden mit Plätzen und Gebäuden für Wettkämpfe, Spiele und den damit verknüpften kultischen Handlungen. Aus dem Garten des Akademos beispielsweise, einem legendären Helden und göttlichen König, dem ein Garten mit Ölbäumen und Altären verschiedener Götter geweiht war, entwickelte sich die Akademie in Athen. Eine Schilderung dieser Bildungs- und Sportstätten, der Gymnasien, findet sich im römischen Architekturtraktat des Vitruv (88–26 v. Chr.). Die in den Gymnasien angelegten Peristylgärten – Peristyle sind Innenhöfe mit offenem, säulengestütztem Umgang – wurden maßgeblich für den Garten des römischen Stadthauses.

Private Gärten in der Stadt blieben zunächst den Lehrern und Philosophen vorbehalten. Platon kaufte in Athen einen Garten (nach 388 v. Chr.), den er den Musen weihte und in dem er lehrte. Aristoteles folgte seinem Beispiel und hielt seine Vorlesungen im sogenannten Lykaion, in der Nähe des Tempels des Apollon Lykaios.

Über das rein Nutzbringende hinaus wurde das ästhetische und botanische Interesse an Ziergärten und Parks erst durch Einflüsse aus dem Orient geweckt. Sowohl die ägyptische als auch die persische Gartenkunst, die für ihre Blumenzucht und ihre reichen Gärten bekannt waren, übten seit dem Hellenismus einen Einfluß auf die Gartengestaltung in Griechenland aus. Das »Paradeisos« – so übertrug Xenophon (434–355 v. Chr.) die persische Bezeichnung für Gartenanlagen ins Griechische – hielt in Griechenland Einzug.

Der antike römische Garten

Im Gegensatz zu dem durch wenige Zeugnisse bekannten griechischen Garten vermitteln zahlreiche Quellen ein etwas genaueres Bild der römischen Gartenkunst. Darunter sind insbesondere die Schilderungen von Gärten in den Briefen des Plinius d. J. (61 oder 62 – um 113 n. Chr.) und im Traktat über den Landbau des Marcus Terentius Varro (116–27 v. Chr.) hervorzuheben. Der Typus des römischen Stadtgartens war als Gartenhof (Peristyl) ausgebildet, in dem sich um ein zentrales Wasserbecken Beete und Kübelpflanzen gruppierten. Diese Peristylgärten im Atrium eines römischen Hauses waren der griechischen Baukunst entlehnt. Obwohl im 79 n. Chr. durch einen Vesuvausbruch verschütteten Pompeji Pflanzbehälter erhalten sind und eine Bepflanzung des Atriums aufgrund der wissenschaftlichen Auswertung verkohlter Pflanzenreste nachgewiesen ist, läßt sich das genaue Aussehen der römischen Gartenhöfe nicht mehr vollständig erschließen. Umstritten ist deshalb die Rekonstruktion des großen Peristyls mit Garten nach der Villa dei Papiri in Herculaneum für das Paul-Getty-Museum in Kalifornien. Andere Beispiele für möglicherweise bepflanzte Peristylgärten sind im Haus des Fauns oder im Haus der Amorini Dorati in Pompeji belegt.

Eine Vorstellung des römischen Gartens vermittelt darüber hinaus die pompejanische Wandmalerei. Im Innenraum wird ein ringsum offener Raum – einem Gartenpavillon gleich – suggeriert, der den Ausblick auf einen Garten bietet. Hinter einem Zaun aus Gitterwerk und Pergolen befindet sich ein dichter, mit zahlreichen Vögeln bevölkerter Bewuchs aus Bäumen und Blumen – ein wilder, naturbelassener, paradiesischer Garten, dessen Anlage sich weder mit den überlieferten Gärten der römischen Stadthäuser noch der ländlichen Villen in Übereinstimmung bringen läßt. Bereits in republikanischer Zeit finden sich in den eng bebauten römischen Städten öffentliche Gärten und Promenaden angelegt, die mit Platanen, Pinien und Zypressen bepflanzt waren.

Für die europäische Gartenkunst der nachantiken Zeit war insbesondere die römische Villenkultur vorbildhaft.

Die detaillierten Beschreibungen in den Briefen Plinius'
d. J. ermöglichen eine Rekonstruktion der römischen Villa
und ihrer Gärten. Bei der Anlage einer Villa kamen der
Aussicht, erreicht durch eine Hanglage, und einer klimatisch günstigen Ausrichtung entscheidende Bedeutung zu.
Die Villenanlage bestand aus einem Gebäudekomplex mit
Sonnenterrassen und überdachten Wandelgängen, umgeben
von Nutz- und Lustgärten, die mit Kunstwerken und kleinen Lustbauten geschmückt waren. Die Gärten, die aus
verschiedenen gegeneinander abgegrenzten Teilen bestanden, waren kunstvoll bepflanzt und gestaltet. Plinius beispielsweise ließ ein sogenanntes Hippodrom im Garten
seiner Villa in der Toskana anlegen. Die Form des langgestreckten Gartenraums ähnelte den Circusanlagen für Pferderennen. An seinem halbkreisförmigen Ende schloß sich
ein Rosengarten und ein Stibadium an, eine zum Speisen
angelegte, raffiniert mit Brunnen verbundene Sitzbank. In
figürliche Formen geschnittene Buchsbäumchen und Sträucher säumten die Wege. Diese Baumschnittkunst wurde in
der Gartenkunst der italienischen Renaissance wieder aufgegriffen. Auch Statuen wurden in Villen-Gärten – zu nennen wäre hier als ein späteres Beispiel die Villa des Hadrian
in Tivoli (125–136 n. Chr.) – sowie in Stadtgärten plaziert,
wie z. B. im Garten des Dichters Sallust (1. Jh. v. Chr.), der
eine berühmte Sammlung von Kunstwerken beherbergte.

Der spanisch-arabische Garten

Ohne gesichert nachweisbaren Bezug auf etwa noch vorhandene Anlagen aus römischer oder westgotischer Zeit
brachten islamische Eroberer aus dem Orient und Nordafrika die hochentwickelte Kultur ihrer Gartenkunst um
880 nach Spanien, wo sie sich insbesondere im zentralen
Süden und Nordosten der Iberischen Halbinsel ihre grü-

nen Paradiese anlegen ließen. Auf der Grundlage von umfassenden botanischen und damit verbundenen agrarischen Kenntnissen sowie fundierter Ingenieurskunst entwickelte sich eine landwirtschaftliche Kultur, die weite Flächen des Landes in fruchtbare Oasen verwandelte. Zum Teil aus römischer Zeit stammend, wurde eine Vielzahl von Nutz- und Zierpflanzen rekultiviert.

Zu ebenso hoher Blüte reifte die Gartenkunst in herrschaftlichen Palästen und Stadthäusern hochrangiger Persönlichkeiten. Gemeinsames Merkmal dieser Anlagen war ihr urbaner Charakter. Selbst auf größeren Flächen wurden keine Gärten geschaffen, die als Ganzes zu übersehen waren, sondern ein Verbund kleiner geschlossener Anlagen. Als Modul für die Konzeption der einzelnen Gartenabschnitte diente in der Regel das Quadrat. Hiermit entsprachen die Gartenanlagen der aus dem Orient importierten städtischen Garten- bzw. Hofarchitektur, die gemäß der sozialen Struktur in islamischen Gesellschaften zum Hausinnern orientiert und nach außen, stadtwärts, deutlich abgeschlossen ist. Anders als in den Gärten beispielsweise der Mogule in Persien wurden analog zu den einzelnen Gartenabschnitten keine großdimensionierten Wasserbassins gebaut, sondern Brunnen und Kanäle. Ein weiteres Merkmal der Anlagen in Spanien war ihre häufige Einbindung in eine Terrassenarchitektur, die eine besonders reizvolle Aussicht auf die meist in den niedrigeren Terrassenabschnitten gelegenen Gärten gewährte.

Der hohe Stellenwert gartenkünstlerischer Anlagen kann daran ermessen werden, daß der erste von den übrigen arabischen Staaten unabhängige Omayade, Abd-ur-Rahmân III., der Kalif von Cordoba (929–1031), sich unmittelbar nach seiner Übernahme der Macht in der Nähe von Cordoba die Wunderstadt Az-Zahra bauen ließ. Eingefügt in die unteren Abschnitte der zur Terrassenarchitektur gefügten Anlage, die für eine große Hofhaltung bestimmt war, bot die Gartenanlage mit ihrer Rhythmik von gitter-

umgrenzten rechtwinkligen Abschnitten, ihren gartenar-
chitektonischen Kleinbauten (Pavillons, Vogelhäuser und
Zwinger), plastischen und bildnerischen Schmuckelemen-
ten, Teichen, Brunnen und Bassins dem betrachtenden
Auge unter freiem Himmel ein Ebenbild des Inneren von
Höfen und Zimmern. Legendär wurde dieser in mehr als
vierzig Jahren vervollkommnete Garten auch wegen seiner
Wasserberieselung aus feinen Düsen in Marmorböden, die
für eine frische Atmosphäre sorgte. Für das 10. Jahrhundert
wird von Tausenden von Gärten in der Umgebung von
Cordoba berichtet. Ein Text aus dem 11. Jahrhundert berichtet vom Patio de los Naranjos in Cordoba als einem
wundervollen Hofgarten aus weißem Marmor mit einem
baumgesäumten Wasserlauf.

Sevilla, besetzt von den Arabern 712 und von Ferdinand III., dem »Heiligen«, 1248 wiedererobert, zeichnete
sich ebenfalls durch eine hohe Gartenkultur aus. Zwar ist
wenig über ihr Aussehen vor dem 12. Jahrhundert überliefert, doch haben Ausgrabungen ergeben, daß die begrenzenden Seiten der ›versunkenen‹ Blumenbeete mit Stukkaturen und Malereien geschmückt waren. Der Patio de
los Naranjos vor der Moschee in Sevilla wurde 1171 von
Yusuf II. begonnen und ist angelegt wie der Orangenhof
von Cordoba. Insbesondere stimmt die kunstvolle Inge-
nieursleistung bei der Wasserkanalisierung überein, die von
Baum zu Baum geführt und durch hölzerne Sperren vor
Überwässerung geschützt wird.

Der Garten des Alcazar-Palastes in Sevilla, dessen erste
Bauabschnitte ins 12. Jahrhundert datieren, ist mit einer
Gesamtfläche von 16 ha der größte noch erhaltene Garten,
der den Untergang der maurischen Tradition überlebte. Er
besteht aus mehreren Höfen mit Arkadenumgängen, einem
niedrigen Wasserbecken im Zentrum und einem großen
zentralen Areal mit acht Abteilungen, unterteilt von geschnittenen Hecken. Gleichwohl ist die ursprünglich maurische Anlage von Ergänzungsbauten aus der Renaissance

überformt, wie beispielsweise von einem Pavillon, gebaut im 16. Jahrhundert unter Karl I. von Spanien.

Auch nach dem Fall von Cordoba und Sevilla in der Mitte des 13. Jahrhunderts lebte die maurische Tradition fort, verschmolzen mit spanisch-christlichen Elementen zum Mudejár-Stil. Der christlichen Adaption maurischer Gärten ist es zu verdanken, daß der Alcazar bei Sevilla in der zweiten Hälfte des 14. Jahrhunderts neu erbaut und ausgedehnte Gärten angelegt wurden.

Das muslimische Spanien war bis zu seiner Eroberung im Jahr 1492 auf Granada begrenzt. Gärten wurden hier auf der Hügelseite angelegt, und Ausblicke auf die nahegelegene Stadt konnten durch feinste, ornamental gestaltete Mauerlöcher oder von Terrassen aus wahrgenommen werden. Von allen muslimischen Gärten haben sich die der Generalife oberhalb der Alhambra von Granada als die berühmtesten erhalten.

Der mittelalterliche Garten

Für das frühmittelalterliche Nordeuropa kann von einer Fortsetzung der antiken Tradition einerseits und einem Neubeginn unter dem Einfluß arabisch-orientalischer Gartenkultur andererseits ausgegangen werden, die durch tradierte Schriften antiker Autoren zum Gartenbau und durch die Beziehungen zu Byzanz getragen wurden. Obwohl zahlreiche Schrift- und Bildquellen Hinweise auf Aussehen und Zusammensetzung mittelalterlicher Gärten geben, gelingt die Rekonstruktion und damit die genaue Vorstellung von Gartenanlagen im Mittelalter nur schwer, zumal – wie auch beim antiken Garten – originale Anlagen nicht mehr bestehen. Selbstverständlich kann man davon ausgehen, daß v. a. die landwirtschaftlichen Nutzgärten nach antik-römischen Vorgaben kontinuierlich weitergeführt wurden. Die

Capitulare de villis vel curtis imperii, eine Landgüterord-
nung Karls des Großen aus dem Jahr 812, ist die bedeutendste Quelle zur landwirtschaftlichen Nutzung aus karolingischer Zeit, die auf den Erkenntnissen der römisch-
antiken Villenkultur aufbaut. Sie gilt aufgrund der darin
enthaltenen Beschreibung zahlreicher Nutzpflanzen als das
früheste erhaltene Pflanzenbuch des Mittelalters.

Charakteristische mittelalterliche Gartentypen sind der
Baumgarten und der Wurzgarten, d. i. der Kräuter- und
Arzneigarten. Da diese erstmals in Klosteranlagen – z. B.
auf dem St. Gallener Klosterplan (um 825) oder im *Hortulus*, einem um 840 verfaßten Gedicht über die Kräutergärten des Klosters auf der Insel Reichenau – nachzuweisen
sind, werden die Klöster als die Bewahrer nicht nur der antiken Kultur allgemein, sondern auch des antiken gärtnerischen Erbes angesehen. Neben den klösterlichen Nutzgärten entstanden inmitten des vom Kreuzgang des Klosters
eingeschlossenen Hofes erste von Nutzungsgedanken freie
»Paradiesgärtlein« als Orte der Kontemplation: In der Regel vier Gartenabschnitte, voneinander geschieden durch
einen Längs- und einen Querweg, in deren Kreuzungs-
punkt ein Brunnen Wasser zum Gießen lieferte und zugleich den Lebensquell bzw. den Paradiesbrunnen sym-
bolisierte, waren zu einem wohlgeordneten Ganzen komponiert. Ein Beispiel für einen solchen Garten ist im
Klosterplan von St. Gallen aufgeführt, der verschiedene
Gartenformen mit genauen Hinweisen zur Bepflanzung
mit nützlichen Gewächsen zeigt, für den großen Kreuz-
gangsgarten jedoch keine Pflanzanweisungen enthält. Eine
erste umfassende Darstellung der im Mittelalter verwendeten Pflanzen stellen die Pflanzenbücher der Hildegard von
Bingen (1098–1179) aus dem 12. Jahrhundert dar, die neben
den nützlichen Heilpflanzen auch Lilie, Rose und Veilchen
als Zierpflanzen beschreibt und damit einen Hinweis auf
die mögliche Anlage von Blumengärten bereits im frühen
Mittelalter liefert. Den ersten wirklichen Lustgarten des

Mittelalters beschreibt allerdings erst Albertus Magnus im 13. Jahrhundert als ein von Duftkräutern und Blumen gesäumtes, mit schattigen Bäumen bepflanztes Rasenstück, das ringsum von einer Rasenbank begrenzt wird. Der Quell- und Badebrunnen (Brunnen) als Zentrum des Gartens bleibt während des gesamten Mittelalters der wichtigste Bestandteil einer Gartenanlage und bildet das Initial für deren skulpturale Ausschmückung in späterer Zeit (Gartenskulptur). Die von Albertus Magnus beschriebene Gartenanlage gleicht vielen Darstellungen des Hortus conclusus, einem umzäunten Blumengarten, der zu einem besonderen Typus der Mariendarstellung im Mittelalter gehört.

Das Motiv des Paradiesgärtleins wird im profanen Bereich für die Darstellung des Liebesgartens übernommen, der im Mittelalter im Zusammenhang mit der höfischen Dichtung eine Verbindung von Garten und Erotik entstehen läßt. Der um 1230 begonnene, um 1270 fortgeschriebene *Roman de la Rose* (*Rosenroman*) vermittelt in lyrischer Verklärung die Bedeutung und das Aussehen des Gartens in der höfisch-ritterlichen Gesellschaft des 13. Jahrhunderts als Ort des Vergnügens.

Realität waren indes die engen Burggärten, die als Nutzgärten konzipiert im Kriegsfall der Versorgung dienen mußten und die im Laufe der Zeit, als der wehrhafte Charakter der Burgen obsolet geworden war, als Blumengärten angelegt werden konnten. Auch außerhalb der Burgen blieben die Gärten im frühen Mittelalter eingehegt und geschützt vor wildernden Tieren, und sie beanspruchten einen eigenen Rechtsraum. Ihr Pflanzensortiment vergrößerte sich erst um 1000 entscheidend.

Schloß- und Burggärten, Klostergärten wie auch der Bauernhof waren den Bürgergärten in den Städten in ihren stilistischen Entwicklungen nicht zuletzt aus Platzgründen voraus. Während dem Adel zusätzlich zu seinen kleineren Gartenarealen im Schloß- bzw. Burgbereich ausgedehnte Wild- und Jagdgärten mit ihren speziellen Jagdhäusern zur

Verfügung standen, wurden in den Städten seit dem hohen
und späten Mittelalter Blumen-, Arznei- und nicht zuletzt
botanische Gärten angelegt.

Der holländische Garten

Die holländische Landschaft ist durch ein Netz gerader Kanäle als Entwässerungsgräben und Verkehrsadern geprägt.
Ein charakteristisches Merkmal des holländischen Gartens
war deshalb von der Kulturlandschaft vorgegeben, nämlich
die Eingrenzung und Umfassung durch Wassergräben. Vor-
geformt war darüber hinaus durch das rasterartige System
der Kanäle auch die strenge Einteilung der Gärten in
Rechtecke. Gleichzeitig verbieten die begrenzenden Kanäle
trotz des sich bis zum Horizont erstreckenden flachen
Landes eine weit in die Landschaft vordringende, axiale
Ausdehnung der Gärten. Vielmehr wurden im Raster der
Gräben kleinere, überschaubare Gartenrechtecke aneinandergereiht. Dieses allgemein für Renaissancegärten typische
System wurde auch in den barocken Gärten beibehalten.
Während sich der holländische Garten in der Renaissance
kaum von deutschen Gartenanlagen unterschied, entwikkelte der Barockgarten deutlichere Eigenheiten.
    Der bei Haarlem (Provinz Utrecht) gelegene Schloßgar-
ten Heemstede und der Schloßgarten Het Loo (Apeldoorn)
weisen die oben genannten Muster in den Grundzügen ihrer Anlage auf. In Heemstede liegt das Schloß im Zentrum
des Gartens, der durch Baumalleen von der umliegenden
Landschaft abgeschirmt wird. Ausblicke werden nicht geschaffen, vielmehr konzentriert sich der Blick auf das Innere der Gärten, das sich durch eine besonders abwechslungsreiche, farbige Ausschmückung der Parterres und Boskets
auszeichnet. Blumenrabatten bildeten ein wichtiges Gestaltungsmittel im holländischen Garten.

Einen Eindruck des Gartens für ein wohlhabendes Bürgertum, das sich nach der Loslösung von der spanischen Fremdherrschaft in Holland etablierte, vermittelt die Stichfolge des Architekturmalers Hans Vredeman de Vries von 1568. Die Gärten wurden auf der einen Seite vom Wohnhaus und auf der anderen Seite von einem Kanal als Wasserstraße begrenzt, über den auch ein Zugang zu dem Gartengrundstück führte. Die vom Kanal her nicht einsehbaren Gärten waren in rechteckige Felder aufgeteilt, die von Laubengängen, Lattenzäunen oder Hecken umgrenzt waren. Im Zentrum der einzelnen Kompartimente stand ein Brunnen oder ein kunstvoll beschnittener Baum.

Das weit verbreitete Stichwerk übte einen großen Einfluß auf die europäische Gartenkunst des Manierismus aus. Die Bedeutung der holländischen Gärten, die ihrerseits wiederum von der französischen Gartenkunst geprägt waren, für Europa und insbesondere Deutschland ist jedoch weniger kunsthistorisch als gartenbaulich begründet. Zwar gibt es vielfältige Einflüsse auf die deutsche Gartenkunst gerade in dem künstlerisch, religiös und dynastisch verwandten Norden (z. B. Hannover, Herrenhausen), doch sind die Handelsbeziehungen Hollands nach Übersee, die eine Einfuhr und den Vertrieb seltener und kostbarer Pflanzen mit sich brachte, und die daraus resultierende intensiv betriebene Nutzgärtnerei in Holland weit höher einzuschätzen. Die in der Technik des Gartenbaus und der Pflege der Pflanzen erfahrenen holländischen Gärtner waren als Mitarbeiter bei der Anlage von Gärten gesucht.

Der italienische Garten der Renaissance

Das verstärkt seit dem 15. Jahrhundert in Italien wiedererwachte Interesse an antikem Gedankengut führte auch zu einer Neubelebung des Gartens als Kunstwerk. Neben

Werken antiker Autoren wie Plinius d. J. wurde die 1499 in Venedig erschienene, mit 196 Holzstichen reich illustrierte Schrift *Hypnerotomachia Poliphili* von Francesco Colonna wegweisend. Das Buch traf auf das Interesse reicher Stadtbürger an ihren Villen und Gärten. Anregend für viele gartenkünstlerische Ideen in der Folgezeit ist hier die Menschheitsgeschichte beschrieben als Weg aus der unkultivierten Natur durch verschiedene Geistes- und Gemütsverfassungen, gespiegelt in unterschiedlich gestalteten Landschaften, Gärten und Architekturen bis hin zum Licht der Antike. Geleitet von der Göttin Venus und begleitet von anderen Gestalten aus der antiken Mythologie, findet Poliphilus sein Ideal der Wahrheit auf einer Garteninsel inmitten des Ozeans.

Zukunftweisend für alle späteren Gartengestaltungen in Italien hatte Donato Bramante in Rom für Papst Julius II. das Belvedere Innozenz' III. mit dem niedriger gelegenen vatikanischen Palast durch einen mit Treppenanlagen gestalteten Terrassengarten verbunden, der später zu einem Binnengarten vervollkommnet wurde. Damit waren zwei wesentliche Elemente der italienischen Gartenkunst vorgegeben: der tektonisierte Garten und der Garten als umfriedeter Bezirk.

Gleich einer Folie erscheint Colonnas Schrift den berühmten Boboli-Gärten in Florenz unterlegt, die Cosimo de Medici gemeinsam mit seiner Frau auf der Rückseite des Palazzo Pitti anlegen ließ. 1550 von Tribolo begonnen, wurde er von Ammannati und Buontalenti weiter ausgestaltet. Durch unterschiedliche Gartenräume geführt, gelangt der Besucher, ohne die Anlage als Ganzes überblicken zu können, zur symbolischen Mitte des Gartens, wo auf dem Isolotto der Brunnen des Okeanus mit der von Giambologna geschaffenen Statue das Inselideal symbolisiert.

Kardinal Ippolito d'Este ließ sich in Tivoli eine Villa bauen mit einem über fünf Terrassen steil hochgeführten Garten, den eindrucksvolle Wasserspiele wie der Wasserorgelbrunnen von Pirro Ligorio prägen. Das nötige Wasser für diesen Garten, in dem wie von dem Architekten und Kunsttheoretiker Leon Battista Alberti in seinem 1485 erschienenen Traktat *De re aedificatoria* gefordert, Garten und Architektur zu einem Ganzen komponiert sind, spendete die Quelle des Aniene.

Vorbildlich für zahlreiche Anlagen wurden die Gärten in Caprarola von Giacomo Barozzi da Vignola, Vollender des Palazzo Farnese, und der Garten der Villa Lante in Bagnaia mit seinen fünf übereinanderliegenden Terrassenstufen, der aufgrund motivischer Gemeinsamkeiten ebenfalls Vignola zugeschrieben wurde. Die lebendige Symmetrie dieses Gartens mit seinen vier identisch großen Wasserbecken ist Spiegelbild humanistischer Vorstellung vom harmonischen Zusammenklang aller Teile zu einem Ganzen.

Obgleich der italienische Garten der Renaissance mannigfaltige Formen ausgebildet hat, können doch verallgemeinernd folgende Merkmale festgehalten werden: Die Parterres sind in mindestens vier gleich große Teile aufgegliedert, die in der Regel auch Wasserbecken umfassen. Unter Berücksichtigung der Zentralperspektive sind Wege und Blickpunkte konstruiert. Eine dynamisch-räumliche Treppen- bzw. Terrassenführung betont die zum Haus hinleitende Achse. Die Wege werden gesäumt und hervorgehoben von exakt geschnittenen Hecken. Pergolen aus Holz oder Stein, überwachsen mit Wein, Glyzinien oder Geißblatt, spenden dem Lustwandelnden Schatten. Antike Skulpturen, wiedergefundene Originale wie Kopien, die auf die Vergangenheit verweisen als auch ein eigenständiges, für die Gartenkunst in Europa wegweisendes Skulpturenprogramm vorführen, werden zunächst meist entlang der Mauern aufgestellt. Die in Terrassen und Mauern eingebauten Grotten und Heckenlabyrinthe haben als feucht-dunkle Orte mit eigenem Figurenkanon bzw. als Initiations-›Architekturen‹ symbolische Funktion im Sinne des Höhlengleichnisses von Platon und eines Bildes für die Suche des

Menschen nach der Mitte als Ort vollendeter Harmonie. Auf hochentwickelter Ingenieurskunst basierende Wasserspiele beleben diese Anlagen und erzeugen ein eigenes kühles Klima.

Von italienischen Gärten der Renaissance beeinflußt, entstanden nördlich der Alpen seit dem 16. Jahrhundert bedeutende Gartenanlagen des Adels (z. B. der symmetrische Gartenkomplex für Maximilian II. in Wien) sowie zahlreiche Bürgergärten in Augsburg, Nürnberg, Frankfurt und Breslau, die insbesondere durch den Ulmer Architekten Joseph Furttenbach überliefert sind. Die italienische Gartenkunst beeinflußte bis ins 20. Jahrhundert hinein (Geoffrey Jellicoe) die Gärten vieler Künstler und Auftraggeber aus Ländern jenseits der Alpen auf ihrer ›Grand Tour‹ durch Italien als einem unerläßlichen Bestandteil humanistischer Bildung.

Der manieristische Garten

Um die Mitte des 16. Jahrhunderts gestaltete der Architekt Pirro Ligorio im Auftrag des Visconte Orsini den »Sacro Bosco« (Heiliger Wald) von Bomarzo, nahe Viterbo, der neben dem nicht mehr im ursprünglichen Zustand erhaltenen Garten von Pratolino paradigmatisch für die manieristische Gartenkunst Italiens steht. Das Motto der Anlage, die in ein Tal des alten Etruskerlandes eingebettet ist, lautet: »Du, der du auf der Suche nach erhabenen und furchterregenden Wundern die Welt durchstreifst, komm hierher, schreckensvolle Angesichte, Elefanten, Löwen, Bären, Menschenfresser und Drachen zu schauen.« In deutlichem Gegensatz zu den Gesetzen von Ordnung und Harmonie, die in der Renaissance das Bild italienischer Gärten bestimmten, ist der »Heilige Wald« Spiegelbild eines ebenso hochgebildeten wie zutiefst zweifelnden Menschen. Monumentale, aus den örtlichen Felsen gehauene Skulpturen tauchen unerwartet nach Wegbiegungen auf. Krumme Wege, Architekturen in bedrohlicher Schieflage und Plätze ohne Bezug scheinen in ständiger Gefahr, überwuchert zu werden. Alle Ordnung scheint bedroht. Der »Heilige Wald« von Bomarzo zeigt sich als überdimensionierter Irrgarten, in dem den niederen wie den höheren Sinnen des Besuchers vermittelt wird, daß alles Geschaffene vom Schrecken der Vergänglichkeit bedroht ist. Nördlich der Alpen zeigten sich die Ende des 16. Jahrhunderts angelegten Gärten Rudolfs II. auf dem Hradschin in Prag von einer vergleichbaren, melancholischen Weltsicht durchdrungen.

Der französische Garten des Barock

Der Fortschritt der Naturwissenschaften im 17. Jahrhundert und systematische empirische Naturbeobachtungen begründen die Epoche des Rationalismus, in der der gesamte Kosmos den Naturgesetzen unterworfen und somit der menschlichen Vernunft erschließbar angesehen wird.

Nicolas Fouquet (1615–1680), Finanzminister unter Mazarin, erteilt 1656 den Auftrag zur Schaffung einer Schloß- und zugehörigen Gartenanlage an den Baumeister Louis Le Vau (1612–1670), den Maler Charles Le Brun (1619–1690) und an André Le Nôtre (1613–1700), einem Gartenarchitekten in den Tuilerien. Le Nôtre, gebildet im Studium der Perspektive, schafft dem Anspruch des Bauherrn gemäß in Vaux-le-Vicomte die Grundlagen für den französischen Barockpark.

Für den nötigen Raum werden bei Vau drei Dörfer beseitigt, um mit enormem Personal und Kostenaufwand in fünfjähriger Bauzeit die Gesamtanlage fertigzustellen, die mit einem pompösen Fest 1661 zur Schau gestellt wird. Bei einem zweiten Fest ist Ludwig XIV. zu Gast. Der hier sich augenscheinlich erhärtende Verdacht der Veruntreuung von Staatsgeldern und schlimmer noch die Führungsrolle in der Kunst, die Fouquet sich damit angemaßt hatte, brachte dem Minister Enteignung und lebenslange Haft ein. Le Nôtre wie alle anderen Künstler von Vaux-le-Vicomte kamen in den Dienst des Königs, Teile der Ausstattung des Besitzes von Fouquet wurden nach Versailles gebracht, wo 1662 mit einer umfassenden Neugestaltung der schon bestehenden Jagdschloßanlage begonnen wurde. Aufgrund der persönlichen Vorliebe des Königs, der das Schlößchen als Maison de plaisance nutzte, sollte gegen die natürlichen Gegebenheiten ein Rahmen für höfische Inszenierung entstehen, der alles Bisherige übertraf. Aus einem Rückzugsort auf dem Lande wurde die Residenz des Königs, der sich im Zeichen Apolls, dem antiken Gott des Lichtes und der Klarheit, sah.

Sämtliche gartenkünstlerische Elemente, die in Vaux-le-Vicomte vorgebildet waren, prägten auch die Anlage in Versailles, vervielfachten und steigerten sie zur perfekten Illusion von Harmonie. Angewandte Wissenschaft – Perspektive, Mechanik, Wassertechnik u. a. m. – ermöglichen nicht nur die Beherrschung des natürlichen Materials, sondern die Inszenierung ihrer selbst.

Zu den charakteristischen Merkmalen für den klassischen französischen Barockgarten des grand gôut zählen: Die gesamte Anlage orientiert sich zum Schloß als Zentrum, von wo aus sich ein umfassender Blick eröffnet – das Schloß wird zur Metapher des allsichtigen Herrscherblicks; die zentrale Mittelachse bildet über den Horizont hinaus eine optische Verbindung zwischen dem König mit seiner Residenz, die als Ort der Vernunft das Reich der Natur bezwingt, und dem ihm attributhaft zugewiesenen Licht des Himmels. Der Blick wird in eine uferlose Ferne gezogen, gleichzeitig wird er auch aufwärts gelenkt durch grüne Wände und Bosketts, die die Ebene architektonisch durchdringen. Zu den Gestaltungselementen gehören die strahlenförmige bzw. achsensymmetrische Anordnung von Wegen sowie die damit gegebenen Parkabschnitte, kanalisierten Wasserläufe, Wasserbecken und Wasserspiele, optischen Inszenierungen mittels spiegelnder Wasserflächen und bewußt aufgebauter Geländepartien, Terrassierungen und Schauarchitekturen. Vasen und Gartenskulpturen, die eine auf den Herrschenden zugeschnittene Mythologie thematisieren, steigern eindringlich den Geltungsanspruch hierarchischer Ordnung. Geometrische Formen – Vierecke, Halbkreise, Ovale, Kreise, Kreuze, Dreiecke und Vielecke – bestimmen alle Gartenelemente. Ungezügelte Natur hat in der Anlage keinen Platz, wird aber als ein Teil ihrer selbst zitiert und symbolisiert in Form von Labyrinthen, Heckentheatern und Grottenarchitekturen, die in Bosketten eingelagert sind. Damit ist die »wilde« Seite der Natur zwar nicht vorhanden, wird jedoch repräsentativ dargestellt und in die Gesamtordnung eingebunden.

Im Zeichen der Sonne als Symbol von Vitalität und Stetigkeit feiert Ludwig XIV. in Versailles seine Herrschaft und wird zum Vorbild für absolutistische Machtdemonstration. Teils tagelange pompöse Feste zelebrieren die »gottgewollte« Weltordnung; das sich verselbständigende Hofleben steht für den Höhepunkt des zentralisierten französischen Staates. Hochadel und hoher Klerus sind zur Anwesenheit am Hof gezwungen, um die eigene Position zu halten, und stehen so unter Kontrolle.

In der Folgezeit entzündeten sich Diskussionen um gartenkünstlerische Gestaltungen in Frankreich und an feudalabsolutistisch regierten Höfen Europas stets am Beispiel von Versailles. Versailles wurde Synonym für den Typus des barocken Architekturgartens und ideologischer Gradmesser für Nähe oder Entfernung von absolutistischer Staatsführung. Abgelöst wurde er vom Rokokogarten, der in ganz Europa, zunächst ebenfalls nach französischem Vorbild, eigene Formen entwickelte. Das Rokoko als Stil von verspielter Heiterkeit, Sehnsucht nach Idylle und Intimität fiel in die Regierungszeit Ludwigs XV. (1723–1774).

Der Klassizismus bildete einen zu Barock und Rokoko gegensätzlichen Formenkanon und eine eigene Rhetorik aus, die ihre Ideale in »stiller Einfalt und edler Größe« fanden. Nicht mehr länger sollte »Schnörkel und allerliebstes Muschelwerk« und ein allzu freier Umgang mit der Formensprache der Antike gelten, sondern die ernsthafte Rückbesinnung auf antike Grundlagen.

In dem Ausmaß, wie Versailles sich zur Residenz entwickelte, verlor es naturgemäß seine ursprüngliche Bedeutung als Jagdschloß und Landhaus. Als Ausgleich für den zunehmenden Verlust eines Rückzugsortes entstanden u. a. die Ménagerie, das Trianon de porcelain und Nebenschlösser wie Marly. Marly entwickelte sich zu einem der herausragenden Beispiele für den Bautypus der Maison de plaisance mit den hierfür wichtigen Eigenschaften. Trotz der notwendigen Nähe zur Residenz liegt Marly in waldreicher Abgeschiedenheit mit natürlichem Wasserreichtum. Der Rückgriff auf die Villenkultur der italienischen Renaissance, insbesondere den Schöpfungen von Andrea Palladio (1508–1580) vollzieht sich in kreativer Variation, so daß neben anderen Gestaltungsmerkmalen die Maison de plaisance zu einem eigenen Bautypus wird und schließlich an der Architekturakademie in Paris ihre theoretische Aufarbeitung unter anderem durch François Blondel erfährt.

Der englische Garten

Der Begriff »englischer Garten« wird im verallgemeinernden Sinne verwendet für Gärten, die nach englischen Vorbildern des 18. Jahrhunderts gestaltet sind. Die Geschichte des sogenannten englischen Gartens beginnt Ende des 16. Jahrhunderts mit einem Zusammentreffen von neuem Naturgefühl, neuer Naturästhetik, geändertem Gesellschaftsverständnis und ausgeprägten ökonomischen Interessen der

Landbesitzer. Mit der Verdrängung des Ackerbaus durch die Schafweidewirtschaft, die Landbesitzern einen höheren Gewinn versprach, wandelte sich das Gesicht der englischen Landschaft deutlich: die Einhegung führte zu zusammenhängenden, großflächigen Ländereien, der Holzmangel zur Neuanpflanzung von Alleen, einzelnen Bäumen und Baumgruppen. Liberale, von freimaurerischem Gedankengut mitbeeinflußte Anschauungen des Landadels (Whigs) und aufklärerische bzw. liberale Ideen einzelner Persönlichkeiten aus dem Hochadel (Torys) trafen sich in dem gemeinsamen Wunsch, den gezirkelten Gärten französischen Typs etwas Neues entgegenzusetzen. Streng formale Gärten wurden als Ausdruck feudal-autoritärer Herrschaft interpretiert; ihm wurde der an Natürlichkeit und Erhabenheit orientierte Gartenentwurf als Ausdruck aufklärerischen, liberalen Denkens entgegengesetzt. Jedoch vollzog sich die Entwicklung des englischen Gartentyps nicht linear und programmatisch; durch verschiedenartige Einflüsse (Schriften, Reisen, Stichwerke mit Abbildungen von fernöstlichen Gärten), unter denen Auftraggeber und Gärtner standen, bildeten sich charakteristische Typen aus: Chatsworth in Derbyshire, Hauptanlage begonnen 1685, und Castle Howard in Yorkshire, begonnen 1699, zeigen französische und englische Partien; in Rousham, Oxfordshire und Stowe gestaltete der berühmte William Kent (1685–1748), ursprünglich Maler, in den 30er und frühen 40er Jahren Landschaftsgärten in einem für ihn charakteristischen neuen, malerischen Stil. Seine Gärten können als Kompositionen dreidimensionaler Gartenveduten bezeichnet werden. Blenheim in Oxfordshire wurde durch Lancelot »Capability« Brown (1716–1783) ab 1764 so umgestaltet, daß schließlich der Typus des englischen Landschaftsgartens erstmals rein entstanden war. Für Stowe in Buckinghamshire sind seine zahlreichen Staffagearchitekturen charakteristisch; auch an dieser Anlage wirkte nach Charles Bridgeman (1680–1738) und William Kent ab 1741

Brown. Den klassizistischen Landschaftsgarten in Stourhead, Wiltshire, komponierte sein Besitzer Henry Hoare
d. J. (1705–1785) gemeinsam mit Henry Flitcroft (1687–
1769) ab Mitte des 18. Jahrhunderts zu einem »Land-
schaftsgemälde« mit Mitteln der Natur. Als »Anti-
Brownist« trat Sir William Chambers (1723–1796) in
Erscheinung, der die ihm vorbildliche chinesische Gartenkunst mit ihren gegensätzlichen Stimmungsbildern in englische Anlagen einzubinden suchte. In Zusammenhang u. a.
mit der Vorlage des Stichwerks von Matteo Ripa (1682–
1742), in dem der Missionar chinesische Gärten illustrierte,
traf Chambers insbesondere bei Hof auf großes Interesse.
Chambers anglo-chinesischer Garten beeinflußte auf dem
Kontinent u. a. die Architektur im Gartenreich von Des-
sau-Wörlitz in Deutschland, den englischen Gartenteil von
Caserta in Italien und von Chanteloup bei Amboise,
Frankreich.

In den Debatten zwischen »Brownisten« und ihren Gegnern nahm der ab 1788 als Gartenkünstler tätige Humphrey
Repton (1752–1818) eine vermittelnde Position ein. Während er sich für eine geometrische Gartengestaltung in
Hausnähe einsetzte, sollten im Park weiterhin Prinzipien
des Landschaftsgartens gültig sein. Berühmt sind seine »Red
Books«, in denen die Zeichnungen und Entwürfe gebunden
sind, mit denen er seinen Auftraggebern das »Vorher und
Nachher« seiner Gartenplanung mittels Klappen und Schie-
bern erläuterte. Mit John Claudius Loudon (1783–1843)
und seiner Frau Jane (1807–1858) entsteht schließlich in
England eine Art eklektizistischer Gartenstil. Neu sind
Loudons soziologische Überlegungen zur Gartenkunst;
auch wenig Begüterten sollte die Kunst des ›gardenings‹ ermöglicht werden.

Charakteristische Merkmale für Gärten englischen Typs
sind in der Regel hügelige Geländemodellierung, Seen mit
natürlich wirkenden Uferkonturen, schön geschwungene
Wegeführung, die nach Biegungen neue, überraschende

»Bilder« bereithält, weite Rasenflächen (*pleasureground*), Baum- und Buschgruppen (*clumps*) in freiem Gelände, Aha-Gräben, die die Landschaft außerhalb des gestalteten Gartens optisch miteinbeziehen, Farbenspiel von grünem Blattwerk mit seiner Licht- und Schattenwirkung, Architekturen in Anlehnung an klassische, gotische, orientalische und chinesische Vorbilder, Scheinarchitekturen sowie künstliche Ruinen.

Der Garten des Historismus

Die historisierende und eklektizierende Wiederaufnahme von Stilen vergangener Epochen in der Kunst des 19. Jahrhunderts wurde ausgelöst durch ein neues historisches und wissenschaftliches Bewußtsein. Bereits im 18. Jahrhundert setzte mit den neuen Ideen des englischen Landschaftsgartens eine Vorliebe für gotisierende Gebäude ein (Gotikmode), die sich im folgenden Jahrhundert in einer allgemeinen Begeisterung für das Mittelalter fortsetzte. Nebeneinander waren darüber hinaus seit der zweiten Jahrhunderthälfte aber auch Vorbilder der Antike, der Renaissance und des Rokoko verfüg- und anwendbar. Dazu kam, vermittelt insbesondere durch die Weltausstellungen, eine Faszination für exotische Formen und Materialien. Für die Gartenkunst, mit der sich nun auch der bürgerliche Mittelstand zu beschäftigen begann, bedeutete dies eine Rezeption sowohl des nun wieder erlaubten (Humphrey Repton) barock-geometrischen Gartens wie des »natürlichen« englischen Landschaftsgartens unter der Verwendung exotischer Pflanzen und Motive, die sich v. a. in den Gartengebäuden (Palmenhaus) niederschlugen. Typisch für die auf Pracht und Sinnlichkeit angelegten öffentlichen wie privaten Gärten mit ihrem enzyklopädischen Eklektizismus war die Verbindung von geometrisierenden Formen unmittelbar vor dem Hauptgebäude mit Elementen des englischen Gartens im daran sich anschließenden Park, der um eine dort unübliche Vielfalt exotischer Bäume und Pflanzen erweitert werden konnte. Beet- und Parterreanlagen waren durch eine üppige, aber geordnete Pflanzen- und Blumenfülle mit einem prächtigen, teils grellbunten Farbenspiel gekennzeichnet. Als charakteristische Beetform bildete sich das gemusterte Teppichbeet aus buntlaubigen Blattpflanzen aus. Gegen den Stilpluralismus der historisierenden Gärten wandten sich die Reformer der Arts & Crafts-Gärten.

Der Garten des Jugendstils und der klassischen Moderne

Obwohl um 1900 eine verstärkte Kritik am Garten des Historismus einsetzte, muß der im Jugendstil entstandene und auf die englische Arts & Crafts-Bewegung zurückgehende moderne Garten als historistischer gelten als der historistische Garten selbst, der sich im wesentlichen noch dem Leitbild des englischen Landschaftsparks verpflichtet zeigt. Der englische Landschaftsgarten setzte sich von den streng formalen Reglementierungen des barocken Gartens ab und war gekennzeichnet durch sanft geschwungene Wege, deren Linienführung auch den floralen Jugendstil kennzeichnete. Statt einer gesteigerten Naturnähe führte die Kritik am Landschaftsgarten im Jugendstil aber paradoxerweise zu einer Neuorientierung an formalen Gärten der Renaissance, ohne daß das Vorbild des Landschaftsgartens ganz verworfen wurde. Die neue Geometrisierung war u. a. das Resultat einer gesteigerten Funktionalität, die sich den Bedürfnissen einer im Industriezeitalter sprunghaft anwachsenden Bevölkerung verschrieben hatte. Den vielfältigen Aufgaben (neben Repräsentation sind es v. a. Erholung, Sport, Spiel, Geselligkeit, Bildung, Erziehung, Ernährung, Gesundheit) entsprechend kommt es zu einer umfassenden typologischen Ausdifferenzierung in Größe und Gestaltung der Gärten, die letztlich bis in die Gegenwart ihre Gültigkeit behalten hat. Als wegweisendes Beispiel für den modernen Garten ist die von Peter Behrens anläßlich der Düsseldorfer Gartenausstellung 1904 entworfene Anlage zu nennen, die das entscheidende Ereignis in der Wende zur Gartenkunst des 20. Jahrhunderts darstellt. Dieser vieldiskutierte geometrische Garten schafft in radikaler Abwendung vom Pittoresken der Gründerzeit (Garten des Historismus) eine neue Synthese, die theoretischen und formalen Einflüssen von Paul Schultze-Naumburg und Hermann Muthesius folgt (weitere Vertreter des modernen Gartens: Geoffrey Jellicoe, Edwin Luytens, Getrude Jekyll). Die Verbindung von Axialität, Symmetrie, Rechtwinkligkeit und strenger Geometrisierung mit Architektur und Skulptur sollte auch für Gartenprojekte der 30er Jahre (z. B. die Gartenanlagen der Ausstellung »Schaffendes Volk« von 1937 in Düsseldorf, heute Nordpark) in monumentalisierter Form grundlegend werden.

Der Garten der Postmoderne

Der postmoderne Garten ist im Zusammenhang zu sehen mit einer seit Ende der 60er Jahre allgemein zu bemerkenden Wiederentdeckung des Mythos, der sich – vom Logos abgekoppelt – eindeutigen Definitionen entzieht. Der Blick auf den Menschen als sinnlich-emotionales Wesen ging einher mit einer massiven und durch alle wissenschaftlichen Disziplinen sich ziehenden Kritik am Vernunftbegriff, wie er in der Aufklärung entwickelt wurde.

Auch die Protagonisten baukünstlerischer Disziplinen und mit ihnen die Landschaftsarchitekten und Gestalter von Gärten übten Kritik an der klassischen Moderne mit ihrem Primat des Formalen. Zugleich wurden die ohnehin zunehmend schwerer zu ziehenden Grenzen zwischen Landschaftsarchitektur, Land Art und Gartenkunst fließender.

In der Architekturtheorie wurde der Begriff der Postmoderne 1977 von Charles Jencks im positiven Sinne eingeführt, von Jost Hermand dagegen negativ benutzt als Stilbegriff für reaktionäre, antimoderne und konforme Gestaltungen, die sich lediglich auf die historisierende Addition von Zitaten verlegen. Verschiedene theoretische Positionen bündelnd, sah Heinrich Klotz in der postmodernen Architektur die Möglichkeit zur Rückgewinnung von Inhalten anstelle eines reinen Funktionalismus, zur Aufnahme von poetischen Vorstellungen und der kreativen Rezeption von dichterischen Stoffen, letztere jedoch nicht im Sinne illustrativer, sondern in ästhetischer, wahrnehmungsrelevanter Absicht verstanden.

So unterschiedlich die künstlerischen Arbeiten der Postmoderne sich präsentieren, so wenig scheint der Begriff »Postmoderne« tauglich als Stilbegriff, wenn er zu mehr als der Bündelung heterogener künstlerischer Positionen, die ab Ende der 70er formuliert wurden, herangezogen werden soll. Dennoch greift der Begriff insofern, als er in sich selbst widersprüchlich ist und sich programmatisch dem logischen Zugriff entzieht.

Ian Hamilton Finlay hat in seinem Garten *Little Sparta* einen Ort geschaffen, der dem Topos des Erhabenen verpflichtet ist. Seit der spätantiken Abhandlung *Vom Erhabenen* des Pseudo-Longin wird das Erhabene in der Ästhetik als das bedacht, was der Differenz zwischen dem Schönen und dem Häßlichen vorausgeht. Die »magische« Qualität des Erhabenen wird von der französischen postmodernen Philosophie neu diskutiert. Finlay stellt in *Little Sparta* das Erhabene zur Disposition. Die Skulptur beispielsweise des abgeschlagenen Kopfes von Apoll, Gott des Lichtes und der Künste, besudelt mit Blutspuren und der Aufschrift »Apollon Terroriste« auf der Stirn, ist in »Little Sparta« in-

mitten von Grasbüscheln plaziert. Das Erhabene des antiken Apollon (altgriech. für das ›Nicht-Viele‹) wird kon-
frontiert mit dem Zerstörerischen des Apollyon (altgriech.
für ›Verderber‹).

Das Wort-Ding als Zeichen für den poetischen Zusammenschluß von Sprache und Bild taucht auf charakteristische Weise in den Gärten von Dieter Kienast auf, wenn dieser u. a. Einschreibungen auf einer Felsskulptur im Garten
von Bomarzo zitiert und weiterführende Blick-Winkel und
Bedeutungen in den von ihm gestalteten Gärten initiiert.

Künstlerische Reaktion auf Umwelt und Welt durch die
Land Art im Sinne eines ästhetischen Dialogs zwischen
Mensch und Natur schienen sich auf eher unwirtliche, zivi-
lisationsabgelegene, einsame Landschaften zu beschränken.
Robert Smithson trieb 1970 seine *Spiral Jetty* in den großen
Salzsee von Utah; Richard Long legte 1988 in der Sahara
den *Touareg Circle*. Michael Heizer machte jedoch schon
1969 deutlich, daß Land Art auch innerhalb urbaner Zonen
den Dialog sucht. In *Munich Depression* schuf er, als Ausstellung angekündigt, auf einem Baugelände in München-
Perlach ein großräumiges Erdloch mit einem Durchmesser
von 30 m, das nach der Ausstellung wieder aufgefüllt wurde. Ebenso vergänglich sind die Arbeiten des Ehepaars
Christo, das mit temporären Verhüllungen in Erinnerung
ruft, was durch ständige Sichtverfügbarkeit verlorenzuge-
hen droht.

Gärten wie die der Martha Schwartz sind auf unbe-
stimmte Dauer gestaltet. Wie ihr Hochschullehrer und späterer Mann Peter Walker verlegt sie sich zwar aufs Zitieren,
das jedoch weit über historisierende Addition hinausweist,
zum einen den Kunstcharakter ihrer Gärten reklamiert,
zum anderen die Künstlichkeit der Zutaten in der Gartenkunst mit ironischen Brechungen betont: so fokussiert
Martha Schwartz in ihren Gärten die Virtualität der Lebenswelt. Im privaten Vorgarten der Künstlerin werden
beispielsweise wetterfest imprägnierte Bagels (kleine Rund-

brote) dem Bereich des Kulinarischen enthoben und – eingebettet in violetten Aquariumkies – nobilitiert zum zweckfreien, schmückenden Element.

Das, was mit aller Fragwürdigkeit einer summarischen Beschreibung als charakteristisch für postmoderne Gartenkunst angeführt ist, scheint in jüngster Zeit abgelöst zu werden von Gestaltungen, die dem Prinzip des Diaphanen und damit Konzeptionen aktueller Architektur folgen. Beispielhaft hierfür sei die *Esplanade de Montbenon* in Lausanne angeführt, die nach 1996 entstanden ist.

Abkürzungen

Gängige allgemeine Abkürzungen werden hier
nicht berücksichtigt

arab.	arabisch
engl.	englisch
frz.	französisch
geb.	geboren
gest.	gestorben
griech.	griechisch
ital.	italienisch
Jh.	Jahrhundert
lat.	lateinisch
n. Chr.	nach Christus
niederl.	niederländisch
pers.	persisch
sog.	sogenannt
s. u.	siehe unter
v. Chr.	vor Christus

Wörterbuch von A bis Z

A

Aalto, Alvar (1898–1976), finnischer Architekt, Designer und Künstler, der sich als Garten- und Landschaftsgestalter für die harmonische Zusammenführung von Haus, Garten und Natur einsetzte. Beispielhaft verwirklichte er seine Prinzipien der formalen, streng geometrischen und letztlich aus der klassischen Moderne (Peter → Behrens) abzuleitenden Gartengestaltung in seinem Privathaus Villa Mairea. Zu seinen künstlerischen Mitteln gehören die Stilisierung und Parallelisierung von architektonischen und pflanzlichen Konturen. Das Haus in Muuratsalo (1953) zeigt experimentelle Kombinationen von skulpturalen Mauern und Ziegelsteinmustern, die viele skandinavische Landschaftsgärtner beeinflußten.

Abreuvoir (frz.), Tränke, Wassertrog, Tiertränke. A.s wurden bisweilen in Form reich ausgestalteter Architektur wie z. B. die Pferdeschwemme im unteren Teil des Gartens der → Maison de plaisance von → Marly-le-Roi errichtet.

Achse, als Haupt-A. (Mittelsenkrechte) und Neben-A. (Quer-, Parallel-, Diagonal- oder Strahlen-A.) ausgebildet zum → Weg, → Kanal, zur Straße, → Allee oder Sichtschneise. Eine A. kann Gliederungsmittel zur klaren Unterscheidung eines Gartens in einzelne Abteilungen sein, zu Blickpunkten hinführen (Gebäude, → Skulpturen, → Brunnen usw.), die bestmögliche Orientierung bei der → Jagd in einem → Jagdstern garantieren oder in die umgebende Landschaft ausstrahlen. Im architektonischen Garten des Barock ist das Schloß eindeutiger Bezugspunkt sämtlicher A.n. In → Versailles strahlt die Hauptachse des Gartens als Mittelsenkrechte und Symmetrie-A. vom Schloß bis zum Horizont hin aus und sollte so den absolutistischen Herrschaftsanspruch verdeutlichen.

Addison, Joseph (1672–1719), englischer Schriftsteller, schrieb über die Schönheit der Natur. In Artikeln des wöchentlich erscheinenden *Spectator* und anderen Publikationen, kritisierte er wie Alexander → Pope, der ebenfalls im *Spectator* veröffentlichte, scheinbar überkommene Vorstellungen von der Gartengestaltung. A. pries im umfassenden Sinne das ästhetische Vergnügen, das ein Garten verschafft. Seine Vorbilder sind die Landschaftsgärten und die chinesische Gartenkunst.

Adonisgarten, der Name A. spielt auf den frühen Tod des Adonis an, einem schönen Jüngling, der sich der griechischen Sage nach in die Liebesgöttin Aphrodite verliebte, auf der → Jagd jedoch von einem Eber getötet wurde, den der eifersüchtige Kriegsgott Ares geschickt hatte. Die Göttin verletzte sich bei der Suche nach dem Geliebten im Wald an Dornen und ließ aus ihrem Blut → Rosen aufwachsen. Aus dem Blut des Adonis entstanden Anemonen. In der Antike galt Adonis als eine Metapher für Tod und Auferstehung und damit auch für das Vergehen und Wiedererwachen in der Natur. Zum Adonisfest wurden kleine Töpfe mit jungen Pflänzchen der Sonne ausgesetzt, die schnell dahinwelkten. Der Begriff des Adonisgärtchens wurde von diesem Brauch übernommen und war in der Antike und im Mittelalter die Bezeichnung für Gärten, die mit vielfältigen, aber einjährigen Pflanzen bepflanzt wurden.

Aha, auch Ha-ha oder Ah-Ah. Dieser Ausdruck der Überraschung übertrug sich auf einen vom Garten aus nicht erkennbaren Graben, dessen Wände mit einer Mauer oder einem Zaun abgesichert sind. Er sollte Weidevieh und andere Tiere davon abhalten, in den gestalteten Garten bzw. Park vorzudringen. Der durch ein A. unverstellte Blick gestattet die Sicht auf die Weite der umgebenden Landschaft, in die sich der Garten optisch ausdehnt. A.-Gräben, auch als Wassergräben, sind gärtnerisches Gestaltungsmittel seit dem frühen 18. Jh. Später wurden sie häufig

Adonisgarten. Eros gießt Gartenblumen
Vasenbild auf einer attischen Hydra, 2. Viertel 4. Jh. v. Chr.
(Athen, Nationalmuseum)

eingesetzt bei der Anlage von Tiergehegen in Zoologischen Gärten. Erstmals beschrieben wird die Konstruktion eines A.s von → Dézallier d'Argenville in *La Théorie et la pratique du jardinage*, Paris 1709.

Aiton, William (1731–1793), schottischer Gärtner und Autor, der seit 1759 zur Pflege des botanischen Gartens in Kew House angestellt war. A. wurde u. a. durch sein Buch *Hortus Kewensis* von 1789 (2., erw. Auflage von William Townsend Aiton, London, 1810–13: *Hortus Kewensis or, a catalogue of the plants cultivated in the Royal Botanic Garden at Kew*) bekannt, das die 5500 zu seiner Zeit in Kew kultivierten Pflanzen aufführt.

Alberti, Leon Battista (1404–1472), Architekt in Florenz und Rom. A., der als führender italienischer Architekt und Humanist großen Einfluß auf die Gartengestaltung nahm, erhob in seinem Architekturtraktat *De re aedificatoria* die Forderung, daß Haus und Garten zu einem Ganzen komponiert werden müssen. Als Humanist steht A. unter dem Einfluß der antiken Literatur, insbesondere Vitruvs, und der Überlieferung der antiken Villa und ihres Gartens. Das Werk *De re aedificatoria libri X* (*Zehn Bücher über Architektur*), geschrieben 1452, gedruckt 1485, wurde u. a. von den Medici und den Este aufmerksam studiert und bestimmte deren konzeptionellen Wünsche für ihre Gärten. In enger Anlehnung an antike Autoren wie → Plinius d. J. und → Vitruv gründet Schönheit für A. auf der Harmonie aller Teile zueinander. A. empfiehlt auf Hügellage zu bauen wegen der unmittelbareren Nähe zu Sonne und Wind und des rundum möglichen Blicks in die Ferne der Landschaft und in den nahen Garten. Diese Idee ist bei der Gestaltung der Villa Medici in Fiesole (Michelozzo, ab 1458 erbaut) und anderen Renaissancegärten umgesetzt. Die Gestaltung mit Pflanzen orientierte sich an antiken Vorbildern mit → Ars topiaria.

Albertus Magnus (1193/1207–1280), der Dominikaner, Philosoph und Naturforscher Albert Graf von Bollstädt,

besser bekannt unter dem Namen A. M., gilt als der bedeutendste Gelehrte des Mittelalters. Er war Bischof von Regensburg und lehrte an den Universitäten von Paris und
Köln. 1622 wurde er heiliggesprochen. Neben theologischen Schriften und philosophischen Kommentaren verfaßte er zahlreiche naturwissenschaftliche Schriften. In seiner
Historia Naturalis schrieb er einen Traktat über die Pflanzen (*De Vegetabilibus*). Erstmals wird darin detailliert der
Lustgarten des Mittelalters und seine Bepflanzung beschrieben. A. M. soll einen → Klostergarten mit einem ge-
räumigen → Gewächshaus für Zitronen- und Orangenbäu-
me angelegt haben.

   Allee (frz. *allée* ›Allee, Gang‹), sorgfältig gestalteter Weg
oder Straße mit einer oder mehreren beidseitig flankierenden, parallelen Baumreihe(n). Die in regelmäßigen Abstän-
den gepflanzten Bäume bilden je nach Wachstumsführung
und Kronenschnitt entweder heckenartig verdichtet (Fächerallee) oder einzeln gesetzt verschiedene A.-Typen aus.
Die *allée double* besteht aus vier Baumreihen, die eine breitere Mittelbahn von zwei schmaleren Seitenbahnen tren-
nen. Bei der *allée couverte* schließen sich die Baumkronen
zusammen und formen eine → Laubenallee (siehe auch
→ Berceau) aus, wie z. B. die vielgerühmte *allée des Porti-
ques* in → Marly-le-Roi, eine Gartenanlage, die für die
Vielfalt verschiedener A.-Formen bekannt war. A.n dienen
der Beschattung der Wege. Sie werden als Gestaltungsmittel
sowohl in der Gartenkunst als auch im Städtebau eingesetzt
(→ Promenade).

   Alpinum, auch Alpengarten, botanische Sammlung von
Pflanzen des Hochgebirges als Steingarten angelegt. Einer
der ersten Gärtner, die einen solchen → Felsengarten errichteten, war der Schotte Alexander Nasmyth (1758–
1840). Peter Joseph → Lenné ließ ein A. in Sanssouci
(→ Potsdam) anlegen. Die Gartenform setzte sich im Laufe
des 19. Jh.s durch und ist auch heute noch in Hausgärten
weit verbreitet.

Altan (von ital. *alto* ›hoch‹), im Gegensatz zum frei vor-kragenden → Balkon ist ein A. ein über einem Erker o. ä. gelegener, fest unterbauter Austritt mit Brüstung in den oberen Stockwerken einer Fassade.

Ammannati, Bartolomeo (1511–1592), Florentiner Bild-hauer. A. war seit den 50er Jahren unter dem Einfluß → Vi-gnolas auch als Architekt tätig, erstmals zusammen mit Giorgio Vasari und Vignola am Bau der römischen Villa Giulia, insbesondere des dortigen Nymphäums. Seit 1555 war er wieder in Florenz ansässig, wo er u. a. den Neptun-brunnen auf der Piazza della Signoria (1575) und die Gar-tenfassade des Palazzo Pitti (1560–66) schuf. Als Schöpfer zahlreicher Palastbauten gestaltete A. in diesem Zusammen-hang auch Gartenanlagen, wie z. B. Hof und Garten des Pa-lazzo Pitti. Den an den Pitti-Palast anschließenden Boboli-Garten führte er als Nachfolger des → Tribolo weiter.

Amphitheater (altgriech. *amphi* ›beidseitig‹, *theatron* ›Schauplatz‹), in der Antike geschlossenes ovales oder kreisförmiges Theater mit einer ellipsenförmigen Arena. Der Begriff steht in der Gartenkunst auch für ein → Gar-tentheater. → Hippodrom.

Ananas, A. zählen neben der Orange wegen ihres intensi-ven Geruchs und erlesenen Geschmacks zu den beliebtesten Pflanzen und Früchten des 18. Jh.s, mit deren Aufzucht und Kultivierung sich viele Fürstenhöfe beschäftigten. Als exoti-sches Symbol zierte die A. zahlreiche Gartenbauten des 18. Jh., so z. B. die Pavillons im Rokoko-Garten von → Veits-höchheim. Nach Zedlers *Universallexikon* (1732) wurde die Frucht von den Spaniern auf Santa Cruz entdeckt und von dort nach Westindien und Ostindien verbracht. Die A. war als Dessert an Fürstenhöfen begehrt. Sie galt als vorzügliches medizinisches und diätetisches Lebensmittel. Ein Rezept für die A. liefert u. a. der Dresdner Hofgärtner George → Mei-ster 1692. Die Früchte wurden in Wein eingelegt und mit Pfeffer, Zimt und anderen Gewürzen verzehrt.

Andreaskreuz → Croix de St. André

Anglais-chinois (frz.), »englisch-chinesisch«, auch Anglo-Chinois, → Jardin chinois anglais.

Antiker Garten, s. u. »Gartenstile Europas« S. 9–12.

Aranjuez, der Garten von A. – Schauplatz des ersten Akts von Schillers *Don Carlos* – galt schon im 16. Jh. als einer der schönsten Gärten Europas. Das mit einem Kloster bebaute Gelände wurde von Philipp II. (1527–1580) ab 1564 durch die Architekten Juan Bautista de Toledo (gest. 1567) und seinen Nachfolger Juan de Herrera (um 1530 – 1597) zu einer Sommerresidenz nahe Madrid ausgebaut. Die nach Philipps Tod unvollendet gebliebene Anlage wurde im 18. Jh. von den bourbonischen Herrschern fertiggestellt. Der waldartige Park war wie ein Jagdpark von radialen Schneisen durchzogen, während die Gärten in unmittelbarer Nähe zum Schloß als Blumenparterres angelegt waren. Philipp IV. (1605–1644) ließ die Gärten durch den florentinischen Gartenarchitekten und Theateringenieur Cosimo Lotti (gest. um 1650) erneuern, der ebenfalls in Buen Retiro in → Madrid tätig war. Unter den heute in der Wegeführung und Bepflanzung das historische Vorbild nur ungenügend wiedergebenden Gärten ist der Jardin de la Isla (Inselgarten) hervorzuheben, der von den Flüssen Tajo und Rio de los Molinos umflossen wird. Die zahlreichen, mit den Statuen olympischer Götter und Helden geschmückten Brunnenanlagen der Insel wurden durch Cosimo Lotti im 17. Jh. angelegt.

Arboretum (lat. *arbor* ›Baum‹), auch Arborium. Als Sammlung lebender Bäume (Laub- und Nadelgehölze) ist ein A. zu wissenschaftlichen und/oder ästhetischen Zwecken in einen Garten eingegliedert oder bildet eine selbständige Anlage (→ Dendrologie). Ein bekanntes Beispiel ist das für Kurfürst Carl Theodor von → Sckell in Schwetzingen angelegte *Arborium Theodoricum* von 1777, das zahlreiche ausländische Baumsorten enthielt.

Arborium → Arboretum

Arkadien, von Hirten bewohnte Gebirgslandschaft in der Mitte des Peloponnes. A. ist das aus der Antike tradierte

Bild für ein Land der Glückseligkeit. Als reale Landschaft
mit sorgenfreiem Leben ist A. in der Hirtendichtung (→ Bukolika) von → Theokritos verklärend dargestellt. Bei helle-
nistischen Dichtern und dem römischen Dichter → Vergil
wird A. Sehnsuchtsmotiv für ein imaginäres paradiesisches
Hirtenland (siehe auch → Locus amoenus). Im Mittelalter
steht das Wunschbild einer arkadischen Paradieseswelt im
Zusammenhang mit dem → Hortus conclusus. Arkadische
Wunschvorstellungen stehen hinter der Villenkultur, die seit
der italienischen Renaissance wiederauflebt (→ Villa). A.
wird in der heroischen und idyllischen Landschaftsmalerei
seit Giorgione dargestellt. Eine elegische Interpretation des
A.-Gedankens entstand mit Poussins Gemälde *Et in Arcadia
ego* von 1640/45. Im Absolutismus wird A. zum Bild für die
ländliche → Idylle und initiiert das Bauen von künstlich
konstruierten Dörfern innerhalb größerer Gartenanlagen.
Hier konnte die Sehnsucht nach dem einfachen Leben auf
dem Lande zeitlich begrenzt ausgelebt werden. → Kythera,
→ Pastorale, → Schäferspiele.

Arkadische Akademie-Gärten, 1690 in Rom gegründet von
Königin Christina von Schweden (reg. 1632–54). Berühmteste literarische Gesellschaft in Italien, die sich für die ursprüngliche Einfachheit von → Arkadien einsetzte und die
Flöte Pans als Emblem führte. Ein weiterer berühmter arka-
discher Akademiegarten wurde 1725 von Antonio Canevari
geschaffen für einen Zirkel humanistisch Gebildeter, die zum
Zwecke gelehrter Gespräche im Sinne einer platonischen
Akademie zusammentrafen (→ Philosophengarten). Das erste Treffen im neuen Garten fand am 9. September 1726
statt.

Ars Topiaria. »Unterschiedene facon Hecken-Werck zu ziehen
und zu schneiden«

Aus: Johann David Fülck, *Neue Gartenlust oder völliges Ornament so bey
Anlegung Neuer Lust- und Blumen- als auch Küch- und Baum Gärten höchst
nöthig und dienlich*, Augsburg 1720 (reprogr. Nachdr. Worms 1994)

Ars topiaria (lat. *topiaria* ›Kunstgärtnerei‹ aus *topia* ›Landschaftsmalerei‹), ist als kunstvolle, insbesondere figürliche Gehölzschnittkunst bereits in der Antike seit augusteischer Zeit bekannt. Beschrieben bei → Plinius d. J., wurde die A. t. im Mittelalter wiederentdeckt. Ihr Ursprung ist in der praktischen Notwendigkeit begründet, zum Zwecke des besseren Wachstums und höheren Früchteertrags einer Pflanze kranke oder wilde Triebe auszuschneiden. Den Begriff verwendet Cicero bei der Schilderung einer Villa in einem Brief an seinen Bruder. Als kunstvolles Mittel 1499 von Francesco → Colonna in der *Hypnerotomachia* ausführlich beschrieben und zukunftsweisend für gartenkünstlerische Gestaltungen propagiert, erreichte die A. t. ihren Höhepunkt im 17. Jh. Mit zunehmender Popularität des englischen Landschaftsgartens wurde die A. t. abgelehnt, bis sie eine Wiederbelebung in Zusammenhang mit der erneuten Bevorzugung des architektonischen Gartens erlebte. Bei der Gehölzschnittkunst wird das natürliche Wachstum der Pflanzen zugunsten geometrischer oder skulpturaler Formen unterbunden. Die Römer bevorzugten für die Formschnittkunst Zypressen, später → Buchs. In England verwendete man bevorzugt Eiben, in französischen Gärten des 17. Jh.s Stechpalmen, Buchs und Lorbeersträucher. Durchgesetzt hat sich schließlich der robuste, allerdings langsam wachsende Buchs. Während einfache Formen aus der Hand geschnitten werden, benötigt man für komplizierte Formen zusätzlich biegsame Gerüste aus Weidenzweigen oder Drahtgeflechte.

Arts & Crafts-Garten, die Bewegung der Arts & Crafts wurde von John Ruskin (1819–1900) und William Morris (1834–1896) als Gegenreaktion zur viktorianischen Massenproduktion und zum allgemein konstatierbaren Verfall künstlerischer Qualität vor dem Hintergrund des aufkommenden Industriezeitalters initiiert. Ziel der Reformer war eine umfassende Erneuerung bzw. Ästhetisierung der Lebenswelt für alle. William → Robinson wandte sich gegen die viktorianische Gartenkunst mit ihren üppigen → Teppichbeeten u. a. m. Edwin L. → Luytens und Gertrude → Jekyll propagierten die Einheit von heimischem Haus und Garten als Verbindung von Landhausgarten, altmodischen Blumen und traditioneller (nationaler) Gartenkunst. Die Mischung von Stilarten war erlaubt, was zur Ausbildung von getrennten Gartenabschnitten führte. Die kontroversen Diskussionen, Garten und Haus entweder als harmonische Einheit zu sehen oder das Haus als unabhängigen Solitär vom Garten abzulösen, wurden von J. D. → Sedding aufgelöst (*Garden Craft. Old and New*, London 1891). Sedding plädierte für einen Garten im Stil von Queen Anne, der dem Haus Referenz erweist. Die reformerischen Ideen der Arts & Crafts-Bewegung wurden auf dem Kontinent u. a. durch Hermann → Muthesius (*Das englische Haus*, Berlin 1904–05) aufgenommen. → Bexley, Red House Garden.

Arzneigarten → Kräutergarten

Atrium, zentraler, offener Hauptraum des altitalischen Hauses mit einem Herdfeuer in der Mitte, später Innenhof eines antik-römischen Wohnhauses, der mit Pflanzen und Bäumen begrünt war und in der Mitte ein Regenauffangbecken (impluvium) aufwies. → Peristyl, → Peristylgarten.

Ausstellungsgarten, auf den großen Weltausstellungen des 19. Jh.s (zuerst in London 1851) wurden auch Gartenanlagen präsentiert. Sie dienten sowohl der Dekoration der einzelnen Ausstellungspavillons als auch der Zurschaustellung der gartenkünstlerischen Leistungen der einzelnen Länder. So wurde auf der Pariser Weltausstellung von 1867 der »Preußische Garten« von Gustav → Meyer prämiert. Daneben kamen im 19. Jh. auch spezielle Gartenbauausstellungen auf, die insbesondere botanische Neuheiten und Neuzüchtungen vorstellten. Sie stehen deshalb in engem Zusammenhang mit der → Jagd nach Pflanzen. Mit der Gründung von Pflanzgesellschaften (England 1804, Belgien

1808) erfolgten erste öffentliche Präsentationen von Blumenschauen. → Gartenschau.

Automaten, mechanische Kunstwerke und beweglich konstruierte Objekte, die vielfältig, oft auch figürlich als Androiden oder Tiere gestaltet wurden. Ihre Geschichte beginnt bereits mit den alexandrinischen Mechanikern des 3. Jh.s v. Chr. (Ktesibio, Philon, Heron) und reicht bis in die Gegenwart. Durch herabfließendes Wasser, verdichtete oder erwärmte Luft, Federn, Schnurzüge oder Walzen werden A. und Maschinen in Bewegung gebracht. Musik und andere Geräusche verlebendigen die Szenerie. Für die Gartenkunst zu erwähnen sind u. a. die von 1612 bis 1624 veröffentlichten Schriften des französischen Architekten und Ingenieurs Salomon → de Caus. Der A.-Konstrukteur Jacques de Vaucanson stellte 1738 tierähnliche A., u. a. eine Ente mit motorisch richtigen Bewegungen, vor (→ Wasserspiele). Bekannte Beispiele für A. in Gärten sind in → Pratolino, → Lunéville oder → Saint-Germain-en-Laye überliefert.

Aviler, Augustin-Charles d' (1653–1701), französischer Architekt. Nach einem abenteuerlichen Leben, von Seeräubern gefangen und nach Tunis verschleppt, studierte d'A. zunächst in Rom, später in Paris bei → Mansart Architektur. Seit 1685 war er in Montpellier tätig. Gartengestaltung war für d'A. untrennbar mit der Architektur verbunden, da sie zur *manière de décorer* zählte. In seinen *Cours d'Architecture qui comprens les ordres de Vignole* [...], Paris 1691 (deutsche Ausgabe von Leonhard Christoph Sturm, Amsterdam 1699, vier weitere Auflagen in Augsburg, zuletzt 1777) widmet sich d'A. den Ordnungen und dem Dekor der Gebäude. Dabei erarbeitet d'A. keine eigenen Gestaltungsformen, sondern erstellt eine Art Kompendium für den französischen Barockgarten. Zu den *Cours d'Architecture* gehört ein Lexikon mit fast 5000 Stichwörtern zur Architektur und Gartenkunst, das eine Vorstellung von den im 18. Jh. gebräuchlichen Begriffen zur Gartenkunst liefert (*Dictionnaire d'Architecture civile et hydraulique et des arts en dépendent: Comme la Maçonnerie, la Charpenterie, [...], le Jardinage [...] par Augustin-Charles d'Aviler. Ouvrage servant de suite au Cours d'Architecture du même Auteur*).

B

Babylon, Hängende Gärten, die H.n G. von Babylon galten als eines der sieben Weltwunder der Alten Welt, die vermutlich König Nebukadnezar II. (604–562) an der Südburg seines Palastes anlegen ließ. Nach Diodorus wurden sie von einem Achaemedischen König gestaltet. Übereinstimmend berichten die Quellen von steinernen Vorsprüngen in terrassenartig versetzten Stufen, die eine Landschaft mit bewaldeten Bergen nachahmten. Gespeist wurden die H.n G. vom Euphrat. Die Gärten waren als Terrassengärten in einer Dachkonstruktion über Gewölben aufgebaut und mit Bäumen bepflanzt. H. G. wurden der griechischen Sage nach (Herodot und Ktesias) auch mit der halb-mythischen Königin Semiramis in Zusammenhang gebracht. Semiramis ist möglicherweise der griechische Name für die assyrische Königin Schamuramat (809–782 v. Chr). Die von den legendären Gärten beeinflußten → Dachgärten wurden im Mittelalter und in der Neuzeit in vergleichbarer Weise konstruiert. Terrassenförmig angelegte Gärten spielten eine große Rolle in der Gartenkunst der italienischen Renaissance und des Barock (→ Terrassen). Johann Bernhard Fischer von Erlach erdachte eine phantastische Rekonstruktion der babylonischen Gärten in seinem *Entwurf einer Historischen Architektur* (1721), die auch den legendären Turmbau von Babel miteinbezog.

Bacon, Francis (Viscount St. Albans, 1561–1626), englischer Staatsmann, Philosoph. Naturerkenntnis und Naturbeherrschung setzte er als höchste Ziele der Wissenschaft an. Er gilt als der Begründer der empirischen Wissenschaften. In seinem Essay *On Gardens* (Nr. 47 der *Essayes or Councels, civill and morall,* London 1625, in: *The Works of Francis Bacon,* Bd. 6, London 1861, reprogr. Nachdr. Stuttgart 1963) beschreibt er einen Idealgarten mit einem geome-

trischen und einem naturbelassenen Teil, dessen Wildnis jedoch sorgfältig gestaltet und aus verschiedensten Pflanzen
komponiert werden soll. Wie Bernard → Palissy schildert
er einen imaginären, manieristischen Garten, der allerdings
weniger phantastisch ist als der kuriose Garten bei Palissy
und der auf Künstlichkeit, etwa in figürliche Formen geschnittene Hecken, ausdrücklich verzichtet. Gerahmt werden die beiden kontrastierenden Gartenteile durch mehrfa-
che → Alleen.

Badehaus, aus der Antike überliefert, existierte die Einrichtung des B.es auch im Mittelalter, wurde jedoch durch
kirchlichen Einfluß bis zum Beginn des 18. Jh.s verboten.
Mitbeeinflußt durch Kenntnis orientalischer Badehäuser
(Türkisches Bad) wurden die gesundheitsfördernde Wirkung und die Freuden eines Badehauses seit dem 18. Jh.
wiederentdeckt und führten zum Bau von reizvollen Architekturen mit komplizierten Wasserzuleitungs- und -wärme-
systemen. Ein Beispiel für ein luxuriöses Badeschlößchen
ist die nach 1715 erbaute Badenburg im Schloßpark von
Nymphenburg in → München.

Bagnaia, Garten der Villa Lante (Latium, Italien), der Garten des Kardinal Gambara (1560 erworben) gilt neben dem
motivisch verwandten Garten in → Caprarola (Palazzo
Farnese) als Paradigma des italienischen Renaissancegartens. Die Anlage wird zusammen mit der ersten der beiden
kleinen Villen (die zweite wurde von Carlo Maderno erst
1598 erbaut) → Vignola, dem Erbauer des Palazzo Farnese
in Caprarola, bzw. dem Architekten Giacomo del Duca zugeschrieben. Erstmals entstand hier von einer Mauer umfaßt die enge Verbindung eines architektonischen Gartens
mit einem → bosco (→ parco), einem natürlich belassenen,
aber von Schneisen durchzogenen Wäldchen für die → Jagd.
Das Wasser ist das bestimmende Element des tektonischen
Gartens. Als kunstvolle, steinerne → Catena d'acqua be-
herrscht es die Mittelachse des symmetrisch angelegten,
stufenförmig aufgebauten Geländes, dessen Höhenunter-

schiede durch kunstvoll angelegte Treppen und Terrassen überwunden werden.

Balustrade (ital. *balaustro* ›Säule‹), Brüstung oder Geländer aus kleinen gedrungenen, gebauchten Stützen (Baluster) zur Sicherung von Balkonen, Treppen, Terrassen und Dächern insbesondere in der Baukunst der Renaissance und des Barock.

Barcelona, Park Güell, um 1900 Baubeginn der Anlage mit Beauftragung des Architekten Antonio Gaudí y Cornet (1852–1926) zur Gestaltung eines urbanen Parks im Sinne einer → Gartenstadt. Benannt ist der Park nach dem Grafen Güell, einem Förderer Gaudís. In der Anfangsphase wurden 60 Bauparzellen, ein Marktplatz mit Kolonnaden und ein Freilichttheater als Terrassenanlage geplant. Als Referenz vor dem Areal – Hang des unbewaldeten Pelada – entschied sich Gaudí für eine Anlage mit geschlängelter Wegeführung und – aus frühen ökologischen Überlegungen heraus – großräumiger Bepflanzung mit heimatlichen Pinien. Heute sind lediglich zwei Parzellen bebaut, exotische Gattungen wurden zugepflanzt. Die Anlage wurde schließlich mit für den Künstler charakteristischen ornamental geschwungenen Linien und Formen gestaltet. Die Oberflächenstruktur des Bodens mit Verwerfungen und unregelmäßigen großen und kleinen Erhebungen inspirierte Gaudí entgegen traditionellen Materialien zum Einsatz von keramischen Bruchstücken (in der Umgebung aufgelesene zerbrochene Fliesen, Kacheln, Krüge u. a. m.). Mit den brillanten, leuchtenden Glasuren der Scherbenstücke entstehen Referenzen an die maurische Azulejo-Tradition, die farbenfrohen Anstriche katalanischer Häuser und die heiterbeschwingten, frei fabulierten surrealistischen Bildwelten des spanischen Malers Miró. Mit seinen charakteristisch geschwungenen (Jugendstil-)Formen und -Linien spiegelt der Park Güell den Zeitgeist der 20er Jahre.

Barco (ital.-toskan. für *parco* ›Park‹), auch *barchetto,* → *parco*

Barock-Garten, s. u. »Gartenstile Europas« S. 23–26.

Barth, Erwin (1880–1933), Gartenarchitekt und Schüler von Fritz → Encke. B. übte mit seinen Gestaltungen von öffentlichen Parks großen Einfluß aus. In seiner Geburtsstadt Lübeck war er als Gartendirektor mit Privatgärten, der Gestaltung öffentlicher Friedhofsanlagen, Sportstadien sowie mit der Landschaftspflege befaßt. 1911 erhielt er eine Berufung zum Gartendirektor von Charlottenburg und gestaltete u. a. öffentliche städtische Plätze wie den Gustav-Adolf-Platz, den Karolinger- und den Sachsenplatz. Er plante die Jungfernheide (1920–23) und die Rehberge (1926–29) in Berlin als große → Volksparks. B. lehrte seit 1921 Gartenarchitektur in Charlottenburg, ab 1927 als Honorarprofessor. Im Jahr 1929 wurde er auf den neu geschaffenen Lehrstuhl für Gartengestaltung an der Hochschule für Landwirtschaft in Berlin berufen und war damit der erste Lehrstuhlinhaber für Gartenarchitektur.

Bauerngarten, seit dem Mittelalter bekannt, wo er in Liedern fahrender Sänger besungen wird. Die Bezeichnung B. umfaßt sowohl den kleinen Garten des wenig begüterten Kleinbauern, den prächtigen Garten des Bauernadels, den B. in der Stadt als auch denjenigen, der in größeren Anlagen zitiert wird. In der Regel gliedert er sich in einen Garten vor dem Haus, der geselligen Zwecken dient und oft eine Laube enthält, sowie einen Hintergarten, der zu Nutzzwecken eingerichtet ist. Der B. enthält in gewissem Umfang auch Zierpflanzen – zumeist Blumen –, die in enger Nachbarschaft zu den hauptsächlich angebauten Nutzpflanzen wie Gemüse-, Gewürz- und Heilpflanzen sowie Obstbäumen stehen. Einzelne Nutzungsbereiche werden dabei durch gerade geführte Bewirtschaftungswege so voneinander getrennt, daß ein für den B. charakteristisches klares, geometrisches Ordnungsschema von rechteckigen oder quadratischen Beetformen entsteht. Der B. war ursprünglich häufig durch einen Zaun oder eine Hecke umfriedet, um einen besonderen Rechtsraum zu schaffen und ihn vor Tieren zu schützen.

Baum, waren Bäume im geometrischen Gárten des Barock und Rokoko stets einem größeren Ganzen unterworfen (→ Allee, → Quincunx) und ihre Form durch B.-Schnitt künstlich mehr oder weniger stark verändert (→ Ars topiaria, → en éventail, → Himmelsstrich), so wurde im englischen → Landschaftsgarten der B. als Solitär oder malerische Gruppe (→ clump) eingesetzt. Dazu kam ein wissenschaftliches und botanisches Interesse auch für fremdländische B.-Arten, die zu einer heftigen Sammelleidenschaft im ausgehenden 18. und 19. Jh. führte (siehe → Arboretum). Die Romantik entwickelte im Rückgriff auf das Mittelalter und die nordische Mythologie ein emotionales Verhältnis zu einheimischen B.-Sorten wie der deutschen Eiche, eine Vorliebe, auf die noch Joseph Beuys' Aktion der 7000 Eichen zur Dokumenta in Kassel 1985 anspielt.

Baumgarten, als Nutzgarten Bestandteil einer Gartenanlage seit dem Mittelalter. Wie im St. Galler Klosterplan (→ Sankt Gallen) aus karolingischer Zeit überliefert, diente der B. dort auch als → Friedhof für die Mönche. Der B. enthält Obstbäume in möglichst großer Vielfalt, die entweder als Spalierobst an Mauern und als Hecken gezogen oder aber im → Quincunx in ein Raster gesetzt wurden. In Schloß Benrath, → Düsseldorf, wurde eine solche Obstbaumwiese rekonstruiert. Die im 18. Jh. kultivierten Obstbäume und -sorten zeigt detailliert das dem Würzburger Fürstbischof Adam von Seinsheim (→ Veitshöchheim) gewidmete Werk seines Hofgärtners Johann Prokop → Mayer, *Pomona Franconica oder natürliche Abbildung und Beschreibung der besten und vorzüglichsten Europäischen Gattungen der Obstbäume und Früchte [...]*, Nürnberg 1776.

Bayreuth, Schloßgarten Eremitage, die in einem Waldstück am Main gelegene sog. Eremitage in Bayreuth (1749–73) setzt sich aus verschiedenen Bauten zusammen. Eine 1715–18 von Markgraf Georg Wilhelm erbaute, von der Markgräfin Wilhelmine 1736 umgebaute → Eremitage war als eingeschossige Vierflügelanlage mit einer betont einfachen, asketischen, für Eremitenspiele vorgesehenen Ausstattung konzipiert. In unmittelbarer Nähe zu diesem »Alten Schloß« ließ Wilhelmine, eine Schwester Friedrichs des Großen, darüber hinaus in den Jahren 1749–53 das sog. »Neue Schloß« errichten, das – offensichtlich beeinflußt von der Anlage des → Zwingers in Dresden und anderer Orangeriebauten – aus drei halbkreisförmig angeordneten Baukörpern, dem »Sonnentempel« und zwei flankierenden segmentbogenförmigen Gebäuden, zusammengesetzt war. Durch → Treillagen, die ein Gartenparterre mit einem Wasserbecken umfaßten, war der Gebäudekomplex zu einem Oval geschlossen. Die beiden Schlösser sowie die verschiedenartigen Kleinbauten – künstliche antikisierende Ruinen, Einsiedeleien, Grotten, ein Ruinentheater – sind ohne axialen Bezug im Sinne eines Gesamtplanes im Park verteilt, der außerhalb der geometrischen Gartenanlagen bereits Anklänge des englischen → Landschaftsgartens erkennen läßt.

Bayreuth, Sanspareil, seit 1745 beschäftigte sich die Markgräfin Wilhelmine von Bayreuth mit der Ausgestaltung des Felsengartens Sanspareil bei der Burg Zwernitz nahe Bayreuth. Mit der Gartenanlage vor der romantischen mittelalterlichen Burgkulisse war kein Schloßneubau verbunden, so daß der Garten als ein autonomes Kunstwerk im Sinne des englischen Landschaftsgartens verstanden werden kann. Den Felsengarten bestückten zahlreiche Staffagegebäude wie → Eremitagen, Laubhütten und rustikale Felshäuschen, von denen heute noch das Felsentheater und eine Kirche sowie ein »morgenländisches« Gebäude in islamischem Baustil erhalten sind. Eine Stichfolge von 1746/48 von Johann Gottfried Köppel vermittelt ein Bild der ursprünglichen Ansichten des Gartens im 18. Jh. Der Garten umfaßte und veranschaulichte ein literarisch-mythologisches Programm, das im Sinne der Aufklärung von einem erzieherischen, moralisch-sittlichen Impetus geprägt war.

Behrens, Peter (1868–1940), Architekt und »Designer«. B.

studierte an den Kunstgewerbeschulen in Karlsruhe und Düsseldorf. Seit 1899 gehörte er zur Künstlerkolonie in Darmstadt, Margarethenhöhe, dem wichtigsten Zentrum des Jugendstils in Deutschland. Seit 1902 war er Leiter der Kunstgewerbeschule in Düsseldorf, seit 1907 umfassend für die AEG in Berlin tätig. Im Sinne einer modernen »Corporate Identity« gestaltete B. das Erscheinungsbild der Firma von der Werksarchitektur bis zum Firmenschriftzug. Die Gartengestaltung war zunächst Bestandteil seiner architektonischen Entwürfe, so plante er z. B. den Garten seines Hauses auf der Mathildenhöhe in Darmstadt. In Düsseldorf entwarf er erstmals einen eigenständigen Garten im Auftrag der Großen Gartenbauausstellung im Jahre 1904. Strenge Axialität, Symmetrie, Rechtwinkligkeit und Geometrisierung zeichnen seine Gärten aus, die in radikaler Abwendung vom Pittoresken der Gründerzeit eine neue Synthese schaffen. Vorbild dafür sind die theoretischen und formalen Einflüsse von Paul → Schultze-Naumburg und Hermann → Muthesius, die über die Anregungen der englischen Arts & Crafts-Bewegung (William → Morris) nach Deutschland vermittelt wurden.

Bélanger, François-Joseph (1744–1818), französischer Architekt, seine mehrmaligen Aufenthalte in England (1770–1778) und ein dort entstandenes Skizzenbuch belegen sein Interesse am Landschaftsgarten und am → Palladianismus. Er war beschäftigt als Architekt des Comte d'Artois, des Bruders Ludwigs XVI. B. errichtete zahlreiche Gartengebäude und pittoreske Anlagen, u. a. die → Folie in Saint-James und den Pavillon de Bagatelle in Neuilly, wo er auch die Gärten anlegte. Großen Einfluß hatte B. auf die Kunst des Irregulären, die er in teils phantastischen und bizarren Verbindungen von klassischen architektonischen Versatzstücken und scheinbar wild belassenen Landschaftsformationen nach dem Vorbild italienischer Landschaftsmalerei des 17. Jh.s (Claude Lorrain) und den Entwürfen Hubert Roberts (1733–1808) verwirklichte.

Belt. Audley End House, Essex
Plan von Lancelot Capability Brown, um 1762

Bellevue (frz., ›schöne Aussicht‹), synonym gebraucht für
→ Belvedere.

Belt (engl., ›Gürtel‹), dichter, aus Bäumen und Sträuchern
gebildeter Saum (Gehölzgürtel), der die Grenze eines Gartens markiert. Der B. ist ein insbesondere für Capability

→ Brown charakteristisches und oft kopiertes Gestaltungsmerkmal im englischen Landschaftsgarten, in dem Wegeachsen keine Rolle mehr spielen. Als Belt-Walk (Gürtel-Weg) wird ein an der inneren Grenze einer Gartenanlage entlanggeführter Weg bezeichnet, der nach jeder Biegung den Blick auf ein neues »Landschaftsbild« lenkt.

Belvedere (ital., ›schöne Aussicht‹), ist als Turm, Dachhalle, → Balkon oder Plattform in Zusammenhang mit einem Gebäude oder als selbständiger Baukörper in Gestalt eines Lustschlosses oder → Pavillons so plaziert, daß eine gute Fernsicht auf besonders schöne Aussichten möglich ist. Das B. liegt meist am Ende der Hauptachse eines Gartens und bildet damit einerseits einen → Point de Vue vom Schloß aus gesehen aus, andrerseits gewährt es die Fernsicht in die Landschaft. In der Medici-Villa Careggi bei Florenz ist das B. von Michelozzo (1396–1472) als offene Dachhalle gestaltet; das als Säulenhalle gebaute sog. Belvedere im Vatikan von → Bramante erlaubt einen weiten Ausblick auf das Tibertal; das B. der Königin Anna in Prag, nach 1536, ist vermutlich das erste B. nördlich der Alpen; das Schloß B. in → Wien für Prinz Eugen von Savoyen kehrt die italienische Konzeption um, indem das Hauptschloß nun als Ausgangspunkt auf die Anhöhe gesetzt wird. Weitere herausragende Beispiele sind das Jagdschloß bei Weimar, das B. im Charlottenburger Schloßpark, Schloß Belvedere bei Weimar, Schloß Belvedere auf dem Pfingstberg bei Potsdam sowie als Garten-B. das Belvedere Liechtenstein von Johann Bernhard Fischer von Erlach.

Berceau (frz.), Bogengang, gewölbter Laubengang aus verschiedenen Materialien (Holz, Draht u. a.), um den sich Gewächse wie Jasmin, Geißblatt oder Weinlaub ranken und/oder um den Bäume, Hecken oder Sträucher gelenkt sind. So unterscheidet → d'Aviler in seinem *Dictionnaire* der Architektur (1691) natürliche oder künstlich angelegte B.s. Bei ersteren formen die Äste von Bäumen oder Büschen einen natürlichen Laubengang, bei letzterem werden die Äste über → Treillagen oder anderes Latten- und Gitterwerk gezogen. Der Begriff wird oft auch synonym verwendet mit → Treillage. → Laubengang, → Pergola.

Bergpark, ein B. kann auf künstlich aufgeschüttetem wie auf natürlichem Gelände errichtet werden. Beispiele dafür sind die Villa Aldobrandini in → Frascati, die Kaskade des Königsschlosses von → Caserta, der Park von Sanspareil bei → Bayreuth sowie der B. in → Kassel-Wilhelmshöhe, der über eine Höhendifferenz von 300 m bei einer Länge von rund 2 km angelegt ist. Die Idee des B.s wird einem barocken Pathos ebenso gerecht wie den erhabenen und empfindsamen Idealen des Landschaftsparks im ausgehenden 18. Jh.

Bexley, Red House Garden, von Philip Webb 1859 im Auftrag von William Morris gebautes Haus mit zugehörigem Garten im Gelände eines früheren Obstgartens. Der Garten wurde entsprechend den Vorstellungen des Protagonisten der Arts & Crafts-Bewegung von einer umfassenden Ästhetisierung der Lebenswelt gestaltet. M. legte den Garten noch vor Baubeginn von Red House an. Seine Vorliebe für mittelalterliche Schriften, sein Appell, sich mit dem Ziel eines Gesamtkunstwerks auf tradierte, nicht-entfremdete kunsthandwerkliche Techniken rückzubesinnen, spiegelten sich auch im Garten von Red House wider. Der rückwärtige Teil des Gartens enthält einen gepflasterten Innenhof mit → Brunnen im Mittelpunkt, sein vorderer Teil war aufgeteilt in vier kleine, jeweils von einem Flechtwerkzaun eingefaßte, quadratische Abschnitte, die sich zu einem großen Quadrat zusammenfügten. Spaliergitter, bepflanzt mit Rosen, Clematis, Geißblatt, Glockenblumen und Gartenkresse, Gänseblümchen, Sonnenblumen, Stockrosen u. a. m. zeigen die Vorliebe des Arts & Crafts-Künstlers für einheimische Flora. Zahlreiche Entwürfe Morris' für Tapeten, Stoffe, Teppiche, Buchillustrationen (Ornamentleisten) mit ihren typischen floralen Musterungen basieren auf seinen naturalistischen Skizzen, für die ihm das Red House mit seinem Garten bis zum Verlassen der Anlage im Jahr 1865 Inspirationsquelle war. → Arts & Crafts-Gärten.

Blaikie, Thomas (1750–1838), schottischer Gärtner, der aufgrund seiner ausgiebigen Reisen durch Frankreich und seinen dortigen Tätigkeiten maßgeblich an der Verbreitung des englischen Gartens mitwirkte. Sein Reisebericht *Sur les terres d'un jardinier. Journal de Voyages 1775–1792*, erschien als Neudruck 1997 in Besançon. In Frankreich bekam er Aufträge u. a. vom Comte de Lauraguais (1733–1824), der B. mit François-Joseph → Bélanger bekannt machte, vom Comte d'Artois (später Charles X.) und vom Comte von Chartres (später Herzog von Orléans). Seit 1781 vergrößerte B. u. a. den Parc Monceau in Paris. B. führte englische und schottische Gärtner in Frankreich ein. In England sammelte B. Pflanzen für seine Kunden in Frankreich.

Blenheim, Palast in der Grafschaft Oxfordshire, 1705–24 für den 1. Herzog von Marlborough errichtet, wurde von Nicolas Hawkesmoor (1661–1736, Schüler v. Christopher Wren) und John Vanbrugh (1664–1726) in klassizistisch barockem Stil entworfen und ist eine der weiträumigsten Anlagen in England. Von Vanbrugh stammt auch der Entwurf für die überdimensionierte palladianische Brücke, die das Flüßchen Glyme in der Nähe des Hauses überspannt und als »Gesamtkunstwerk« das damalige Sumpfland im Flußtal als Gestaltungselement einbezog. Die ersten Gärten werden von Henry → Wise (Hofgärtner Königin Annes) im Stil der französischen Gärten des Barock angelegt. Es entstehen → Parterres auf mehr als 30 ha. Entscheidend verändert wird das Gelände ab 1764 unter der Regie von Lancelot Capability → Brown: Die Parterres werden entfernt und durch Rasenflächen ersetzt, ein westlich der Brücke geschaffener Damm läßt zwei Seen mit weit geschwungenen Uferlinien entstehen, der gestiegene Wasserspiegel verändert auch das Aussehen der palladianischen Brücke, die im

Zuge der Umgestaltung ihre Funktion als Verbindungsweg einbüßt (»Elizabeth's Island«) und nun in der Komposition des Gesamtbildes aufgeht. Auch in Blenheim gibt Brown den »natürlichen Mitteln« (→ Rasen, → Clumps, → Wasserflächen mit geschwungenen Uferlinien) vor den architektonischen den Vorzug.

Blondel, Jacques-François (1705–1774), französischer Architekt, Sohn des Architekten François Blondel. B. hatte im Unterschied zu seinem Vater den Anspruch, einen »gôut modern« zu vertreten, was sich u. a. in einem Grundriß mit strengen Diagonalachsen zeigt. Er gründete eine private Architekturakademie in Paris. B. war Verfasser zahlreicher architekturtheoretischer Schriften. Sein Werk *De la distribution des maisons de plaisance et de la décoration des édifices en général* (2 Bde., 1737–38) enthält Entwürfe zur Gartengestaltung, die eng an die Ausführungen → Dézallier d'Argenvilles anknüpfen. In dessen Nachfolge war er wichtigster Theoretiker des klassischen barocken Gartens in Frankreich. B. wandte sich gegen den Einfluß des englischen Gartens auf die Gartenkunst in Frankreich und verteidigte den Stil Le Nôtres. In *De la distribution des maisons de plaisances* beschreibt er vier Schemata für die → Maison de plaisance und seine Theorie zur Gartenkunst im allgemeinen. Ausführlich dargestellt ist sie in seinem vierten Band zur *Cours d'architecture* von 1773, in dem er den klassischen französischen Barockgarten gegen den »englischen Garten« verteidigt. Als »négligence pittoresque« läßt er Irregularität allenfalls in den äußersten Randbezirken von Gärten zu, um die Regularität um so deutlicher werden zu lassen. In größerem Maß als Dézallier spricht sich Blondel für Grasböschungen (»talus de gazon«) zur Überwindung von Höhenunterschieden und großzügige Rasenparterres aus.

Blumengarten, vom Nutzgarten unterschiedener → Lustgarten, meist als → Parterre ausgebildet, mit jahreszeitlich unterschiedlicher Bepflanzung (→ Pflanzprogramme). Die

Gärten des 16. Jh.s waren reich mit Blumen bepflanzt. Seit der zweiten Hälfte des 17. Jh.s wird der B. mit der Ausbildung des Parterre de broderie verdrängt von anderen farbigen Gestaltungsformen des Beetes aus anorganischen Materialien. Während sich Blumenschmuck in den sich seitlich ans Schloß anfügenden Privatgärten (→ Giardino segreto) durch die Jahrhunderte hält, wird er ins Hauptparterre vor dem Schloß erst wieder seit 1750 verstärkt aufgenommen. Im 19. Jh. ist der B. ein Bestandteil des bürgerlichen → Hausgartens. → Hortus conclusus, → Kräutergarten.

Blumensymbolik → Pflanzensymbolik

Blumist, deutsche Übersetzung des frz. *fleuriste* ›Blumengärtner‹; altmodischer Begriff des 18. und 19. Jh.s für einen Kenner oder Liebhaber erlesener, blühender Pflanzen.

Blumisterei, Blumenzucht, Blumengärtnerei. Wortschöpfung des späten 18. Jh.s nach dem Begriff → Blumist, vgl. die Veröffentlichung von J. N. Weismantel, *Blumisterei* (Leipzig 1779). Verbreitung fand diese Liebhaberei für Dilettanten und Laien im 19. Jh. u. a. durch den Blumenfreund Jakob Ernst von Reider (1784–1853), einem bayerischen Landgerichtsassessor, der sich in vielen Veröffentlichungen (z. B. *Die Geheimnisse der Blumisterei* […], Nürnberg 1822) um die Blumenzucht verdient gemacht hat.

Bomarzo, Sacro Bosco, nördlich von Rom in der Nähe von Viterbo (Mittelitalien) im Auftrag des Fürsten Vicino (Pier Francesco) Orsini (um 1516 – 1583) zunächst zeitgleich mit Umbaumaßnahmen der Burg in Bomarzo zu einem Renaissanceschloß angelegt. 1544 als geometrisch geordneter Lustgarten mit Wasserspielen in ein Tal eingebettet, wurde der Garten nach dem Tod seines Lieblingsvetters Orazio Farnese (1553) und seiner Frau Giulia Farnese (1557) allmählich in eine unregelmäßige Anlage mit kalkulierten Verstößen gegen Gesetze der Symmetrie und Harmonie verwandelt. Der regelwidrige »Heilige Wald« zeigt sich als Spiegelbild des ebenso hochgebildeten wie zutiefst an göttlicher Ordnung zweifelnden Fürsten Orsini. Monumentale, aus dem örtlichen Felsen gehauene Skulpturen (Gestalten der antiken Mythologie, Drachen, Schildkröte, Elefant u. a. m.) tauchen unerwartet nach Wegbiegungen auf, Architekturen in bedrohlicher Schieflage und Plätze ohne ersichtlichen Bezug charakterisieren diesen Garten als manieristische Anlage. Vicino Orsini pflegte einen engen Kontakt mit Kardinal und Fürstbischof Cristoforo Madruzzo (1512–1578), der vermutlich Kardinal Giovanfrancesco Gambara zum Bau des Gartens von → Bagnaia inspirierte.

Bordure (frz.), Borte, Rabatte; → d'Aviler (*Dictionnaire* 1691) definiert die B. als Einfassung der Beete eines → Parterres aus Thymian, Lavendel oder Rasen.

Bosco → Boskett

Boskett (von ital. *bosco* bzw. frz. *bosquet* ›Wald‹), kleines sorgfältig gestaltetes Wäldchen innerhalb einer Gartenanlage. Darin kann der von Wegen durchkreuzte und von hohen beschnittenen Hecken umgebene Baumbestand Gartenräume (im französischen Sprachgebrauch → Salle de verdure) in zahlreichen Varianten, wie Stern-, Würfel-, Kreuzgang-, Ballsaal-, Teich-, Saal- oder Amphitheater-B. ausbilden. Das B. wird meist im Anschluß an ein → Parterre angelegt.

Bosquet → Boskett

Botanik, Wissenschaft der Pflanzen, Pflanzenkunde. Um 300 v. Chr. verfaßte der Aristoteles-Schüler Theophrastos von Eresos (372/371–286/285 v. Chr.) eine *Geschichte der Pflanzen* in neun Büchern als erste bekannte pharmakologisch-botanische Schrift der Antike. Die Arzneimittellehre *Materia medica* des Diokurides, eines im 1. Jh. n. Chr. in Rom tätigen Arztes, war bis zur Renaissance das wichtigste illustrierte → Herbarium in Europa und bildete Ausgangspunkt und Grundlage für weitere Studien. Neben der Medizin war auch die Landwirtschaft seit der Antike ein Motor für botanische Studien, so z. B. bei → Plinius d. Ä.,

Botanik. Polygala (Amaralla, Milchwurz, Vogelkraut)

Aus: *Das englische Gartenbuch oder Philipp Millers Gärtner-Lexicon*,
Nürnberg 1751

der rund 1000 Pflanzen in seiner *Historia naturalis* beschreibt. Für das frühe Mittelalter sind die sowohl auf landwirtschaftliche wie medizinische Zwecke gerichteten Pflanzenbeschreibungen im → *Capitulare de villis* Karls des Großen und dem → Hortulus des Abtes Walahfrid Strabo, der sich auf den → Klostergarten auf der Insel Reichenau bezieht, zu nennen. Das erste umfassende Pflanzenwerk verfaßte → Hildegard von Bingen. Als Zentrum der Medizin und damit auch der B. ist vom 11. bis zum 13. Jh. die Hohe Schule von Salerno hervorzuheben, aus der zahlreiche, weit verbreitete Schriften, wie die *Mater Floridus de virtutibus herbarum* (um 1070), hervorgingen. Die erste gedruckte botanische Schrift ist der *Apuleius* aus dem späten 15. Jh. Als wichtigstes botanisch-medizinisches Werk in deutscher Sprache gilt der 1485 erschienene, mit Holzstichen illustrierte *Gart der Gesundheit* (→ Hortus sanitatis). Seit der Renaissance ging mit dem Interesse an den antiken Autoren auch eine verstärkte Auseinandersetzung mit antiken Arzneimittellehren und botanischen Werken einher, die mit eigenen, nun zunehmend systematischen Studien ergänzt wurden, nicht zuletzt bedingt durch die Kenntnis zahlreicher exotischer Pflanzen aus Nord- und Südamerika (→ Pflanzenjagd) und die Entdeckung neuer Arten in Europa. Hervorzuheben sind hier zahlreiche Forschungsreisen, u. a. diejenige der Maria Sybilla → Merian. Der bedeutendste Botaniker des 18. Jh.s war Carl von → Linné, dessen auf der Fortpflanzung beruhende Systematik lange Gültigkeit behielt. Die B. – zunächst nur Hilfswissenschaft der Medizin – gewann zunehmend an Eigenständigkeit. Doch erst im 19. Jh. wurden vermehrt eigene Lehrstühle eingerichtet; 1882 wurde in Berlin die bis heute bestehende Deutsche Botanische Gesellschaft gegründet.

Botanischer Garten, einer der frühesten botanischen Gärten in Padua (1545), der als Heilkräutergarten (giardino dei semplici) angelegt war, fand in ganz Europa rasche Nachfolge (Pisa 1547, Bologna 1567, Leiden 1577, Oxford 1632).

Auch in Deutschland entstanden botanische Gärten in Zusammenhang mit den Universitätsgründungen in der zweiten Hälfte des 16. Jh.s, der wohl älteste in Leipzig 1580
(weitere in Köln und Breslau 1587, Gießen 1609, Erfurt
1634, Kiel 1669). Bis ins 18. Jh. waren botanische Gärten
ausschließlich dem Anbau und der Kenntnis von Arzneipflanzen vorbehalten (→ Botanik, → Hortus medicus). Die
zunächst rein wissenschaftlichen Einrichtungen erlangten
im 19. Jh. Bedeutung auch als Stätten der allgemeinen
Volksbildung. → Pflanzenjagd.

Bouillon d'eau (frz.), Wasser-Sprudel, kleiner Springbrunnen, → Brunnen.

Boulingrin (frz.), Rasenplatz, abgeleitet von engl. *bowling
green*. Die von einem kleinen Wall umgebene, vertieft gelegene Rasenfläche in englischen Gärten wird im 17. und 18.
Jh. auch in französischen Gärten als Gestaltungselement
übernommen (→ Rasen). Der B. diente ursprünglich als
Platz für Kugelspiele. Größere B.s wurden oft in mehrere
Rasenflächen aufgeteilt und mit → Broderien oder → Rabatten geschmückt und gleichen sich damit einem → Parterre an. B.s können auch mit Wasserflächen bedeckt sein.

Bowling green (engl.) Rasenplatz zum Bowlingspiel,
→ Boulingrin.

Boyceau de la Baraudie, Jacques (gest. um 1630/35), französischer Gärtner und Mitbegründer des sog. »französischen Stils«. B. stammt aus der Gärtnerfamilie von Jacques
→ Mollet, die in königlichen Diensten stand. B. selbst war
Kammerherr und Intendant der königlichen Gärten. Sein
Sohn Claude wurde 1630 Nachfolger seines Vaters als Königlicher Gärtner. B. ist der Autor des 1638 postum erschienenen *Traité du Jardinage selon les raisons de la nature
et de l'art*. Mit B. geht die Phase der Gartenkunst der Renaissance in Frankreich zu Ende. Er legt wichtige Grundlagen für den barocken Garten, so z. B. durch den Einsatz
von Bäumen ohne Obstertrag für die Gestaltung von → Alleen (noch Francis → Bacon schlug Obstbäume für die Be-

pflanzung von Alleen vor), während er in seinen → Brode-
rie-Entwürfen dem Renaissancegarten verhaftet bleibt.

Bramante, Donato (um 1444–1514), italienischer Archi-
tekt. Die Bauten B.s in Mailand (1479–1499, darunter S.
Ambrogio, der Chor von Sta. Maria delle Grazie) verkör-
pern den Höhepunkt und Abschluß der Frührenaissance in
Italien. 1499, nach der Einnahme Mailands durch die Fran-
zosen, mußte B. die Stadt verlassen und ging nach Rom.
Hier entwickelte er eine antikisierende Formensprache im
Sinne der Hochrenaissance, wie z. B. den sog. Tempietto im
Hof von S. Pietro in Montorio. Er begann ab 1506 mit dem
Neubau von St. Peter in Rom. Für Papst Julius II. schuf er
im Vatikan im architektonischen Zusammenhang mit dem
für Innozenz III. erbauten Belvedere einen terrassenförmig
angelegten Garten, der vorbildhaft wurde für den italienischen Garten des 16. Jh.s.

Broderie (frz.), Stickerei, ein formal so kunstvoll gestaltetes Beet, daß es in seiner Gestaltung an Stickerei er-
innert. Vorzugsweise wird es mit anorganischen Materialien wie verschiedenfarbigen Steinen oder gemahlenen Ziegeln (→ Terrakotta) ausgelegt und mit niedrigem Grün
(→ Buchs) umgeben. Die bevorzugten Farben der barok-
ken B. waren Blau, Weiß und Rot in den Grundflächen,
während der Umriß in Schwarz ausgeführt wurde. Wegen
längerer Haltbarkeit als bei der Bepflanzung mit Blumen
wird die B.-Gestaltung mit den genannten Materialien bevorzugt. → Parterre, → Blumengarten.

Brown, Lancelot »Capability« (1716–1783), englischer
Gartengestalter. B. entwickelte mit oft rigorosen Maßnahmen den englischen Landschaftsgarten reinen Typs. Auch
bei schwierigstem Gelände sah er Möglichkeiten (engl. *ca-
pabilities*) der Gestaltung, was zu seinem Zusatznamen
führte. Seine erste größere gartenkünstlerische Aufgabe unternahm B. bei der Anlage von → Stowe, wo er seit 1739
mit William → Kent zusammenarbeitete. Seit dieser Zeit
war er der meistbeschäftigte Gartengestalter in England

und wurde 1764 zum Königlichen Gärtner von Hampton Court ernannt. Theoretische Ausführungen zu seiner Gartengestaltung hat er nicht hinterlassen. Als das bekannteste der von ihm eingesetzten Stilmittel sind die → Clumps zu nennen. Neben diesen kunstvoll komponierten und als malerischer Blickfang eingesetzten Baumgruppen gilt der → Belt (Gehölzgürtel) als seine Erfindung, der sich ebenso elegant an der Grenze einer Gartenanlage entlangzieht wie die von B. gestalteten Uferlinien, sowie die Wege und Wasserläufe, die geschlängelt den Park durchziehen (→ Serpentine). B.s Gestaltungsprinzipien (vgl. → Landschaftsgarten) blieben in England und auf dem Kontinent bis ins 19. Jh. maßgeblich.

Brücke, B.n werden in Gärten als architektonische und kunstvoll gestaltete Elemente zum Überqueren von künstlich angelegten Wasserläufen, Seen, Gräben und Schluchten eingesetzt. Je nach zu überbrückendem Hindernis und Umfeld sollen sie innerhalb der Gartenanlage vom Gestalter kalkulierte erhabene oder sentimentale Gefühle auslösen. Die B. ist eines der wichtigsten architektonischen Versatzstücke der Palladio-Rezeption im englischen Landschaftsgarten (z. B. → Stourhead, → Wörlitz).

Brühl, Schloß Augustusburg, zwischen Köln und Bonn gelegen, als Sommerresidenz für den Kölner Erzbischof und Kurfürsten Clemens August unter Beteiligung der Architekten Konrad Schlaun, Balthasar Neumann und François → Cuvilliés d. Ä. erbaut. Cuvilliés arbeitete, wie schon in Nymphenburg (→ München), zusammen mit dem Münchener Hofgärtner Dominique → Girard an der Ausgestaltung der Gartenanlage (ab 1728). Das Parterre erstreckte sich vor der Terrasse des Südflügels, war also ungewöhnlicherweise aus der sonst üblichen Mittelachse des Schlosses gerückt. An das Parterre schlossen sich seitlich ein Nutzgarten und ein Boskettgarten an, die diagonal ausgerichtet waren, so daß ihre Achsen zusammen mit dem Parterre wie ein → Patte d'oie vom Schloß ausstrahlten. Dahinter gliederte sich ein → Jagdpark an, in dem verschiedene, nicht mehr erhaltene »chinesische« Lustgebäude standen. Gärten und Jagdstern wurden ringförmig von einem Wassergraben umschlossen. Ein Weg der sternförmig angelegten Wegschneisen innerhalb des Wäldchens führte nach Südosten in der Verlängerung zum Jagdschloß Falkenlust, das 1729–33 nach Plänen Cuvilliés erbaut wurde. 1842 ließ der preußische König Friedrich Wilhelm IV. durch Peter Joseph → Lenné den Garten und das daran anschließende Waldgebiet umgestalten. Das → Parterre behielt er bei, geändert wurde das → Boskett, in dem Lenné Motive des englischen → Landschaftsgartens einsetzte.

Brunnen, als architektonische und/oder skulpturale Anlage zur Einfassung von fließendem Wasser ist der B. das wichtigste Ausstattungsstück in einem Garten seit der Antike. Allein schon zur Bewässerung der Pflanzen waren B. im Garten unerläßlich. Im Mittelalter ist der B. als Zentrum eines Gartens durch zahlreiche bildliche Darstellungen und in der Literatur überliefert, z. B. durch → Albertus Magnus und Boccaccios *Decamerone* (→ Fontäne). Auch in Renaissance und Barock blieb das → Wasser und seine Führung in Kanälen, Becken und B.-Anlagen das wichtigste Gestaltungsmittel eines Gartens (→ Nymphäum, → Kaskade, → Fontäne). Die Form der B. reicht von einfachen Becken, die in den Boden eingelassen sind oder sich als Schale über dem Boden erheben, wobei auch mehrere Schalen übereinandergestaffelt sein können, bis hin zu aufwendigen B.-Schauwänden. Skulpturen aus Stein oder Bronze schmükken die B. und führen ein bestimmtes auf den Garten oder seinen Besitzer bezogenes Programm vor (→ Gartenskulptur, → Skulpturenprogramme). Die besondere Bedeutung des B.s innerhalb einer Gartenanlage zeigt sich nicht zuletzt darin, daß in Italien manche Bildhauer ausgehend von den B. auch die gesamte Anlage eines Gartens gestalten konnten, wie etwa → Ammannati und → Tribolo. Neben einzelnen Figuren können ganze Szenen aus der antiken Mytho-

Charles Le Brun: Entwurf für einen Amoretten- und einen
Tritonenbrunnen. Kupferstich, 1686
(Stiftung Schloß und Park Benrath, Gartenkunstmuseum)

logie in einem B.-Becken inszeniert werden, wie z. B. der Parnaß mit Apoll und den Musen in → Versailles oder Diana und der Jäger Aktäon, der in einen Hirsch verwandelt wird, in → Caserta. Wasserspiele und -orgeln, Maschinen für bewegliche Figuren und rauschende, manchmal duftende Fontänen machten den B. zu einem alle Sinne umfassenden Gesamtkunstwerk im Garten.

Buchs, B. hat sich wegen seiner Widerstandsfähigkeit gegen Hitze und Kälte sowie wegen seines dichten und langsamen Wuchses als pflanzliches Gestaltungselement der → Ars topiaria in Gärten durchgesetzt. B. wird zur Einfassung von → Parterres und → Bosketts verwendet und kann dabei in geometrische oder figürliche Formen geschnitten werden. In großem Ausmaß wurde B. nördlich der Alpen erstmals einer 1595 von Heinrich IV. erteilten Anweisung folgend von Claude → Mollet in den Gärten von Saint-Germain-en-Laye, Monceau und Fontainebleau angepflanzt. → Hecke.

Bürgergarten → Stadtpark, → Volkspark

Bukolika (altgriech. *bukolos* ›Rinderhirt‹), bukolische Poesie, Hirtendichtung, begründet von → Theokritos und als Preisung einer idealen Landschaft fortgeführt in den Eklogen (kurze Gedichte mit meist bukolischem Inhalt) von → Vergil. Neben → Arkadien wurde auch Sizilien in der Antike als bukolische Landschaft angesehen. Seit dem Hellenismus werden bukolische Themen in der bildenden Kunst mit Hirten, Bauern oder Fischern in der Landschaft dargestellt (zu Darstellungen in der nachantiken Kunst siehe auch → Pastorale).

Buontalenti, Bernardo (1536–1608), italienischer Architekt des Manierismus. B. war als Nachfolger Vasaris und → Ammanatis, dessen Mitarbeiter er am Boboli-Garten am Palazzo Pitti war, der führende Architekt in Florenz. Insbesondere für die Gestaltung der Hauptgrotte (1583 entworfen) im Garten des Palazzo Pitti, deren Programm die erschaffenden und zerstörenden Naturkräfte zugrunde liegen, zeichnete B. verantwortlich. 1585 ließ er dort die sog. »Sklaven« von Michelangelo aufstellen. Im Auftrag des Großherzogs Franz I. schuf B. im Zeitraum von 15 Jahren Villa und Park von Pratolino (Beginn 1569). Der mit einem Netz von geraden Wegen durchschnittene Park ist als mit Kaskaden und Wasserläufen durchsetzter manieristischer → Irrgarten angelegt, den der Besucher nicht als Ganzes erfassen konnte. Seit 1575 baute Buontalenti die Medici-Villa La Petraia in → Florenz-Castello um.

Burggarten, innerhalb der Mauern einer mittelalterlichen Burg angelegter Garten, der als → Wurzgarten oder → Blumengarten gestaltet wurde. Überliefert sind beispielsweise die Gärten der Ultregote, der Gattin des merowingischen Königs Childeberts I., die diese u. a. an ihrem Schloß in Saint-Germain anlegen ließ. Der Garten des nur noch teilweise erhaltenen barocken Wasserschlosses (erbaut seit 1660) in Benrath bei → Düsseldorf war als umfriedeter Rosengarten wie eine Insel auf dem Wasser angelegt. Das Beispiel zeigt, daß Nutzgärten zur Selbstversorgung zunehmend in Blumengärten verwandelt wurden, nachdem der wehrhafte Charakter der Burgen aufgegeben werden konnte.

Burke, Edmund (1729–1797), englischer Staatsmann und Schriftsteller, der sich 1757 in den *Origins of our Ideas of the Sublime and Beautiful* mit dem Unterschied zwischen dem »Schönen« und dem »Erhabenen« auseinandersetzte. Seine Ideen zur Ästhetik haben die Gestalter des englischen → Landschaftsgartens, wie z. B. Lancelot → Brown, beeinflußt.

C

Cabinet de verdure (frz., ›grünes Kabinett‹), auch → Salle de verdure oder → Salon de verdure. Bezeichnung für einen Gartenraum im → Boskett. → Cloître, → Hippodrom, → Rondell.

Caisse de Versailles (frz., ›Versailler Kasten‹), kubischer Pflanzbehälter aus regulär mit weißer Ölfarbe gestrichenem Eichenholz für die Aufnahme von Zitrusbäumen und anderen nicht frostharten Pflanzen, die im Winter in ein → Gewächshaus bzw. eine → Orangerie aufgenommen werden. Charakteristisch für die Form der C. d. V. sind die vertikalen Eckhölzer, die von einer Kugel bekrönt werden. → Pflanzgefäße.

Callotzwerg, fester Begriff der spätbarocken Ikonographie, der sich herleitet aus der Serie der *gobbi* (ital., ›Bucklige‹) aus dem Jahr 1616 von Jacques Callot (1592/1593–1635). Von Callot ausgehend, entstehen Gartenfiguren aus dem Alltags- und Volksleben in Zwergengestalt. Zahlreiche Beispiele dafür finden sich im Veneto (Italien), beispielsweise im Garten der Villa Valmarana ai Nani in Vicenza. In Deutschland sind als Beispiele in der Skulptur der Zwergenreigen in Schloß Öttingen, der »Zwerglgarten« von Schloß Mirabell bei → Salzburg und insbesondere die zwergenhaften Karikaturen des Hofstaates im Schloßgarten von → Weikersheim in Franken (1709) zu nennen. → Gartenzwerg.

Campbell, Colen (1673–1729), englischer Architekt, der die Tradition Andrea → Palladios in England fortführte. Zur Verbreitung des → Palladianismus hat sein dreibändiges Architekturwerk *Vitruvius Britannicus* (1715–25), das im übrigen auch zahlreiche Gartenpläne enthält, maßgeblich beigetragen. 1721 errichtete C. die erste palladianische Villa Englands in → Stourhead.

Capitulare de villis vel curtis imperii, die Landgüterord-
nung Karls des Großen aus dem Jahr 812 beschreibt neben
der Tierhaltung und anderen land- und hauswirtschaftlichen
Belangen u. a. auch die in den Obst- und Gemüsegärten ge-
zogenen Nutzpflanzen und stellt damit das früheste → Pflanzenbuch des europäischen Mittelalters dar (C. Cod. Guelf.
254 Helmst. der August Bibliothek Wolfenbüttel, Faks.-
Ausg. mit Transkription, Stuttgart 1971). Im Anhang sind in
einem Glossar 72 Pflanzennamen aufgelistet, die in den Gü-
tern angebaut werden sollten, darunter Heilpflanzen, Obstbäume und Gemüsesorten. → Karolingische Gartenkultur.

Caprarola, Park des Palazzo Farnese (Latium, Italien), Giacomo Barozzi da → Vignola (1507–1573) errichtete seit
1556 im Auftrag des Kardinal Alessandro II. Farnese über
einer Festungsanlage (1532–36) des Antonio da Sangallo
den Palazzo Farnese, an den sich weitläufige Gärten mit einem → Casino anschließen. In der Flucht der zwei rücksei-
tigen Wände des fünfeckigen Palazzo schließen sich zwei
quadratische und wiederum geviertelte Gärten und in ihrem Zwickel ein kleinerer Garten an. Von den direkt am
Palast gelegenen Gärten gelangt man durch den → Barco
(giardino grande) in die terrassenförmige Gartenanlage mit
dem ebenfalls von Vignola erbauten Casino. Die Parterres
und Terrassen sind mit Brunnenbecken bestückt, deren
Wasser durch eine → Catena d'acqua vor dem Casino verbunden sind. Aufgrund einiger motivischer Gemeinsamkeiten wird der Garten in Caprarola mit demjenigen in → Bagnaia (Villa Lante) in Zusammenhang gebracht.

Carré (frz.), Geviert, viereckiges Gartenbeet.

Caserta, Schloßpark Palazzo Reale (Campanien, Italien),
der Bauherr, der spanische König Karl III. von Bourbon,
König von Neapel und Sizilien, ließ durch den römischen
Architekten Luigi → Vanvitelli in Caserta seit 1751 eine
Residenz errichten, die in Anspruch und Größe Versailles,
aber sicher auch das spanische La Granja in → San Ildefonso bei Segovia zum Vorbild nahm. Hinter dem Schloß

schließt sich zunächst ein riesiges Parterre an, von dem aus die schmale, streng axiale, rund 3 Kilometer lange Anlage mit zwei terrassierten Kanälen ansteigt und – anders als in französischen Barockgärten, aber ähnlich den spanischen Anlagen – in eine steile Felsenkaskade als → Point de Vue am Ende des Gartens mündet. Von der → Kaskade ergießt sich das Wasser als mächtiger Wasserfall in ein Becken, das mit einer Statuengruppe der Diana und des Aktäon besetzt ist (1785–89 von Paolo Persico u. a. geschaffen), und fließt von dort aus teils unterirdisch in die Kanäle. Statuenreiche → Brunnen und Becken (Brunnen der Venus und des Adonis, Brunnen der Ceres) unterbrechen den monotonen Zug der Kanäle und Wege, die weniger zum Promenieren als zu Kutschfahrten einladen. An den geometrischen Garten wurde ab 1782 ein englischer Garten mit vielen botanischen Raritäten und verschiedenen Gartenhäusern angeschlossen.

Casino (ital.), Häuschen, Lustschlößchen, von frz. *cassine* ›Villa‹. Ein C. bezeichnete in der italienischen Renaissance ein kleines Wohn- oder Sommerhaus als nicht bewohnbares Nebengebäude in einer Gartenanlage mit Villa. Die Tradition des C.s wurde in Spanien aufgenommen, wo im ausgehenden 18. Jh. zahlreiche kleine »Prinzenhäuschen« als Lustschlößchen für die Infanten in der Umgebung von Madrid erbaut wurden. Bekannt sind darunter v. a. die beiden Schlößchen in der Nähe des → Escorial bei Madrid, die Casita del Abajo und die Casita de Arriba (1773 von Juan de Villanueva, 1739–1811, erbaut), die bezeichnenderweise zur Zeit der Maria Luisa von Parma, der Frau Karls IV., entstanden. Beide Häuschen, die ohne Schlafzimmer oder Küche eingerichtet waren, dienten als sommerlicher Ausflugsort den Infanten dem kurzen Aufenthalt.

Castellamonte, Amedeo di (1613–1683), piemontesischer Architekt und Ingenieur. Seit 1639 arbeitete C. für die Herzöge von Savoyen. Für Emmanuele II. erbaute er um 1660 die Villa Venaria Reale als Lust- und Jagdschloß. Die 1693 teilweise zerstörte Anlage ist durch eine Beschreibung C.s von 1672 überliefert. Über Turin hinaus wirkte C. u. a. an den Planungen für Schloß Nymphenburg in → München mit, die jedoch keine Anerkennung fanden. Durch zahlreiche Bauprojekte wurde C. in Turin bestimmend für das dortige barocke Stadtbild. Daneben realisierte er Fest- und Theaterarchitekturen für den Hof von Savoyen.

Castle Howard, Yorkshire. Charles Howard, 3. Graf von Carlisle, und der Architekt John Vanbrugh (1664–1726) begannen 1699 mit dem Bau des spätbarocken Herrenhauses, das an Größe und Ausstattung außergewöhnlich ist und einen Grundbesitz von mehr als 2000 ha hat. Die Anlage erhält dadurch eine politische Dimension, daß Howard (der Whig-Partei zuzuordnen), Vanbrugh und die Gartenarchitekten George London und Stephen → Switzer dem Areal einen erhabenen Charakter geben wollten. Vor allem sollte eine großzügige, weiträumige Ordnung entstehen, die sich von der Strenge vergleichbar großer französischer Barockanlagen löst. Gleichwohl wurde ein beeindruckendes Südparterre mit Scheinarchitekturen, Heckenfiguren, Obelisken und Torbogen entworfen, das jedoch nicht erhalten ist. An seinem Platz befinden sich heute Rasenflächen und ein »Atlasbrunnen« aus dem späten 19. Jh. Östlich des Hauses entstand nach Plänen Switzers als zukunftsweisendes Zeichen neben den geometrischen Elementen »Ray Wood«, ein Wäldchen mit gewundenen Wegen und Laubengängen, Lichtungen, → Pavillons, → Brunnen, → Kaskaden und Statuen, das 1970 verfälschend durch Rhododendronpflanzungen umgestaltet wurde. Nach Süden erstreckt sich der »terrace walk«, mit seiner Folge von Landschaftskompositionen, die den Ausblick in die Umgebung einbeziehen. Wichtiges Element wird ein künstlich angelegter See, ein ebenfalls künstlicher Flußlauf, der neopalladianische »Tempel der vier Winde« als letzter Bau Vanbrughs. Weitere architektonische Hinzufügungen sind Nicholas Hawkesmoors Mausoleum (1728–29), die »Römische Brücke« von Daniel Garett und die Pyramide von Hawkesmoor.

Catena d'acqua (ital., ›Wasserkette‹), steinerne, skulptierte Rinne, in der Wasser über verschiedene Ebenen eines Gartengeländes herabgeführt wird. Herausragende Beispiele dafür finden sich in den Gärten des Palazzo Farnese in → Caprarola und in der Villa Lante in → Bagnaia.

Caus, Salomon de (1576–1626), französischer Architekt, Ingenieur und Physiker, der eine Vielzahl von »Gartenmaschinen«, → Grotten (darunter die berühmten, nicht mehr erhaltenen → Automaten in den Grotten von → Pratolino bei Florenz) und → Brunnen entwarf. Er flüchtete wegen seiner hugenottischen Abstammung nach England und arbeitete danach für den Kurfürsten Friedrich V. in Heidelberg. De C. schuf den Palastgarten am Heidelberger Schloß, den er in einem Stichwerk *Hortus Palatinus* (Frankfurt 1620) überliefert hat. Seine Werke *La perspective avec la raison des ombres et des miroirs* (London, 1612), *Les raisons des forces mouvantes* (Frankfurt 1615), *L'institution harmonique* (Frankfurt 1615) und *La pratique et démonstration des horloges solaires* (Paris 1624) sind eindrucksvolle Zeugnisse seines künstlerischen und technischen Erfindungsreichtums.

Cerceau, Jacques-Androuet du (um 1515 – 1584), Zeichner und Stecher von Architekturentwürfen. Als Autor des zweibändigen Stichwerks der *Plus Excellent Bastiments de France* (1576–1579, reprogr. Nachdr. Farnborough 1972) überliefert Du C. auch die wichtigsten französischen Gärten der Renaissance. Dazu gehören die Gärten von Schloß Amboise, die noch wie ein mittelalterlicher → Burggarten an einem Terrassenhof über der Loire angelegt wurden. Ebenso eingefriedet, aber bereits weitläufiger wurden die Gärten von Blois und → Fontainebleau gestaltet. Gemeinsam ist den Renaissancegärten die Anlage von streng rechteckigen, aber jeweils unterschiedlich kunstvoll ornamentierten, teppichartigen Beeten. Auch für die Nutzgärten schlägt Du C. eine ähnlich in Mustern strukturierte Beetform vor. In Anlehnung an seine Entwürfe wurde der Ge-

müsegarten von Schloß → Villandry Anfang des 20. Jh.s rekonstruiert. Du C. gestaltete selbst die Gärten von Montar-
gis (1560–66) für eine Tochter Ludwigs XII. als Witwen-
sitz.

Ceres, die römische Göttin des Ackerbaus und des Getreides (griech. Demeter), eine Tochter des Saturn und
Mutter der Proserpina; sie steht für das Werden und Vergehen in der Natur und wird meist mit den Attributen einer
Ährenkrone oder einem Ährenbündel und mit einer Sichel
als Personifikation des Sommers dargestellt.

Chambers, William (1723–1796), bedeutender britischer
Architekt, seit 1760 Hofarchitekt in London; er unternahm
zwei Reisen nach China und propagierte die chinesische
Gartenkunst u. a. in *Design of Chinese Buildings* (1757) und
Dissertation on Oriental Gardening (1772). Darin schildert
Chambers Szenarien mit künstlich provozierten Effekten,
die ebenso elegische wie grausige Eindrücke auslösen sollten. Belustigung und Effekthascherei widersprachen zutiefst der Idee des Landschaftsgartens, der Gefühle von na-
turandächtiger Harmonie und Erhabenheit ausdrücken
sollte. Viele Gartentheoretiker und -gestalter wie → Hirschfeld übten Kritik an seinen Fiktionen. Erfolg hatte Chambers jedoch bei Hof, der ihm 1757 den Auftrag zur Gestaltung von Kew Gardens erteilte, wo er 1758 chinesische
Bauten und 1761 das in der damaligen Zeit größte Gewächshaus errichtete.

Charmille (frz.), Laubengang, von frz. *charme* ›Hage-,
Weißbuche‹; Laubengang oder Hecke aus Hage- oder
Weißbuchen.

Chatsworth, Chatsworth-House (Grafschaft Derbyshire)
repräsentiert mit der Geschichte seiner Anlage beispielhaft
Entwicklungen in der Gartenkunst. Eine Gartenlaube von
1570 weist bis ins 15. Jh. zurück. Um 1685 wird unter
George London (um 1650 – 1714, Königlicher Chefgärtner
in Hampton Court) und Henry → Wise eine Gartenanlage
französischer Prägung begonnen, deren formale Strukturen

mehr als 48,5 ha einnehmen. Es entstehen → Parterres,
→ Bowlinggreens, → Hecken, → Ars Topiaria und → Wasserspiele, unter Mitwirkung verschiedener (Garten-)Archi-
tekten. In dieser Phase kontrastiert der Garten stark mit der
rauhen Landschaftsumgebung, ein Effekt, der weitgehend
mit dem Wirken Lancelot → Browns ab etwa 1760 ver-
schwindet. Brown entwirft einen Landschaftspark mit wel-
ligen Rasenflächen und → Clumps. Der Fluß Derwent wird
zum See aufgestaut. Um dies in Szene zu setzen, wird das
Flußbett aufwendig verändert, eine palladianische Brücke
für die Schloßzufahrt gebaut. Browns Anlage erzeugt einen
fließenden Übergang vom Umland bis zu den Bereichen, in
denen barocke Gestaltungen erhalten bleiben. Von 1826 bis
1858 arbeitet Joseph → Paxton als Chefgärtner in Chatsworth. Paxton, berühmt durch seinen Kristallpalast für die
Londoner Weltausstellung 1851, nimmt konservatorische
Aufgaben wahr, entwirft zudem neue Wasserläufe und baut
das Gewächshaus für eine exotische Pflanzensammlung.
1970 wird ein neues, zusätzliches Glashaus gebaut. Ebenfalls neueren Datums ist ein Parterre, 1963 angelegt nach
dem Grundriß von Burlingtons Chiswick House.

Chaumont-sur-Loire, Frankreich, bekannt für sein Gartenfestival, das sich des Ausstellungsthemas »Garten und
Park« auf eine Weise annimmt, die sich programmatisch
wesentlich von tradierten → Gartenschauen unterscheiden
will. Auf dem jährlich stattfindenden Gartenfestival werden
auf kleinem Raum jeweils 30 Gärten von unterschiedlichen
Gestaltern gezeigt. Die Teilnehmer erhalten mit der Einladung zur Teilnahme ein Thema zur gartenkünstlerischen
Bearbeitung, das jeweils Motto des aktuellen Gartenfesti-
vals ist (2001: »Desert Sea«). Die ursprüngliche Konzeption
des Festivals stammt von Jean-Paul Pigeat, dem ehemaligen
Ausstellungsmacher des Centre Pompidou in Paris.

Chinamode → Chinoiserie

Chinoiserie, sog. Ch.n entstanden unter dem Einfluß ost-
asiatischer Kunst und Ornamentik auf die Baukunst, die

Innendekoration und das Kunsthandwerk in Europa seit dem 17. Jh. Reiseberichte jesuitischer Missionare machten China seit dieser Zeit in Europa bekannt. Ausgangspunkt für die Ausstattung von Räumen mit Ch.n und die Errichtung von Teepavillons (→ Teehaus) in den Parks der Schlösser waren die umfangreichen Sammlungen chinesischen Porzellans an den Fürstenhäusern im Barock und Rokoko. Das Trianon de Porcelaine, das Ludwig XIV. als erstes Lustschloß in der Nähe von Versailles 1670–72 erbauen und 1687 wieder abbrechen ließ, war mit Fayenceplatten als Imitation von Porzellan verkleidet und trug zur Verbreitung der Chinamode in Europa bei. Der Begriff der Ch. bezieht sich nicht nur auf chinesische Motive, sondern schließt den gesamten ostasiatischen Raum sowie den türkisch-arabischen Orient mit ein. Die japanische Kunst, von der ebenfalls seit Ende des 17. Jh.s Impulse ausgegangen waren, spielte für das europäische Kunsthandwerk erst nach der Öffnung des Landes 1868 eine größere Rolle und beeinflußte v. a. durch die Holzschnitte von Katsushika Hokusai (1760–1849) die Ornamentik des Jugendstils. Bei der Gestaltung europäischer Gärten jedoch wirkten sich vorwiegend Formen des chinesischen Gartens unter dem Einfluß der Schriften William → Chambers seit 1750 auf die Gestaltung und Instrumentierung des englischen Landschaftsgartens (→ Jardin chinois-anglais) aus.

Chiswick, Herrenhaus im Londoner Westen, variierte Übernahme von Palladios Villa Rotonda (Villa Capra), entworfen von Lord Burlington (1695–1753), dem Besitzer, und William → Kent, begonnen 1725. Die Gartenanlage steht am Beginn der Entwicklung englischer Landschaftsgärten und reflektiert Eindrücke aus der römischen Campagna sowie von den Landschaftsgemälden Claude Lorrains mit ihren Motiven einer idealisierten Antike. Der Garten enthält geometrisch formale Elemente (Heckenschnitte), ist aber nicht achsensymmetrisch angelegt. Er weist architektonische Elemente wie Tempel, Säulen, *Banqueting*

Chiswick House, Middlessex. Orangenbaumgarten
(Stiftung Schloß und Park Benrath, Gartenkunstmuseum)

House, rustikale Gebäude sowie einen Rundtempel mit Blick auf ein rundes Becken um einen Obelisk auf. Ein Wasserlauf wird mit → Kaskade und Rustikabrücke akzentuiert. Zum Haus orientiert sind eine → Exedra mit Statuen und Urnen sowie eine Zedernallee mit Urnen und Sphingen, ausgerichtet zum Seitenflügel des Hauses. Alexander → Pope rühmt in seiner *Epistel to Burlington* von 1731 diesen als den ersten Gartenbesitzer, der den Geist des Ortes und dessen natürliche Gegebenheiten respektiere. In der Folge, nach Burlingtons Tod im Jahre 1753, entstanden eine Brücke von James Wyatt und ein Gewächshaus von Joseph → Paxton.

Cloître (frz., ›Kreuzgang, Kloster‹), der Begriff wird verwendet bei → Dézallier d'Argenville für einen besonders aufwendig gestalteten Gartenraum im → Boskett. Der C., der sowohl rund als auch viereckig sein kann, wird von Bo-

gengängen (→ Berceaux) oder Arkaden umgeben wie ein
→ Kreuzgang von den angrenzenden Räumen. Dézallier
übernimmt damit für die Bosketträume nicht nur Begriffe
aus der Schloßarchitektur (→ Cabinet, → Salle, → Salon),
sondern auch aus der Klosterbaukunst. Sakrale Vorbilder
und Konnotationen sind im Garten häufig anzutreffen, so
z. B. auch bei der → Eremitage.

Clump (engl., ›Klumpen, Haufen‹), in offene Rasenflächen versetzt gepflanzte Solitärbäume oder Baumgruppen,
die als malerischer Blickfang auch raumschaffende Wirkung
haben. Der Begriff wurde geprägt von Lancelot → Brown.
C.s sind charakteristisch für frühe englische Landschaftsgärten wie z. B. → Stowe in Wiltshire.

Coade-Stein, witterungsbeständiger Kunststein, der von
Eleanor Coade und ihrer Tochter entwickelt wurde. Die 1769
vom Ehepaar Coade gekaufte Londoner Fabrik für die Herstellung war mit ihrem Kunststein für Gebäude und Gartenfiguren überaus erfolgreich, bis sie 1840 geschlossen wurde.
Die Rezeptur für die Herstellung des Steins ging verloren.

Colombaia (ital., ›Taubenhaus‹), Taubenhaus, turmartiger
Anbau an einem italienischen Landhaus. → Vogelhaus.

Colonna, Francesco (1433–1527), über das Leben und die
Identität des Francesco Colonna, unter dessen Namen 1499
in Venedig die mit 196 Holzschnitten illustrierte Schrift der
Hypnerotomachia Poliphili veröffentlicht wurde, ist wenig
bekannt. C. wird gewöhnlich mit einem Dominikaner-
mönch dieses Namens gleichgesetzt und den Humanisten-
kreisen in Venedig und Padua zugerechnet. Möglich ist
allerdings, daß es sich bei dem Autorennamen um ein
Pseudonym handelt. U. a. ist auch der Name Leon Battista
→ Albertis mit der Schrift in Zusammenhang gebracht
worden, die durch ihre Vision phantastischer und bizarrer
Gärten aus natürlichen und artifiziellen Materialien mit der
Liebesinsel → Kythera im Zentrum großen Einfluß auf viele gartenkünstlerische Gestaltungen und Ideen der Folgezeit hatte. In zahlreichen Nachdrucken erschienen, war das

Werk noch im 18. Jh. für die Gartenkunst von Bedeutung (→ Liebesgarten). Der allegorische und esoterische Liebesroman in Form eines Traumberichtes des Poliphil steht in der Tradition des → *Rosenromans* von Guillaume de Lorris und Jean de Meun (*Roman de la Rose,* um 1230/70), der als Kodex höfischer Liebeskunst unter Einbeziehung christlicher und gesellschaftlicher Bildung gilt und in dem ebenfalls im Traum eines Dichters ein Liebesgarten beschrieben wird.

Compartiment (frz., ›Abteilung, Feld‹), einzelne Abteilungen eines Gartens, die durch Haupt- und Nebenachsen klar voneinander getrennt sind (→ Achse).

Containerpflanze, vom Zeitpunkt ihrer Keimung an in einem Pflanzgefäß im Gewächshaus gezogen, kann sie unabhängig von → Jahreszeiten aus- und umgepflanzt werden.

Corbeilles de fleurs (frz., ›Blumenkörbe‹), seit etwa 1750 eingeführte, mit → Treillagen eingefaßte Blumenbeete in der Mitte eines → Parterres. Die Beete konnten auch pyramidal übereinander gestaffelt werden.

Corps de logis (frz.), Hauptgebäude, Mitteltrakt des Barockschlosses. Als Hauptgebäude ist das C. d. l. in der Regel durch Größe und Stellung hervorgehoben und von den Flügelbauten abgesetzt. Die zentrale → Achse des Gartens ist meist auf das C. d. l. ausgerichtet, von dessen Gartenseite aus man durch den → Gartensaal (sala terrena) in den Garten gelangen konnte.

Cortile (ital., ›Hof‹), Innenhof mit offener Säulenstellung. Der sog. Cortile del Belvedere (Belvedere-Hof) im Vatikan ist von der Gartengestaltung → Bramantes erhalten geblieben. → Blumengarten.

Cottage (engl., ›Hütte, Häuschen‹), bürgerliches, rustikales Landhaus. Die ersten Entwürfe für C.s lieferte der Architekt John Nash (1752–1835) um 1800. Der Typus war als Bürgerhaus im 19. Jh. weit verbreitet und übte auf dem Kontinent einen starken Einfluß auf die Hausarchitektur der → Gartenstadt aus. Das *C. orné* ist ein rustikal ausgestattetes Landhaus innerhalb einer Gartenanlage. → Ferme ornée.

Crescenzi, Pietro de (1233–1321), wie → Albertus Magnus setzte sich auch der Bologneser C. in seiner zwischen 1304 und 1306 verfaßten Schrift *Ruralia Commodora* als kenntnisreicher Gelehrter für den Lustgarten ein, den er differenziert in kleinere Gärten, die mit Kräutern bepflanzt sind, große und mittlere Gärten für Personen mittleren Standes, bei denen u. a. Schlehen- und Rosenhecken, Obstbäume, Weinstockreihen und Wiesenpartien hinzukommen, sowie über Lustgärten für den Adel und vornehme Reiche, in denen C. angesichts der verfügbaren Areale zusätzlich die Einbürgerung von Wildtieren und Singvögeln, die Anlage von Fischteichen und den Bau von speziellen Gartenarchitekturen vorsieht. C. gilt als ein zukunftweisender, in einigen formalen Details die Gärten der Renaissance vorwegnehmender Gartentheoretiker.

Croix de St. André (frz., ›Andreaskreuz‹), diagonales Wegesystem nach der X-Form eines Andreaskreuzes (→ Wegesysteme), benannt nach dem Apostel Andreas, der an einer solchen vom Kreuz Christi abweichenden Kreuzesform den Märtyrertod gestorben sein soll.

Cuvilliés d. Ä., François (1695–1768), bedeutender Architekt des süddeutschen Rokoko. C. war seit 1715 für den bayerischen Kurfürsten Max Emanuel tätig, der ihn zur Ausbildung nach Paris schickte, wo er Schüler von Jean-François Blondel (1683–1756), dem Onkel von Jacques-François → Blondel, wurde. Für die Entwicklung der deutschen Architektur des 18. Jh.s, insbesondere der Schloßbaukunst, und die Ausbildung des Ornaments unter dem Einfluß der französischen Kunst war C. von größter Bedeutung. Er publizierte mehrere Architektur- und Ornamentstichwerke, die auch die Gartenkunst und -skulptur betreffen. Der jüngere C. faßte die Stichfolgen in drei »Büchern« (1738–42, 1742–54, 1755) zu einer Ausgabe zusammen. In der Zusammenarbeit mit Dominique → Girard wirkte C. mit bei der Gestaltung der Gärten von Schloß Augustusburg in → Brühl (1728/29).

D

Dachgarten, Gartenanlage auf dem Flachdach eines Hauses. Im Gegensatz zur nur mit Kübeln oder Trögen bepflanzten → Dachterrasse wird für den D. Erde aufgeschüttet und mit Rasen, Bäumen und Sträuchern bepflanzt. Der D. hat in der Gartenkunstgeschichte seit den Hängen-

J. G. Bock: Dachgarten der fürstbischöflichen Residenz in Passau
Kupferstich, 1714
(Passau, Oberhausmuseum)

den Gärten von → Babylon eine lange Tradition. Beispiele
sind die Dachgärten der Residenz in München und diejenige städtischer Haustürme in Italien, beispielsweise in Luc-
ca. Seit dem 19. Jh. ist er ein Bestandteil des bürgerlichen
→ Hausgartens, der im Rückgriff auf die Architektur der
klassischen Moderne z. B. bei Le Corbusier in den 50er
und 60er Jahren des 20. Jh.s durch die Zunahme von Flach-
dächern in der Wohnarchitektur eine Wiederaufnahme erfuhr.

Dachterrasse, auf dem flachen Dach angelegter oder ins
Dach eingelassener offener, balkonartiger Freisitz, der im
Gegensatz zum → Dachgarten nur mit Kübelpflanzen aus-
gestattet ist.

Dairy (engl., ›Molkerei‹), als nützliche Einrichtung innerhalb größerer Gartenanlagen (→ Dorf) diente ein D. zugleich als »arkadisches« Motiv für die Verklärung des
Landlebens. → Meierei.

Danreiter, Franz Anton (1695–1760), österreichischer Gartenkünstler, Architekt und Zeichner. Der Salzburger Fürstbischof Franz Anton Harrach schickte D. zum Studium der
Gärten auf ausgedehnte Reisen durch Österreich, nach
Sachsen, Holland und Frankreich. Seit 1724 war D. in den
Salzburger Hofgärten tätig und wurde dort 1728 zum Garteninspektor ernannt. Sein Leben und seine Tätigkeit sind
sehr gut dokumentiert durch seine Zeichnungen, die Garten-
inventare und Hofprotokolle. Darüber hinaus war D. als
Übersetzer und Herausgeber gartentheoretischer Werke
sowie eigener Stichwerke tätig, darunter die Mirabellpro-
spekte (1727/28), die Hellbrunnprospekte (1728–35). Nach
seinen Entwürfen wurde in Augsburg die Stichfolge *Lust-
Stück der Gärten* (vor 1728) herausgegeben, das insbesondere Vorschläge zur Anlage von Parterres liefert.

d'Aviler, Auguste-Charles → Aviler

Delizia (ital., ›Vergnügen‹), Bezeichnung für einen italienischen Landsitz seit dem 15. Jh.

Demeter → Ceres

Dendrologie (altgriech. *dendron* ›Baum‹), Gehölzkunde. Die D. ist ein Wissenschaftszweig der → Botanik, der sich mit Züchtung und Anbau von Nutz- und Ziergehölzen befaßt. → Arboretum → Baum.

Dézallier d'Argenville, Antoine-Joseph (1680–1765), französischer Gelehrter und Naturhistoriker. D. verfaßte zahlreiche gartentheoretische Schriften, die inhaltlich z. T. eng an die Schriften → D'Avilers anknüpfen. Seine Abhandlung *La Théorie et la Pratique du Jardinage* (1709 erstmals erschienen) war das wohl am weitesten verbreitete Werk zur Gartenkunst im 18. Jh. Das Buch erschien auch in englischer und deutscher Sprache in vielen Auflagen (z. B. Augsburg 1713, unter dem Namen Alexandre le Blond, in der Übersetzung des Salzburger Hofgärtners Franz Anton → Danreiter, reprogr. Nachdr. Leipzig/München 1986). Als umfassende Anleitung soll das Buch zur selbständigen Anlage eines Lustgartens benutzt werden können. Neben technischen Unterweisungen und Ratschlägen werden darin u. a. die verschiedenen Formen des → Parterres und des → Bosketts lehrbuchhaft und kanonisch vorgelegt. D.s Buch stellt das ausführlichste Werk zum französischen Barockgarten in der Nachfolge → Le Nôtres dar, wobei die Reduzierung der Einzelform und des schmückenden Beiwerks bereits auf die im englischen Landschaftsgarten geforderte Natürlichkeit reagiert.

Diesel, Matthias (1675–1752), süddeutscher Gärtner und Gartenarchitekt. Diesel war »hochfürstlicher Salzburgischer Kammerdiener und Garteninspektor« bis 1718 und arbeitete danach unter dem Garteninspektor Dominique → Girard am Hof des Kurfürsten Max Emanuel in München. Als Herausgeber des Stichwerks *Erlustierende Augenweyde. Die schönsten Gärten und Lustgebäude um München, Salzburg, Passau, Regensburg und Paris*, 3 Kupferstichfolgen, 1717–23 (reprogr. Nachdr. Stuttgart 1989) publizierte er die wichtigsten Schlösser und Gärten in Bayern. Detailliert werden auch die einzelnen, mit Staffagefiguren belebten Plätze und Bosketträume gezeigt. D. vermittelt so eine Vorstellung von der Funktion und der Nutzung der Gartenräume, z. B. für verschiedene Ballspiele und andere Vergnügungen (→ Spiele).

Dorf, innerhalb größerer Gartenanlagen des Spätbarock werden Dörfer mit Bauernhäusern, Windmühlen, Molkereien und anderen landwirtschaftlichen Gebäuden für eine höfische Gesellschaft künstlich angelegt, die sich in idyllischer Abgeschiedenheit dem scheinbar einfachen Landleben hingeben wollte. Als Beispiel sei der Bauernhof (→ Ornamental farm) mit Windmühle, → Meierei und Taubenschlag genannt, den Marie-Antoinette sich in Versailles anlegen ließ (→ Hameau, → Schäferspiele). Im 19. Jh. wurden historisch gewachsene Dörfer als romantische → Kulisse oder → Staffage in ausgedehnte Landschaftsgärten einbezogen. Ein frühes Beispiel hierfür ist das Landschaftsgartenprojekt von Gabriel → Thouin für Versailles von 1820. Nach vergleichbaren Prinzipien planten Fürst → Pückler-Muskau für → Muskau ab 1834 und Peter Joseph → Lenné u. a. für Gut Reichenbach in Pommern ab seiner Berufung zum Königlichen Gartendirektor 1824 umfassende Landschaftsprojekte.

Dorothea, Schutzpatronin der → Gärtner. Die hl. D. von Cäsarea erlitt unter Kaiser Diokletian den Märtyrertod (um 300). Der Legende nach soll bei ihrer Hinrichtung ein Knabe dem Gerichtsschreiber oder Anwalt Theophilus, der sie verspottet hatte, mitten im Winter einen versprochenen Korb mit Rosen und Äpfeln aus dem Garten ihres himmlischen Bräutigams gebracht haben. Der Korb mit Blumen und Früchten ist das Attribut der Heiligen auf Bilddarstellungen.

Düsseldorf, Schloß Benrath, 1755 erteilte Kurfürst Carl Theodor (1724–1799) von der Pfalz seinem Hofarchitekten Nicolas de → Pigage den Auftrag zum Neubau eines Schlosses nahe seiner Düsseldorfer Residenz. Schloß Benrath verkörpert den Bautyp der → Maison de plaisance, dem Zweck und Anspruch gemäß ein großer Lust- und

→ Jagdgarten angegliedert ist. Die Schloßachse markiert auf der Gartenseite ein langer → Kanal, auf der Eingangsseite ein großes Wasserbecken, so daß die Zufahrt zum Schloß von der Seite her erfolgen mußte. Vor den Schmalseiten des Schlosses erstrecken sich die Privatgärten für das Kurfürstenpaar. Eine Diagonalachse führt von der Gartenfassade des Schlosses aus in einen Jagdstern, der einen Zwitter aus → Boskett und Jagdpark darstellt.

Dungeness, Kent (Großbritannien), bekannt durch den zeitgenössischen Garten des Malers, Bühnenbildners, Poeten und Filmemachers Derek Jarman. 1986 beginnt dieser, passionierter Gärtner seit frühem Lebensalter, mit der Anlage seines Gartens in unmittelbarer Nähe eines Atomkraftwerks. In der rauhen Landschaft entsteht ein Garten mit komplexem geometrischem Plan, magischen Steinkreisen und Skulpturen aus Fundstücken der unmittelbaren Umgebung. Nach dem Tod Jarmans wird der Garten durch seinen Lebensgefährten Howard Sooley betreut. Der Garten von Dungeness erfährt eine Rezeption, die Pilgerfahrten zu der letzten Lebensstation des ebenso umstrittenen wie hochgelobten Künstlers gleichkommt.

Eden, nach 1. Mose 2,8 und 2,15 legte Gott in E., einer Landschaft, die geographisch nicht bestimmbar ist, aber einen symbolischen Ort mit besonders fruchtbarem Boden meint, einen Garten an, den die Menschen behüten sollten und aus dem sie nach dem Sündenfall vertrieben wurden. E. wird zu dem biblischen Bild für den verlorenen Paradiesgarten auf Erden, in dem das erste Menschenpaar bis zum Sündenfall unschuldig, sorgenfrei und in friedlicher Eintracht mit allen anderen Lebewesen lebte. → Paradies.

Eidyllia → Idyllen

Einfassungen → Buchs, → Erbette, → Zaun

Einsiedlerklausen → Eremitage, → Grotte

Elemente, die vier E. Wasser, Erde, Feuer und Luft gelten seit der Antike als die Grundstoffe aller Dinge und wurden deshalb auch als die kosmologischen Grundlagen der Gartengestaltung angesehen. Sie gehören wie andere kosmologische Vierergruppen, die → Jahreszeiten, Tageszeiten, Winde usw. zur Ikonographie des Gartens und wurden in zahlreichen Allegorien und Personifikationen in der → Gartenskulptur und im malerischen und skulpturalen Programm der Schloßarchitektur (→ Gartensaal) dargestellt.

Elysion (lat. *Elysium*), elysische Felder, sagenumwobenes, am Westrand der Erde lokalisiertes Land der Seligen mit ewigem Frühling. Auch als abgegrenzter Bereich in der Unterwelt als elysische Gefilde beschrieben, in dem herausragende Helden und Gerechte ohne Bedrohung durch den Tod in ewiger Seligkeit leben. Bereits in der Antike wurde versucht, das Land der Seligen geographisch zu verorten. E. wird in der Gartenkunst insbesondere zu Zeiten gesteigerter Antikenverehrung synonym verwendet mit den Begriffen → Arkadien und → Paradies.

Das irdische Paradies
Illumination aus den Très *Riches Heures des Duc de Berry*,
um 1415
(Chantilly, Musée Condé)

Encke, Fritz (1861–1931), deutscher Gartenarchitekt. 1880–
1882 besuchte E. die Königliche Gärtnerlehranstalt in Wildpark bei Potsdam, wo er 1890–1902 selbst lehrte. Er erhielt
1899 den Titel eines Königlichen Gartenbaudirektors. Seit
1903 war E. als Gartendirektor der Stadt Köln beschäftigt,
wo er trotz mehrfachen Rufs in andere Städte bis zu seiner
Pensionierung 1926 wirkte. E. veröffentlichte zahlreiche, teils
auch historische Schriften zur Gartenkunst, in denen er um
eine Aufwertung des barocken Gartens bemüht war. Im Hinblick auf die zeitgenössische Gartenkunst beschäftigte E. sich
vorrangig mit Problemen des städtischen Grüns und des
Stadtplatzes, der nicht als repräsentativer Schmuckplatz, sondern als ein Gartenplatz der innerstädtischen Erholung dienen sollte. In Köln legte er u. a. den Klettenbergpark (1905)
und den Vorgebirgspark (1909–10) an, bei dem erstmals land-
schaftstypische, d. h. in diesem Fall niederrheinische Elemente und heimische Pflanzen bei der Gestaltung eingesetzt
wurden (→ Landschaftsgestaltung).

Engelhardt, Walter Baron von (1864–1940), deutscher Gartenarchitekt. Der studierte Botaniker verlegte den Schwer-
punkt seiner Ausbildung auf den künstlerisch-gärtne-
rischen Bereich (Praktikum an der 1823 von → Lenné
gegründeten Königlichen Gärtnerlehranstalt in Potsdam/
Wildpark). Bis zum Beginn seiner Tätigkeit als städtischer
Gartendirektor in Düsseldorf (1906–40) wirkte er als Gartenkünstler in seiner baltischen Heimat. Neben den städtischen Projekten in Düsseldorf (Gestaltung zahlreicher öffentlicher Plätze, Erweiterung des Volksgartens 1908, Ver-
suchsgarten bei seiner Dienstwohnung am Golzheimer
Friedhof 1913, Rheinpark 1927–30) gestaltete er auch zahlreiche private Gärten in Düsseldorf (Garten von Schloß Garath 1909) und anderen Orten in Deutschland. Typisch für
Engelhardt sind kleinteilig parzellierte Gärten mit einem
asymmetrischen, aber streng orthogonalen Wege- und Ach-
sennetz. Zusammen mit Fritz → Encke, der ebenfalls dem
deutschen Werkbund angehörte, war E. ein Vertreter eines

Walter Baron von Engelhardt:
Entwurf für den Fürstenplatz in Düsseldorf
Tuschezeichnung, 1906
(Düsseldorf, Gartenamt)

funktionalen und streng-geometrischen Gartens der klassischen Moderne.

Englischer Garten, s. u. »Gartenstile Europas« S. 26–29.
→ Landschaftsgarten, → München, Englischer Garten.

Erbette (Diminutiv von ital. *erba* ›Kraut‹), Heilkräuter zur Einfassung von Blumenbeeten im italienischen Garten. Seit dem Mittelalter wurden Kräuter, wie z. B. der Lavendel, zur Umrahmung von Rasenflächen und Beeten eingesetzt.

Erdmannsdorff, Friedrich Wilhelm von (1736–1800), deutscher Architekt und Gartenarchitekt. Als Freund von Prinz

Leopold Friedrich Franz von Anhalt-Dessau (1740–1817) wirkte E. bei der Gestaltung des Parks von → Wörlitz bei Dessau mit, der als erster Landschaftsgarten in Deutschland gilt. Leopold und E. hatten gemeinsam mit dem Hofgärtner Johann Friedrich → Eyserbeck 1763 England und Schottland besucht. Wie Prinz Leopold war E. von aufklärerischem Geist durchdrungen. Vom englischen → Palladianismus beeindruckt, besichtigte E. darüber hinaus die Originale und römisch-antiken Bauten während einer »Grand Tour« in Italien (1765), wo er den Gelehrten und Altertumsforscher Johann Joachim Winckelmann (1717–1768) kennenlernte und von dessen Antikenverständnis geprägt wurde. Aber auch die Gotik hat E. auf seiner italienischen Reise studiert. Das »Gotische Haus« im Wörlitzer Park ist eines der frühesten Beispiele für die in England erstmals auftretende Neogotik (→ Walpole) auf dem Kontinent. Über die Tätigkeit am Hof von Anhalt-Dessau hinaus arbeitete E. auch für den Preußischen Königshof am Berliner Schloß.

Eremitage (frz.), Einsiedelei. E. meint ursprünglich die abseits und einsam gelegene Höhle oder einfache Hütte aus Holz oder Stein, die von einem Eremiten bewohnt wird. In fürstlichen Gärten ist die E. als Kapelle oder religiöses Refugium seit dem Mittelalter bekannt. In den Gärten des späten 17. und des 18. Jh.s bezeichnet die E. ein einsam gelegenes Schlößchen. Seit dieser Zeit tritt der religiöse Anspruch hinter der bloßen Kulisse für höfische Feste zurück. So war die Eremitage bei → Bayreuth Schauplatz für Eremitenspiele des Hofes. Wie mit den → Schäferspielen sollte die Rückkehr zum einfachen Leben stimmungsvoll zelebriert werden. Ein weiteres Beispiel für eine E. ist die Magdalenenklause im Schloßpark von Nymphenburg in → München. → Grotte.

El Escorial, das Monasterium San Lorenzo del E. wurde von Philipp II. (1527–1598) als Gedächtnis- und Begräbnisstätte der spanischen Könige mit einem Palast als Sommer-

sitz und Refugium für die Herrscher sowie einer Kirche
mit Kloster für den Orden des hl. Hieronymus gegründet.
Nur 36 km von Madrid entfernt liegt der E. an einem bewaldeten, quellenreichen Abhang der Sierra de Guadarra-
ma. 1562 erging der Baubeschluß nach Plänen von Juan
Bautista de Toledo, fortgeführt nach dessen Tod 1567 durch
Juan de Herrera (um 1530–1597). Der Fortgang der Bauar-
beiten (bis 1584) sowie eine Beschreibung der im 18. Jh.
umgestalteten und heute nur noch unvollständig erhaltenen
Gärten ist überliefert durch den Pater José de Sigüenza.
Danach präsentierten sich die als Terrassengärten über einer
riesigen Substruktion errichteten Gärten nach orientalisch-
arabischer Art in bunten Blumenbeeten. Im 18. Jh. wurde
der jahrzehntelang wenig geschätzte Bau wieder von den
spanischen Königen als Jagd- und Sommerschloß genutzt.
In den unteren Gartenanlagen wurden ab 1773 von Juan de
Villanueva (1739–1811) zwei kleine Lustschlößchen, die
sog. Prinzenhäuschen, für die Söhne Karls III. errichtet.
Vergleichbar mit den → Casinos italienischer Landsitze, die
ohne Schlafzimmer oder Küchen eingerichtet wurden,
dienten sie als Sommerpavillons nur für kurze Aufenthalte
und Festlichkeiten.

Esplanade (frz.-span., ›Vorplatz‹, von lat. *planus* ›eben‹), in
Festungen zwischen Zitadelle und Stadt gelegen, bezeichnet
eine E. einen künstlich angelegten, eingeebneten Platz. Davon abgeleitet wird der Begriff auch für breite Straßen oder
→ Alleen verwendet, die nach der Schleifung von Befesti-
gungsmauern nach einer Stadterweiterung angelegt wurden.

Étoile (frz., ›Stern‹), sternförmiges Wegesystem im ar-
chitektonischen Garten (→ Wegesysteme). Die Jagdanlagen
des 18. Jh.s waren durch den sog. Jagdstern bestimmt
(→ Jagdgarten), dessen strahlenförmiges Schneisen- oder
Alleensystem sich aufgrund seiner Übersichtlichkeit insbe-
sondere zur Parforcejagd (von frz. *par force* ›mit Gewalt,
Kraft‹), einer Hetzjagd zu Pferde mit Hunden, eignete. Das
Jagdschloß bildete dabei das Zentrum, von dem aus die

→ Achsen ausstrahlen und das von einem Kranz von Nebengebäuden umgeben war. Diese Form war in ganz Europa für die Jagdschlösser hoher Reichsfürsten verbindlich, da sie von einem Zentrum radial gleichsam ins Unendliche ausstrahlend dem absolutistischen Herrschaftsgedanken adäquaten Ausdruck verleihen konnte.

en éventail (frz. *éventail* ›Fächer‹), Schnittform für → Alleen, Spalierbäume und → Hecken. Bäume e. é. sind so in Form geschnitten, daß ihre Zweige sich flach wie ein Fächer ausbreiten (→ Ars topiaria). Die Schnittform wurde sowohl für → Alleen als auch für den Baumbestand eines Gartenraums im → Boskett verwendet.

Exedra (griech., ›abgelegener Sitzplatz‹), halbkreisförmig geschwungene Architekturanlage mit Sitzbänken an öffentlichen Plätzen oder Tempelanlagen. Im Garten wurden → Orangeriegebäude oft exedraartig angelegt und bildeten den Abschluß einer Gartenanlage. Eine E. im Garten konnte auch aus Hecken geschnitten sein und war mit Sitzbänken und Skulpturen ausgestattet. Auch hierfür gibt es antike Vorbilder. → Plinius d. J. ließ in den Gärten seiner Villa Tusci ein »Hippodromus« (→ Hippodrom) anlegen, in dessen halbkreisförmigem Ende ein Stibadium, d. h. eine der Halbkreisform angeglichene Sitzbank für Gastmähler, eingelassen war. Die Form der E. wurde u. a. für die Gestaltung von Heckenwänden in den italienischen Gärten der Renaissance wiederaufgegriffen, z. B. in der Villa Gamberai bei Florenz, dort allerdings in einer Rekonstruktion des ausgehenden 19. Jh.s.

Eyserbeck, Johann Friedrich (1734–1818), als Hofgärtner des Fürsten Leopold Friedrich Franz von Anhalt-Dessau (1740–1817) schuf E. in Zusammenarbeit mit dem Architekten Friedrich Wilhelm von → Erdmannsdorff in → Wörlitz den ersten Landschaftsgarten im englischen Stil auf dem Kontinent.

F

Fabrique (frz.), Gartenhaus. Als Terminus in der Landschaftsmalerei meinte F. zunächst jede Art von Konstruktion menschlichen Ursprungs, die von den »natürlichen« Dingen innerhalb einer Komposition wie Felsen, Bergen o. ä. abzugrenzen war. Die Bezeichnung ging von den gemalten Gebäuden, Ruinen, Tempeln u. a. auf die realen Gartengebäude des von der Malerei Lorrains, Poussins u. a. beeinflußten Landschaftsgartens seit dem 18. Jh. über. Bezeichnenderweise sind F.s daher Gartenhäuser, die nicht mehr als Lustgebäude einer höfischen Geselligkeit dienen, sondern denen ein denkmalhafter, emblematischer und »malerischer« Charakter eignet, der im Betrachter bestimmte Empfindungen und Stimmungen wecken sollte (William → Chambers). Ihr Ausdruck und ihre Bedeutung liegen in ihrer äußeren Gestalt selbst (z. B. als → Ruine), während die eigentliche Zweckbestimmung in den Hintergrund tritt. In diesem Sinne übernehmen sie gewissermaßen als architektonische Skulpturen die inhaltliche Funktion und Aussagekraft, die vorher die Gartenskulptur (→ Skulpturenprogramme) innehatte. In England werden solche Gebäude erstmals im Landschaftspark von → Stowe um 1750 erbaut, in Frankreich erleben sie in vorrevolutionärer Zeit (um 1770–89) eine Blütezeit. Claude Nicolas Ledoux (1736–1806) bezog für die radikalen Lösungen innerhalb der sog. Revolutionsarchitektur wichtige Anregungen aus der Gattung der F., für die er selbst auch Entwürfe gemacht hatte.

Fächerallee → en éventail

Falknerei, wie die Fasanenjagd (→ Fasanerie) war die F. Bestandteil der höfischen → Jagd in den Jagdschlössern und -parks. Die Vogeljagd, die sog. Beize, blieb in der Form der »Hohen Beize« als der königlichen Jagdform mit dem Falken dem Hochadel vorbehalten, während die »Niedere Beize« mit dem Habicht auch vom niederen Adel ausgeübt werden durfte. Die Falkenjagd war die edelste und auch kostspieligste Jagdart. Der Markgraf Carl Wilhelm Friedrich von Brandenburg-Ansbach beispielsweise betrieb in den Altmühlauen um Gunzenhausen eine der bekanntesten F.en. Falkonierknechte gingen zu Pferde auf die → Jagd mit Falken, die eigens für die Jagd gehalten und abgerichtet wurden. Kurfürst Clemens August ließ sich bei → Brühl das Jagdschlößchen Falkenlust erbauen, da er sich leidenschaftlich der Jagd mit dem Falken auf Graureiher widmete. Im Gegensatz zu anderen Jagden wurde bei der Falkenjagd das Wild jedoch oft am Leben gelassen, der sportliche Kampf, nicht die Beute stand im Vordergrund. Die aus dem Orient nach Europa eingeführte Falkenjagd wird als hohe Kunst und fürstliche Jagd seit dem Mittelalter betrieben. Sie wurde gleichgesetzt mit der Kunst der Staatsführung und war eine der vornehmsten Tätigkeiten eines Fürsten. Als bedeutendes frühes Zeugnis für die F. hat sich das Falkenbuch Kaiser Friedrichs II. (1194–1250) erhalten.

Fasanerie (Fasanengarten), eingegrenztes, unmittelbar am Schloßpark gelegenes Waldstück für die Fasanenhaltung. Der Fasan, der in der Antike von den Griechen aus dem Kaukasus eingeführt wurde, war seit dem 14. Jh. in Europa ein beliebtes Jagdtier, das in speziellen Gehegen in Gärten als lebendige Zierde der Anlage und für die Jagd aufgezogen wurde. Die anläßlich von Jagdveranstaltungen freigelassenen Vögel konnten berechenbarer als wild aufgewachsene Vögel erlegt werden. Ein Beispiel für eine ausschließlich als F. konzipierte Gartenanlage ist der Fasanengarten von Schloß Werneck in Franken, der sich als streng geometrische Anlage zwischen Schloß und F.-Gebäude erstreckte. Die F. konnte auch als repräsentatives, für Gesellschaften gedachtes Nutzgebäude gestaltet sein und bezeichnet dann einen Schloßkomplex mit entsprechender Funktion, wie z. B. die sog. F. im Schloßgarten von Fulda.

Favorite (frz. *favorit, -e* ›Liebling, Günstling‹), auch Favorita (ital., ›Geliebte‹), Name von Lustschlössern des 18. Jh.s. Erstmals benannte Kaiser Josef I. so sein Sommerschloß Favorita auf der Wieden in Wien (1687–90, Gartengestaltung durch Jean → Trehet). Der Name ging auf mehrere Schlösser in Deutschland über, so auf Schlösser in Ludwigsburg, → Mainz und Rastatt.

Felsengarten, seit dem 16. Jh. ist dieser Gartentypus, in dessen Gestaltung natürlich oder künstlich aufgetürmte Felsformationen einbezogen werden, in Europa nachzuweisen. Als Beispiel ist der F. Sanspareil in → Bayreuth zu nennen. Ihren Ursprung haben die Felsengärten in religiösen Anlagen, wie dem Kalvarienberg und den → Eremitagen, die in domestizierter und säkularisierter Form in fürstliche Gärten integriert wurden. Als Garten für alpine Pflanzen (→ Alpinum) entstand der F. des 19. Jh.s aus einer Vorliebe und Sammelfreude für Exoten. Im romantischen Nachschöpfen der Berglandschaft suchte man die Lebensbedingungen der Pflanzen zu imitieren und eine ferne und romantische Landschaft in die eigene Umgebung zu transportieren. → Bergpark.

Felsentheater → Gartentheater

Ferme ornée (frz., ›geschmücktes Bauernhaus‹), → Ornamental farm.

Feston (frz., ›Girlande‹, nach ital. *festone*), an zwei Punkten fixiertes, bogenförmig durchhängendes Blumen-, Laub- oder Fruchtgehänge, von Bändern oder Kordeln umwunden. In einen F. kann auch ein Bukranion (Stierschädel) eingebunden sein. Als natürlicher Schmuck an Altären wurden F.s bereits in der Antike in Stein nachgebildet und seit der Renaissance bis zum Klassizismus als antikes Motiv wieder aufgegriffen. Wegen der pflanzlichen Motive wurden F.s häufig in der Gartenarchitektur und -skulptur eingesetzt, so z. B. am Sockel von Gartenfiguren.

Fête champêtre (frz., ›ländliches Fest‹), die *fête* bzw. der *bal champêtre* waren seit dem Ende des 17. Jh.s am franzö-

sischen Hof eine beliebte Sommerbelustigung. Diese unge-
zwungenen ländlichen Feste und Bälle fanden im Freien auf
Wiesen und Höfen im Mondlicht statt, oft unter Beteiligung
der ländlichen Bevölkerung, mit denen man zusammen tanz-
te (→ Gartenfeste). »Waldfeste« mit Bällen in den runden
Gartenräumen eines → Bosketts sind in Frankreich bereits
seit der Zeit Katharina von Medicis belegbar. Wie die → Fête
galante wird auch die F. ch. darüber hinaus als kunsthistori-
scher Gattungsbegriff verstanden, der allerdings erst im 19.
Jh. aufkommt und seine Vorstufen in den Darstellungen des
→ Liebesgartens als zwangloser Gesellschaft im Freien hat.
Im Gegensatz zur höfisch-verfeinerten Fête galante als Liebesfest mit mythologischer Anspielung wird in der F. ch. der
bäuerlich-pastorale Charakter des Landlebens hervorgehoben (→ Schäferspiele).

Fête galante (frz., ›Liebesfest‹), Liebesfest im Rahmen der
höfischen Etikette des 18. Jh.s. Watteaus Bildtitel für die
Einschiffung nach Kythera wurde 1717 bei der Annahme in
der Akademie umgewandelt in den seither als Gattungsbegriff geführten Titel einer »Fête galante«. Die F. g. findet
in einer parkähnlichen arkadischen Landschaft statt und
drückt die Sehnsucht nach einem irdischen Paradies ewiger
Liebe aus. Liebeswerbung und galante Unterhaltung, Tanz
und Musik gehören zur F. g., die im späten 18. Jh. nicht nur
in der Malerei und im Porzellan, sondern auch als Gartenskulptur, z. B. in → Veitshöchheim, bildhaft umgesetzt
wurde. → Kythera, → Liebesgarten.

Fiacrius von Meaux, irischer Eremit (gest. 670), der in
Meaux (Frankreich) ein Waldstück durch Berühren mit sei-
nem Stab in einen Garten verwandelt haben soll. F. wird als
Schutzpatron der Gärtner verehrt. Dargestellt wird der
Heilige als Bauer, Gärtner oder Eremit mit einer Schaufel
als Attribut.

Finlay, Ian Hamilton (geb. 1925) → Stonypath, Little Sparta

Flora (von lat. *flos* ›Blume‹), römische Göttin des Früh-
lings, der Blumen und Wiesen. Von dem Namen der Göttin

Guglielmo Cortese (Guillaume Courtois), gen. Il Borgognone
(1628–1679): Flora. Ölgemälde

(Stiftung Schloß und Park Benrath, Gartenkunstmuseum)

als botanischer Sammelbegriff abgeleitet, meint F. auch die
Gesamtheit aller Pflanzen in einem bestimmten Gebiet.

Florenz, Boboli-Garten, der von einem reichen Florentiner Kaufmann nach einem Entwurf von Brunelleschi erbaute Palazzo Pitti wurde 1549/50 von Cosimo I. de' Medici erworben. Der Bildhauer und Architekt Niccolò → Tribolo, der zur gleichen Zeit auch mit Garten und Villa in
→ Florenz-Castello beschäftigt war, wurde mit der Erweiterung des Baus und der Anlage der Gärten beauftragt. Seine Nachfolger Bartolomeo → Ammannati und Bernardo
→ Buontalenti vollendeten die Gartenanlage bis zum Jahre
1595. Der Garten liegt auf einem Hügel zwischen dem Palazzo Pitti und der Festung (Forte del Belvedere). Die Lage
ermöglicht den Blick auf die Stadt und auf das Arnotal und
verleiht dem Palazzo durch diese landschaftliche Einbindung den Charakter einer Villa suburbana (→ Villa). Durch
einige perspektivische Kunstgriffe erscheinen die weitver-
zweigten, sich quer zum Palast erstreckenden Gärten grö-
ßer, als sie in Wirklichkeit sind. Zu diesem Eindruck trägt
insbesondere die Anlage der steil aufsteigenden Hauptachse
bei, die auf den Isolotto, einer in einem Wasserbecken gelegenen drehbaren Insel mit dem Oceanus-Brunnen des
Giambologna zuführt. Unter der Ausstattung des gebäude-
und statuenreichen Gartens sei die 1583 entworfene Grotte
Buontalentis hervorgehoben, welche die erschaffenden und
zerstörenden Naturkräfte zum Thema hat.

Florenz-Castello, Villa Medicea di Castello, Großherzog
Cosimo I. de' Medici beauftragte 1538 den Bildhauer und
Architekten Niccolò → Tribolo mit dem Umbau und der
Gestaltung der Gärten seiner Villa in Castello bei Florenz,
die sich schon seit 1477 im Besitz der Medici befand. Für
die Planung nutzte man das hinter der Villa ansteigende
Gelände zur Anlage von Terrassen. Der sanft ansteigende
untere Garten mit den → Parterres und dem Herkules-
brunnen (1550 von → Ammannati nach einem Entwurf des
Tribolo geschaffen) wird von einer Substruktionsmauer ab-

geschlossen, die den oberen Garten, das → Boskett, mit der Personifikation des Winters in einem Becken im Zentrum abstützt. In der Stützmauer befindet sich eine Orpheus-Grotte mit lebensgroßen Tierfiguren (um 1570/80). Der Garten von Castello gilt als der erste manieristische Garten in Italien. Für ihn ist das älteste umfassende → Skulpturenprogramm in den Künstlerviten des Giorgio Vasari überliefert. Die Hauptthemen waren neben Natur und Kosmos das Mäzenatentum und die Tugenden der Familie der Medici als Auftraggeber.

Florenz-Castello, Villa Medicea La Petraia, unweit der Villa Medicea di Castello liegt am Hang mit einem grandiosen Blick über das heute stark zersiedelte Arnotal die Villa La Petraia. 1575 wurde Bernardo → Buontalenti von den Medici mit dem Umbau der Villa beauftragt. Der Labyrinth-Brunnen mit der Bronzefigur der »Fiorenza« (1545) von Niccolò → Tribolo (Original in der Villa aufgestellt) wurde ursprünglich für die Villa di Castello geschaffen und 1788 nach La Petraia verbracht. Tribolo gilt auch als der Entwerfer der Gartenanlagen, die sich vor der Villa in drei Terrassen den Hang hinunterziehen. Umgestaltungen des Gartens insbesondere auf der Ebene der Villa erfolgten unter König Vittorio Emanuele II. seit 1859 und veränderten mit weiten Rasenflächen und Teppichbeeten das ursprüngliche Aussehen des Gartens im Sinne des 19. Jh.s.

Folie (frz., ›Verrücktheit, Lustschlößchen‹), Gartenschlößchen als selbständiger Baukörper in einer Gesamtanlage (→ Gartenhaus, → Maison de plaisance).

Fontäne (frz. *fontaine* ›Quelle, Brunnen‹), hoher, starker Wasserstrahl in einem Springbrunnen (→ Jet d'eau). F.n können sowohl direkt der Wasserfläche als auch einer Figur entspringen. Giovanni di Boccaccio (1313–1375) beschreibt im *Decamerone* (verfaßt zwischen 1348 und 1353) eine F. als mächtigen Wasserstrahl, der in einem Marmorbrunnen aus einer Figur entspringt. Ausgeklügelte Techniken zur Erzeugung von Klang wurden seit der Renaissance im Zusammenhang mit F.n entwickelt. Prominentestes Beispiel sind die zahlreichen Fontänen in der Villa d'Este in → Tivoli bei Rom, darunter die »Fontana dell'Ovato« als der größte Springbrunnen des Gartens, der direkt vom Wasser des Flusses Aniene gespeist wird. → Brunnen, → Wasserspiele.

Fontainebleau, Schloßgarten (Frankreich), das Schloß wurde 1528 durch Franz I. als Jagdschloß unter Einbeziehung älterer Teile in der südlichen Ile-de-France errichtet und von Katharina von Medici um 1550/60 weiter ausgebaut. Schon Franz I. ließ um das Schloß weitläufige Gärten und ein großes Bassin anlegen, das der Fischzucht diente. Ein kleiner, in vier Beete aufgeteilter Ziergarten liegt als Privatgarten hinter dem Schloß. Die Anlage wird von einem Wassergraben umschlossen, der seit Beginn des 16. Jh.s als wichtiges Gestaltungs- und Befestigungsmotiv in die französische Schloßbau- und Gartenkunst der Renaissance aufgenommen worden war. Diese von Gräben umfaßten Gärten, die heute zum Teil stark verändert sind, werden in dem Stichwerk von Jacques Androuet du Cerceau, den *Plus Excellent Bastiments de France* (1576–79), überliefert. Neben F. zählt dazu auch das von Diane de Poitiers, der Geliebten Franz' I. und Heinrichs II., errichtete Schloß Anet und seine Gärten.

Francini, Tommaso und Alessandro, italienische Architekten und Ingenieure, die bekannt waren für ihre Wasserwunder, → Automaten, Wasserorgeln und → Wasserspiele (giochi d'acqua). Die Brüder übten bei der Ausgestaltung der Gärten der Katharina von Medici mit, unter deren Regentschaft der Einfluß italienischer Gärten auf die französische Gartenkunst an Bedeutung gewann. In → Saint-Germain-en-Laye errichteten sie unter den Terrassen des auf mehreren Ebenen sich abstufenden Gartens berühmte wassermechanische Kuriositäten, die von denjenigen der Villa d'Este in → Tivoli beeinflußt sind, darunter die Grotte des orgelspielenden Mädchens und die Grotte des Orpheus, die in Stichen und Beschreibungen überliefert sind (André Duchesne, *Les antiquitez et recherches des villes, chasteaux et places plus remarquables de toute la France*, Paris 1609).

Französischer Garten, s. u. »Gartenstile Europas« S. 23–26.

Frascati, Garten der Villa Aldobrandini (Latium, Italien), die Villa Aldobrandini in Frascati bei Rom, 1598 nach dem Entwurf von Giacomo della Porta für den Kardinal Pietro Aldobrandini begonnen und 1602 von Carlo Maderna und Giovanni Fontana fortgeführt, ist kunstvoll über Treppen und Terrassen herausgehoben an einem Hang gelegen. Während sich vor der Villa ein geometrischer Garten mit → Parterres ausbreitet, lag hinter dem Gebäude das »wilde«, ungestaltete → Boskett, das sich den Berg hinaufzieht und über Treppen und Rampen in der Hauptachse zur Villa erschlossen wird. Über → Kaskaden und → Brunnen wird das Wasser vom Berg zu dem vis-à-vis zur Gartenfassade gelegenen Wassertheater geleitet, dem Kernstück der mannigfaltigen Wasserspiele, die heute nur noch teilweise in Funktion sind. Kaskade und Theater wurden von Maderna entworfen, die Ingenieursarbeiten der zugehörigen Wasserwerke entwickelte Fontana, der schon für die Wasserspiele der Villa d'Este in → Tivoli verantwortlich war.

Freimaurer, ursprünglich als »freie Maurer« von der Zunft freigegebene Maurer, die als »Fremdarbeiter« bei großen Kirchenbauten benötigt wurden. Das durch vielfältige Eindrücke erworbene Wissen machte sie zu kritikfähigen und zunehmend wenig obrigkeitsgläubigen Gebildeten, die sich zu geheimen Gesellschaften (»Logen«) zusammenschlossen. Im 18. Jh. war die Mitgliedschaft in freimaurerischen Logen als Gesellschaften von gebildeten und einflußreichen Künstlern und Politikern begehrt. Viele freimaurerische Landadelige Englands (»Whigs«), aber auch Mitglieder des Hochadels (»Torys«) forcierten in ihrer Ablehnung der Gartenkunst des französischen Hochadels, insbesondere derjenigen des Ancien régime, die Entwicklung des englischen Landschaftsgartens als Ausdruck einer liberalen Gesellschaftsform. Ein Beispiel für eine freimaure-

risch beeinflußte Gartenanlage auf dem Kontinent findet
sich in → Bayreuth, wo sich Erbprinz Friedrich in der bestehenden Eremitage (Baubeginn 1715) einen »Tempel des
Schweigens« errichten ließ.

Freizeitpark → Vergnügungspark

Friedhof, ursprünglich eingefriedete Begräbnisstätte,
meist außerhalb der Siedlung gelegen, die nach und nach
eine gartenähnliche Gestaltung erfuhr. Im Mittelalter über-
wogen die steinernen Friedhöfe, etwa nach dem Vorbild
des Campo Santo in Pisa. Seit der Antike sind einzelne
Grabmäler in Gärten überliefert. Auch das Grab Christi lag
in einem Garten (→ Gärtner). Der Kosterplan von → Sankt
Gallen aus karolingischer Zeit zeigt Gräber der Mönche im
→ Baumgarten. Ein F. als Gartenanlage wird erstmals in
→ Furttenbachs *Architectura civilis* von 1628 erwähnt. Seit
dem 18. Jh. ist die F.s-Gestaltung Bestandteil der Gartentheorie: Friedhöfe werden als weihevolle, besinnliche Orte
angesehen, die an oder als Gartenanlage gestaltet werden
sollen (vgl. → Hirschfeld, der *Gärten bey Begräbnißörtern*
beschrieb). John → Loudon forderte für den F. eine eigene, unverwechselbare gärtnerische Gestaltung, die sich
durch Klarheit der Gliederung und Einfachheit der geord-
neten Bepflanzung auszeichnet. Gerade Wegeführung sei
einer geschwungenen vorzuziehen, die nur bei hügeligem
Gelände angelegt werden sollte. Kein lieblicher, sondern
ein feierlicher Ort sei anzustreben, so daß auch auf Blumen
möglichst zu verzichten sei. So entstehen im frühen 19. Jh.
weiterhin von Hecken und Bäumen eingefaßte Fried-Höfe
(z. B. der 1809 angelegte und 1826 durch Friedrich Maximilian → Weyhe umgestaltete Melaten-F. in Köln), die zwar
parkähnlich ausgestaltet, jedoch im Gegensatz zu späteren
F.-Anlagen vom englischen → Landschaftsgarten noch
nicht beeinflußt waren. Als Beispiel für die Gestaltung eines F.s im englischen Stil ist die Anlage des F.s Père Lachaise in → Paris zu nennen. Da die städtischen Friedhöfe
schnell zu klein wurden, war deren spätere Nutzung als

Park oft schon bei der Anlage eingeplant (siehe Johann Michael Voit, *Über die Anlegung und Umwandlung der Gottesäcker in heitere Ruhegärten der Abgeschiedenheit*, Augsburg 1825). Die Gestaltung des F.s als Landschaftsgarten in der Art eines großräumigen öffentlichen Parks wurde prägend für Nordamerika, wo sich der sog. *rural cemetry* (auch *lawn cemetry*) in der ersten Hälfte des 19. Jh.s herausbildete (etwa Mount Auburn 1831). Von dort gelangte dieser Typus des *lawn cemetry* nach Europa, insbesondere nach England und in andere protestantische Länder. Der Park-F. entwickelte sich als bedeutende Aufgabe für Gartenarchitekten des 19. und 20. Jh.s, da mit dem Wachstum der Städte die Friedhöfe immer wieder an den Stadtrand verlegt werden mußten.

Fülck, Johann David (Lebensdaten unbekannt), Gärtner und Gartenarchitekt. F. war 1715–20/21 Hofgärtner der Grafen Schönborn-Wolfsthal zu Wiesentheid in Unterfranken in der ersten Hälfte des 18. Jh.s. Er veröffentlichte zwei Kupferstichwerke, die *Allerhand Neue parterre und Blumen Stuck* (Nürnberg, [o. J.]), in denen er Entwürfe für Parterres, Vasen, Terrassen u. ä. vorstellte, und die 1720 in Augsburg erschienene *Neue Gartenlust*, die im übrigen von → Danreiter in seinem *Lust-Stück der Gärten* als Teil 2 angehängt wurde.

Furttenbach, Joseph (1591–1667), Baumeister und Gartenarchitekt aus Ulm. Sein Stichwerk *Architectura privata* (Ulm 1641, reprogr. Nachdr. Hildesheim / New York 1971) wirkte vorbildhaft für die Anlage eines Patrizierhauses und der dazugehörigen Gärten. Von Bedeutung ist das Werk auch wegen seiner detaillierten Beschreibung der Pflanzordnung und Blumensorten im bürgerlichen Garten der Renaissance (→ Pflanzprogramme). F. legte den Blumengarten in Hochbeeten an, die mit Holzplanken eingefaßt und mit Tulpen, Kaiserkrone, Lilien, Narzissen, Hyazinthen, Ranunkeln und anderen für die Renaissance charakteristischen Blumen in hierarchischer Ordnung bepflanzt waren. Neben der Komposition der unterschiedlichen Blumensorten legt F. besonderen Wert auf den Kontrast und die Vielfalt der Blumenfarben. Wieweit F.s Beschreibungen und Darstellungen der Realität entsprechen konnten, ist fraglich, da die zusammengestellten Blumen nur nacheinander im Wechsel der → Jahreszeiten erblühen. Seine Gärten sind daher sicherlich eher als Idealgärten der Renaissance anzusehen.

G

Gärtner, Gärtnerin, 1. Berufsbild: urspr. Bezeichnung für jeden, der im Garten arbeitend bzw. gestalterisch tätig ist. Als Berufsbild mit Lehrjahren und geregelter Ausbildung ist der Beruf des G.s erst mit der Wiedergeburt des Gartens als Kunstwerk seit der italienischen Renaissance definiert. Die körperlichen und charakterlichen Voraussetzungen für einen G. beschreibt Jaques → Boyceau in seinem Gartentraktat von 1638. Er sollte ein guter Arbeiter, aber auch als Zeichner und Entwerfer in den Künsten bewandert sein. Im Zuge der botanischen Erforschung und Systematisierung der Pflanzen trennt sich das Berufsbild des G.s in drei Wege: denjenigen des Architekten (→ Gartenarchitekt) und Gartengestalters, des botanischen Wissenschaftlers sowie des Pflegers und Kultivierers von Pflanzen als der eigentlichen Aufgabe des G.s. Während die Pflege von Nutzgärten von jeher als hausfrauliche Pflicht angesehen wurde, erfolgte eine professionelle Ausbildung von Frauen zur G.in erstmals in England in der Glynde School for Lady Gardeners, gegr. 1904 von Lady Frances → Wolseley. **2. Der G. in bildender Kunst und Literatur:** Häufig sind Darstellungen der → Flora und anderer mit Natur und Garten im Zusammenhang stehender Göttergestalten als G. bzw. mit den Attributen des G.s wie Spaten, Rechen, Sichel u. a. m. Als Verkleidung gehört das Kostüm des G.s zu den höfischen → Schäferspielen und findet sich daher in zahlreichen Variationen in der Malerei, in der → Gartenskulptur und im Porzellan des 18. Jh.s. Dem entspricht der Topos des G.s als skurriler bis dämonischer und erotisch bis pornographischer Sonderling in der Literatur seit dem 18. Jh. (z. B. in Joseph von Eichendorffs *Leben eines Taugenichts*, D. H. Lawrences *Lady Chatterly*). Bis hin zum fragwürdigen Bild des G.s, der »immer der Mörder« ist, zeigt sich hier die

Ambivalenz eines scheinbar unkontrollierbaren Berufsstandes, der trotz harter und kultivierender Arbeit eine große und beneidenswerte Freiheit in der Natur unter der Schirmherrschaft des → Pan zu genießen scheint. In der sakralen Kunst ist neben Darstellungen von Heiligen und Schutzpatronen als G. (→ Fiacrius) das Bild von Christus als G. (Noli me tangere) zu nennen. Nach dem Evangelium des Johannes (Joh. 20,15) erscheint der auferstandene Christus der Maria Magdalena an seinem Grab, das in einem Garten liegt. Sie erkennt ihn nicht und hält ihn für den G. In Darstellungen (z. B. Dürers *Kleine Holzschnittpassion*) wird Christus daher mit G.-Hut bzw. -kappe und Spaten gezeigt. In übertragenem Sinne meint das Bild auch Christus als »Seelengärtner«.

Garavicchio, Skulpturengarten der Niki de Saint Phalle (südl. Toskana, Italien), die amerikanische Bildhauerin Niki de → Saint Phalle gestaltete das ihr von Freunden überlassene Gelände bei Grosseto in den Jahren 1979–94 unweit von → Bomarzo zu einem Skulpturenpark um. Il Giardino dei Tarocchi, der Tarotgarten, ist von den Motiven und Symbolen der Tarotkarten beeinflußt, ohne daß der Besucher sich vor den sinnenfreudigen Gebäuden, → Brunnen und Skulpturen zwingend mit Kabbala oder Zahlenmystik auseinandersetzen müßte. Die begeh- und bewohnbaren Riesenskulpturen, Sphingen, Monster u. a. Gestalten scheinen mit Motiven des manieristischen Gartens zu spielen und übersetzen diese in die bunte Formenwelt der 60er und 70er Jahre. Die bestimmenden Elemente sind Keramik und Glas, die als Mosaik die Außenhaut der Skulpturengebäude bilden. Brunnen und → Kaskaden beleben mit Wasser als dem seit jeher wichtigsten gärtnerischen Gestaltungsmittel die Anlage, in deren künstlicher Welt sich die Pflanzen und Bäume angesichts der phantastischen und durch die Verspiegelung in Bewegung versetzten Skulpturen unterordnen. Mehr als ein Skulpturengarten ist dort eine phantastische Gartenstadt mit Kapelle, Wohnhaus u. a. entstanden.

Garnier d'Isle, Jean-Charles (1697–1755), französischer Architekt. 1730 erhielt G. einen Vertrag als Hofgartenzeichner am französischen Hof. Sein Werk ist z. T. umstritten und wird auch mit dem damaligen Hofarchitekten Ange-Jacques Gabriel (1698–1782) in Zusammenhang gebracht. Für Madame de Pompadour plante G. 1748–50 eine → Eremitage in Versailles. Der in einem Plan überlieferte Garten ist ein typisches Beispiel für Gartenanlagen des Rokoko um 1750, die u. a. durch die in Halbkreisen und Segmentbögen konstruierte, ein orthogonales Raster vermeidende Wegeführung im → Boskett gekennzeichnet werden. In den Diensten der Pompadour gestaltete G. zudem die Gartenanlage des Schlößchens Bellevue bei Paris und den Garten von Schloß Crécy, der größten Anlage im Besitz der Pompadour, die Ludwig XV. ihr 1746 schenkte. Der Garten ist überliefert in dem Buch des Comte de Reiset, *Le Chateau de Crécy et Madame de Pompadour*, Chartres 1876.

Garten (vermutl. aus got. *gards, garda* ›Gerten‹), ursprünglich das durch Zäune aus Gerten vor der umgebenden Wildnis eingehegte und bestellte Land. Durch Zäune, Gräben oder Mauern werden (Nutz-)Tiere und Angepflanztes ebenso wie die (seßhaften) Menschen selbst vor Gefahren von außen geschützt. Ein G. kann sowohl Nutz- als auch Zierpflanzen enthalten. Mehr oder weniger künstlerisch oder aufwendig gestaltet ist der G. immer ein vom Menschen künstlich angelegtes und der Pflege bedürftiges Landstück, das durch die Gestaltung ebenso wie durch die Einfassung von der es umgebenden »natürlichen« Landschaft abgegrenzt wird. Zur Unterscheidung der Begriffe G. und Park siehe → Park.

Gartenarchitekt, auch Landschaftsarchitekt, Berufsbezeichnung für einen → Gärtner bzw. Gartengestalter im 20. Jh. mit einem Studium als Zweig der Architektur. Zu Beginn des 20. Jh.s wurde die Forderung nach einem eigenständigen Ausbildungsgang für die Gartengestaltung erhoben, die jedoch erst 1929 mit einem Lehrstuhl für Gartenarchitektur in Berlin (für Erwin → Barth) eingelöst wurde. In früherer Zeit gab es keine reglementierte künstlerische Ausbildung. G.en kamen aus den unterschiedlichsten Berufen, zumeist aus der Architektur oder Bildhauerei. Als Planer und Entwerfer unterschieden sie sich von den ausführenden → Gärtnern, für die jedoch ebenfalls seit dem 17. Jh., z. B. durch → Boyceau, eine solide künstlerische Ausbildung gefordert wurde.

Gartenbauausstellung → Ausstellungsgarten

Gartendenkmalpflege, als erhaltenswerte Denkmäler unterliegen historische Gärten und Parks im Hinblick auf die notwendig durchzuführende Pflege, Erhaltung und Restaurierung besonderen Kriterien. Im Gegensatz zur Substanz anderer Baudenkmäler ist das pflanzliche Material, aus dem sie vorwiegend bestehen, einer natürlichen Veränderung unterworfen. Ohnehin ist die Lebensdauer zumindest der Pflanzen zeitlich begrenzt. Von einzelnen Bäumen mit einer besonders hohen Lebenserwartung abgesehen, entspricht der Pflanzenbestand eines historischen → Gartens deshalb kaum mehr dem ursprünglichen. Ein Garten ist mit Blick auf seinen »fertigen« Zustand schwerlich präzise zu datieren. Gärten sind zudem stärker noch als Bauwerke den Veränderungen späterer Epochen und deren wechselnden Moden und Vorlieben unterworfen. Zahlreiche barocke Gärten sind schon im 19. Jh. ganz oder teilweise in Landschaftsgärten umgewandelt worden. Die Rekonstruktion von Gärten oder Gartenteilen nach erhaltenen Plänen oder anderen Quellen ist nicht unumstritten, da die Historizität angezweifelt werden kann. Bestenfalls entsteht in der Rekonstruktion ein Idealbild eines Gartens einer bestimmten Epoche allerdings ohne Anspruch auf Authentizität (z. B. der Garten von → Villandry bei Tour). Andererseits müssen in der Struktur größtenteils erhaltene Partien eines Gartens oder einzelner Teile als Denkmal bewahrt werden. Eine behutsame Rekonstruktion bzw. Rückführung kann nur aufgrund genauer Befunduntersuchungen erfolgen. Wiederherstellungsmaßnahmen (beispielsweise das Beschneiden oder das von Fall zu Fall notwendige Erneuern des Baumbestandes insbesondere in geometrischen Gartenanlagen) werden aktuell oft aus ökologischen Beweggründen erschwert. → Parkpflegewerke für einzelne Anlagen sind trotz langfristiger und aufwendiger Investitionen zur Erhaltung historischer Gärten unabdingbar.

Gartenfeste, Feste im Freien bzw. im → Garten sind seit der Antike überliefert, wo v. a. Bankette im Garten beliebt waren (Beschreibungen bei → Plinius und → Varro). Der fürstliche Garten ist aufgrund seiner Größe und Pracht ein idealer Festraum, in dem sich der Herrscher angemessen inszenieren konnte. Bankette unter freiem Himmel oder in Zelten in der Nähe von → Brunnen und Wasserbecken, Feuerwerke und aufwendige Illuminationen, → Spiele und Turniere, Kutschfahrten und → Jagden, Theater- und Opernaufführungen, Konzerte und Bälle in den Kabinetten des → Boskett oder in den Gartengebäuden gehörten zu den zahlreichen Programmpunkten eines höfischen G.s. Noch vor den berühmten Gartenfesten Ludwigs XIV. in Versailles, die Maßstäbe für die Festinszenierungen an den europäischen Herrscherhäusern setzten, feierte Philipp IV. (1605–1665) mit aufwendigen Maschinerien betriebene Gartenfeste und -spektakel im Park von Buen Retiro in → Madrid. Der Garten als Festplatz lebt im bürgerlichen 19. Jh. in den → Volksparks weiter, wo Restaurants und Ballhäuser, → Pavillons für Konzerte, Sport- und Spielplätze errichtet wurden.

Gartengeräte, sind schon in prähistorischer Zeit nachgewiesen (altsteinzeitliche Höhlenmalereien in Frankreich, Pflanzstöcke von Neandertalern) und abgebildet auf altägyptischen Wandreliefs und in illustrierten Manuskripten aus dem Mittelalter. Ausgrabungen belegen altgriechische und altrömische G. Die Ausgestaltung und Vielfalt von G.n reicht von einer zunehmenden Spezialisierung für bestimmte, eng begrenzte Aufgaben seit der Renaissance bis hin zur

Gartengeräte
Aus: *Dictionnaire du Jardinage. Relatif à la Théorie & à la Pratique de cet Art. Par M. D. Dézallier d'Argenville*, 1777

Massenproduktion im 19. Jh. Als Attribute für allegorische Figuren mit Bezug zur Gartenkunst schon von frühesten bildlichen Darstellungen bekannt, geht ihre Gestaltung mit der Nobilitierung von Landwirtschaft und ländlichem Leben (→ Fête champêtre) auf die Schmuckprogramme von Schlössern und Landhäusern über (→ Maison de plaisance). → Pflanzgefäße.

Gartenhaus, kleines Gebäude innerhalb eines → Gartens, sowohl als Nutzgebäude zur Unterbringung und zum Schutz von → Gartengeräten und Pflanzen (→ Orangerie) als auch als Aufenthaltsort für Gesellschaften und Festlichkeiten (→ Pagode, → Pavillon, → Teehaus) erbaut. Als kleinere, intimere Wohngebäude wurden Lustschlößchen als Ergänzung und in Abgrenzung zum Hauptschloß errichtet (→ Casino, → Eremitage, → Trianon, → Folie). Als Aussichtsplatz und Schießstand diente das → Belvedere am Rand einer Gesamtanlage.

Gartenkunst, die G. nimmt in der Hierarchie der bildenden Künste keinen der Malerei, Skulptur oder Architektur vergleichbaren Rang ein. Erst im 17. Jh. forderte man eine

Gleichstellung der G. mit den übrigen freien Künsten (zuerst durch Jean La Fontaine 1671). Im 18. Jh. wird die Gartenkunst neben den anderen Künsten als Personifikation oder Allegorie dargestellt. Sie gilt dem Fürstenspiegel folgend als eine der nobelsten Beschäftigungen für einen Herrscher. Bis heute wird die G. primär in Theorie und Praxis als ein Zweig der Architektur bearbeitet. In der Kunstgeschichte gewinnt die G. als eigenständiges Forschungsgebiet in jüngster Zeit zunehmend an Beachtung. Darüber hinaus trifft die G. auf zunehmendes öffentliches Interesse für bestehende Organisationen (z. B. dem »Bund Deutscher Landschaftsarchitekten«, der »Deutschen Gesellschaft für Gartenkunst und Landschaftskultur«), institutionelle Neugründungen (z. B. der Forschungsstelle für Geschichte der Gartenkunst und experimentelle Landschaftsarchitektur an der Universität Hannover) oder für eigens eingerichtete Museen (im Jahr 2000 wurde im Schloß Fantaisie bei Bayreuth das erste Gartenkunst-Museum eröffnet, 2002 folgt das Museum für Gartenkunst im Ostflügel des Schlosses Benrath bei → Düsseldorf).

Gartenmöbel, mit der Einbeziehung des → Gartens als zusätzlichem Wohnbereich »unter freiem Himmel« entsteht schon früh der Wunsch nach Möblierung, um Bequemlichkeiten auch im Außenbereich zu gewährleisten. Vom → Rasensitz des mittelalterlichen Gartens zu Bänken, Stühlen und Tischen aus bearbeitetem Holz, Stein, Gußeisen und Plastik erlebt das Gartenmobiliar stilistisch eine parallele Entwicklung zum Mobiliar des Innenraums. Gleichwohl ist aber auch eine eigenständige Entwicklung von Formen und Typen festzustellen, die wetterfeste Verarbeitung und größere Stabilität mitbringen. Im Gegensatz zu den Räumen im Schloßinneren, wo es bis ins 19. Jh. keine fest eingerichteten Speiseräume gab, sondern die Tafel bei Bedarf aus Holzböcken und -platten aufgebaut wurde, sind dauerhaft installierte Tische im Garten keine Seltenheit. Als

Beispiel sei der rechteckige, von steinernen Hockern umstell-
te Tisch in Schloß Hellbrunn bei → Salzburg genannt. Steinerne, z. T. kunstvoll skulptierte Gartenbänke (z. B. im Hofgarten in → Veitshöchheim) gehörten zu den wichtigen bild-
hauerischen Aufgaben im Garten des 18. Jh.s. Nichtmobile
»Möbel« (z. B. Steinbänke, Tische, → Pavillons, etc.) sind
in Zusammenhang mit ihrem gartenkünstlerischen Umfeld
im öffentlichen oder herrschaftlichen Garten zu sehen. Dagegen kommt es im 19. Jh. – verbunden mit der Zunahme
von → Bürgergärten – zu einem Boom der G.-Produktion
aus Gußeisen, der vergleichbar ist mit dem Erfolg von G.n
aus Plastik im 20. Jh. Neue Typen von G.n, die im kleineren Wohngarten einer geforderten Mobilität und platzspa-
renden Funktionalität entsprechen, wie der Liegestuhl oder
der Sonnenschirm, setzen sich durch. Mit der ab Beginn
des 19. Jh.s wachsenden Vorliebe für Wintergärten ziehen
G. in den inneren Wohnbereich ein und verstärken mit
ihren gartenspezifischen Merkmalen den Eindruck, sich in
einem Garten aufzuhalten.

Gartenpalais, zahlreiche G. entstanden als sommerliche
Residenzen am Wiener Hof und durch den Wiener Adel in
und um Wien nach Beendigung der Türkenbelagerung seit
1683. In den Gärten wurden französische und italienische
Vorbilder gleichermaßen verarbeitet. Als bedeutendes Beispiel sind Schloß und Garten des Palais Schönborn in
Wien, das Johann Lukas von → Hildebrandt 1706–11 für
Friedrich Karl von Schönborn errichtete. Jean → Trehet
entwarf den Garten des Palais Liechtenstein, das Domenico
Martinelli 1698–1711 für Fürst Johann Adam Andreas von
Liechtenstein erbaute. Der Garten des Palais Schwarzen-
berg, ursprünglich erbaut für Graf Mansfeld Fürst Fondi
durch Lukas von Hildebrandt (um 1705 vollendet), stellt
mit der Terrassierung und dem besonderen Akzent auf den
Wasserspielen ein charakteristisches Beispiel eines Wiener
Adelsgartens vor, wie er für die herrschaftlichen Gärten in
Europa vorbildhaft wurde.

Gartenplatz, neben städtischen Parkanlagen (→ Stadt-park) gewinnen Gartenplätze innerstädtisch im Zuge der Industrialisierung und des Wachstums der Großstädte seit dem 19. Jh. an Bedeutung. Die Anlagen wurden mit Bäu-men und Blumenbeeten bepflanzt und erhielten durch Denkmäler und Statuen einen repräsentativen Charakter. Zusammen mit → Alleen und → Promenaden dienen die kleinen grünen Inseln in der Stadt als Spiel- und Ruheplät-ze der alltäglichen Erholung. Charakteristische Beispiele für die Anlage von begrünten Stadtplätzen gibt Gustav → Meyer in seinem *Lehrbuch der schönen Gartenkunst* von 1860. Für einen G. vorrangig als einen innerstädti-schen Ort der Erholung und nicht der Repräsentation plä-dierte im frühen 20. Jh. v. a. Fritz → Encke (vgl. auch Abb. S. 95).

Gartensaal, auch *Sala terrena.* Ebenerdig zur Gartenseite hin ausgerichteter Festsaal eines Schlosses, der sich in seiner Ausstattung und Dekoration auf die Themen → Garten, Natur oder → Jagd bezieht. Große Fenstertüren öffnen sich zum Garten hin und stellen den Bezug von außen und innen her, bei dem oftmals auch die → Achsen des Gartens in der Ausrichtung der Fenster aufgenommen sind. Im G. der Würzburger Residenz (1749/50) zeigt das Deckenge-mälde von Januarius Zick ein Festmahl der Götter sowie die Jagdgöttin Diana mit ihrem Gefolge. In den kleinen Gewölbefeldern des Umgangs stellen Putten Allegorien der Tageszeiten, der → Jahreszeiten und der vier → Elemente dar. Daneben konnte ein G. auch als Grottensaal mit Fels-wänden und Muschelwerk ausgestattet sein (→ Grotten-werk). → Gartenzimmer.

Gartenschau, G.en wurzeln in Pflanzenschauen des pri-vaten Pflanzenliebhabers und des Erwerbsgärtners. Die er-sten öffentlichen G.en fanden in Dresden (1887) und Ham-burg (1896) statt, organisiert von den Städten als Ausstel-lungen für professionelle und private Gartengestaltung. Die G.en wurden kontinuierlich fortgesetzt bis Ende der 30er

Jahre (Stuttgart 1939) und nach dem Zweiten Weltkrieg erstmals 1950 wieder ausgerichtet als Bundesgartenschau in Stuttgart (Hamburg 1953, Kassel 1955, Köln 1957). Man einigte sich auf einen Ausstellungsrhythmus von zwei Jahren. Die enormen Zerstörungen durch den Krieg und die damit verbundenen brachliegenden Flächen sollten auch als Neubeginn der Gartenkunst genutzt werden. Im Abstand von 10 Jahren finden internationale Gartenbauausstellungen statt. Als dritter Typ von G.en wurde die Landesgartenschau eingeführt, auch diese mit staatlicher Zuwendung. Trotz der enormen Kosten für die ausrichtenden Städte werden die G.en als Gewinn für Neuerungen im urbanen Bereich empfunden, da sie dort neue und verbleibende Grünflächen mit aktuellen Gestaltungsmöglichkeiten erschließen. Die Idee wurde im übrigen Europa übernommen.

Gartensiedlung → Gartenstadt

Gartenskulptur, vgl. auch → Skulpturenprogramme. Bereits in der Antike wurden Figuren, Vasen und Reliefs im Garten aufgestellt. Aufstellungsort für Statuen waren neben den → Villengärten (zu nennen wäre hier als ein spätes Beispiel die Villa des Hadrian in Tivoli, 125–136 n. Chr.) auch die Stadtgärten, wie z. B. der Garten des Dichters Sallust (1. Jh. v. Chr.) auf dem Pincio in Rom, der eine berühmte Sammlung von Kunstwerken beherbergte. Diese Tradition lebte durch das Antikeninteresse und die Rezeption antiker Autoren in der Renaissance wieder auf. Die Antikenbegeisterung zog eine Sammelleidenschaft antiker Skulpturen nach sich, die in der Anlage von Antikengärten ihren Ausdruck fand. Um der großen Nachfrage nach antiken Skulpturen entsprechen zu können, führte man Grabungen durch und plünderte antike Monumente, wie z. B. die Villa des Hadrian. Figurengeschmückte → Brunnen gehörten zu den ersten eigens angefertigten G.en in der Neuzeit. Das erste bekannte umfassende Skulpturenprogramm für einen Garten entwarf nach → Vasari der Florentiner Philosoph

Benedetto → Varchi für die Medici-Villa in → Florenz-Castello (Ausstattung ab 1538 durch Niccolò → Tribolo).
Seither war die Aufstellung von figürlicher Skulptur wie
Statuen und Figurengruppen, Hermen und Büsten sowie
von plastischem Ornament und Zierat wie Obelisken,
skulptierten Vasen und Trophäen, Gartenbänken u. a. Bestandteil und Grundlage jeder Gartengestaltung. Als Material für die G. wurde die kostbare und witterungsresistente
Bronze, aber auch als deren preiswerter Ersatz Blei sowie
Marmor und andere Steinarten, Holz und → Terrakotta
verwendet. Weiche Materialien wie Sandstein oder Holz
wurden lackiert, um sie vor Witterungseinflüssen zu schützen und um Marmor oder Porzellan zu imitieren. Üblich
waren weiß gelackte und/oder goldgefaßte Skulpturen, die
sich von dem Grün der Hecken besonders gut abhoben.
Auch die eher ungewöhnlichen bunten Fassungen – z. B.
die Figuren für den manieristischen Garten von → Bomarzo
oder die (nicht mehr erhaltenen) Figuren der Commedia
dell'arte für das Heckentheater des Rokoko-Gartens in
→ Veitshöchheim – sind belegt. Heute ist die Fassung meist
entfernt, da seit dem 19. Jh. Wert gelegt wurde auf eine vermeintlich authentischere Materialsichtigkeit bei Skulpturen,
die dem ursprünglichen Zustand jedoch oft nicht entspricht. Im 19. Jh. ermöglichte die Erfindung des Zinkgus-
ses seit 1830 eine relativ preiswerte, serielle Produktion von
Gartenskulpturen. Im Sinne des Stilpluralismus im Historismus wurden Abgüsse unterschiedlicher Epochen angeboten, die man nach Katalogen der entsprechenden Gieße-
reien bestellen konnte. Zur G. im 20. Jh. siehe → Skulpturengarten.

Gartenstadt, Siedlungsform, die um die Jahrhundertwende und im frühen 20. Jh. zunächst in England (Ebenezer
Howard, *Garden Cities of Tomorrow*, London 1898) und
später auch in Deutschland entwickelt wurde. Siedlungen
am Stadtrand waren zunächst auf billigem Bauland und
durch die serielle Planung und Ausführung kostengünstiger

als das einzelne Einfamilienhaus. Soziale Beweggründe des
billigen und gesunden Wohnens in der Natur (Nutzgärten
mit Tierställen zur Selbstversorgung) konnten allerdings
nicht oder kaum eingelöst werden, da die Wohnungen und
Häuser oft unerschwinglich für den normalen Arbeiter
waren, wenn sie nicht von den Arbeitgebern in der Indu-
strie selbst bereitgestellt wurden, wie z. B. 1912 mit der
Gartensiedlung in Essen-Margarethenhöhe von der Firma
Krupp. Dagegen konnte sich das bekannteste und früheste
Beispiel einer G., Hellerau bei Dresden (ab 1907, → Muthesius), aufgrund des zu exklusiven Anspruchs im Sinne der
modernen Reformbewegung in Architektur und Innenein-
richtung nicht durchsetzen. Die künstlerische Ausführung
fiel daher bei späteren Gartenstädten in der Regel zugunsten preiswerter Lösungen weg. Als Beispiel dafür sei die
sog. G. Garath in Düsseldorf genannt, die jedoch eher als
Trabantenstadt der 60er Jahre zu bezeichnen ist. Erst in
jüngster Zeit stehen ökologische und wohn-reformerische
Ideen wieder im Vordergrund. Zu nennen wäre hier als
ebenso gelungenes wie relativ kostengünstiges Projekt eine
anläßlich der documenta 1982 entstandene Siedlung in Kassel (documenta urbana).

Gartenteppich, orientalische Teppiche, in deren Mitte ein
viergeteilter → Garten abgebildet ist. Im Zentrum befindet
sich ein Wasserbecken, das durch vier von Bäumen oder
Blumen gesäumten Kanälen durchschnitten wird. Kleinere Wasserstraßen untergliedern die Felder in schmalere
→ Kompartimente. G.e gelten als recht getreues Abbild eines islamischen Gartens, siehe → Granada, Gärten der Alhambra und der Generalife.

Gartentheater, Bühne unter freiem Himmel im → Boskett
eines Gartens für die Aufführung von Theater, Oper und
Konzert. Wände und → Kulissen der Bühne wurden aus
hintereinandergestaffelten Hecken gestaltet und bisweilen
mit einem → Skulpturenprogramm beispielsweise den Figuren der Commedia dell'arte ausgestattet (Beispiele in

→ Hannover Herrenhausen, → Veitshöchheim bei Würzburg). Neben den grünen Heckenkulissen konnte der Bühnenraum auch als → Grotte (→ Salzburg, Hellbrunn) oder als künstliche → Ruine (Ruinentheater im Felsengarten Sanspareil bei → Bayreuth, Franken, 1747) gebildet werden.

Gartenzimmer, eine illusionistische Landschaftsmalerei öffnet dem Betrachter panoramaartig Decken und Wände, so daß er sich in eine Gartenlandschaft versetzt fühlt. Die frühesten Beispiele stammen aus der antiken Wandmalerei in Pompeji, Herkulaneum und Rom. Das G. in der Villa der Livia in Primaporta aus augusteiischer Zeit suggeriert einen ringsum wie ein Gartenpavillon offenen Raum, der einen Ausblick auf den Garten bietet. Hinter einem Zaun aus Gitterwerk und Pergolen befindet sich ein dichter, mit zahlreichen naturgetreu dargestellten Vögeln bevölkerter Bewuchs aus Bäumen und Blumen aller → Jahreszeiten – ein wilder, naturbelassener, paradiesischer Garten, dessen Anlage mit den überlieferten Gärten weder der römischen Stadthäuser noch der ländlichen Villen einhergeht. Erst in der Barockmalerei wird wieder ein ähnlicher Illusionismus erreicht. Im Spätbarock und Rokoko öffnen sich Decken und Wände nicht nur in Architekturprospekten, sondern auch in Gartenlandschaften. Im Charlottenburger Schloß (Vorzimmer Friedrichs II.) sind die Wände mit Fresken von Antoine Pesne (1683–1756) geschmückt, die ein Maskenfest im Park als monumentale Aufnahme einer → Fête galante zeigen. Gesteigert wird dieser Illusionismus in den G.n in Schloß Schönbrunn in → Wien (Guys-Appartements, 1765), wo der Maler Johann Bergl (1718–1789), ein Schüler Paul Trogers, Landschaftsfresken mit orientalischen Motiven und Figuren schuf, die durch treillagenartige Phantasiearchitekturen im Vordergrund den Blick auf weite Landschafts- und Architekturprospekte freigeben. In den Gartenräumen der französischen Schlösser von Montreuil und Rambouillet wird die Illusion, sich in einem

Wien, Schloß Schönbrunn
Gemalte Tapeten von Johann Bergl
im Gartensaal des Guys-Appartements, 1774

Garten aufzuhalten – wie schon in der Antike –, durch feh-
lende Fenster verstärkt; das Licht fällt von oben ein. Dazu
kommt eine entsprechende Möblierung aus → Grottenwerk
und anderen rustikalen Materialien. → Gartensaal, → Panorama.

Gartenzwerg, Zwerge sind im Verhältnis zur Größe des
Menschen winzige Phantasiegestalten, die in Märchen und
Sagen auftauchen. In den Gestaltungen zum Garten- und
Parkzwerg wurden die Erd-, Bergmännlein und Gnome
entzaubert und verkitscht. Die Herstellung von Porzellan-
zwergen durch die Kaiserliche Hofmanufaktur Wien erreichte zwischen 1744 und 1750 ihren Höhepunkt. Ende
des 18. Jh.s produzierte die Firma Derby in England eine

Serie von Gartenzwergen. Nach dem allmählichen Verschwinden des Zwergenwesens in architektonischen Gärten
des Barock taucht es als menschenfreundliches Wesen im
Bürgergarten wieder auf. Als ihr Erfinder gilt Sir Charles
Edmund Isham (1819–1903). Ausdrücklich empfohlen wird
die Belebung eines Gartens mit Zwergenfiguren von John
Claudius → Loudon in seiner *Encyclopedia of Gardening*
von 1850. Berühmt ist das »Zwergenreservat« von North-
Devon in Südengland mit über 1000 Zwergenfiguren. Vgl.
zu den Zwergenzyklen in der Gartenskulptur auch → Cal-
lotzwerge.

Gaudi y Cornet, Antonio (1852–1926) → Barcelona, Park
Güell

Gemüsegarten → Potager

Gewächshaus, rundum aus Glasscheiben erbauter Skelett-
bau aus einer Holz- oder Eisenkonstruktion. Mit ihrem
günstigen Klima, unterstützt durch Beheizung und regelmäßige Bewässerung, sind Gewächshäuser unverzichtbar
für die Sammlung und Pflege von lebendigen Pflanzen
(→ Hibernaculum, → Orangerie) und haben nicht selten den Charakter eines Pflanzenmuseums. Die erstmals
von Sir George Stewart Mackenzie entworfenen und von
John Claudius → Loudon weiterentwickelten Gebäude erlangten im 19. Jh. eine noch größere Bedeutung als sie die
→ Orangerie im architektonischen Garten des Barock be-
sessen hatte. Die Konstruktion einer Vielzahl von Gewächshäusern in England wie auf dem Kontinent ist im
Zusammenhang zu sehen mit der Einführung neuentdeck-
ter Pflanzen: zwischen 1784 und 1814 wurden in Kew Gardens etwa 7000 neue Pflanzen aufgelistet (→ Treibhaus).
Die Konstruktionen von Gewächshäusern im späten 18.
und 19. Jh. demonstrieren erstaunliche Ingenieursleistun-
gen, insbesondere in der Berechnung der Statik. Vorbild für
die großen Konstruktionen aus Glas und Stahl ist der für
die Weltausstellung 1851 in London von dem Gärtner und
Ingenieur Joseph → Paxton entworfene Kristallpalast, in

den die schon vorhandenen Bäume des Hyde Parks integriert wurden. Eines der frühesten Gewächshäuser Deutschlands in einer Eisen-Glas-Konstruktion ist dasjenige im Park von → Kassel-Wilhelmshöhe (1822). → Palmenhaus.

Giardino segreto (ital., ›geheimer Garten‹), abgeschiedener, privater → Garten in der Nähe des Wohngebäudes oder Schlosses, der von einer Mauer umgeben (→ Hortus conclusus), vor Blicken von außen geschützt und nur für die Bewohner zugänglich ist.

Giochi d'acqua (ital., ›Wasserspiele‹) → Wasserspiele

Girard, Dominique (gest. 1738), französischer Gartenarchitekt und Ingenieur der Wasserkünste. G. war ein Schüler André → Le Nôtres. Während seiner Beschäftigung in den Gärten von St. Cloud, wurde der Kurfürst Maximilian von Bayern auf G. aufmerksam und nahm ihn als Gartendirektor in → München in seine Dienste, wo er die Gärten von Nymphenburg und Schleißheim planen sollte. G. gestaltete zusammen mit Matthias → Diesel die Gärten in Nymphenburg und war dort insbesondere für die Errichtung der bedeutenden Wasserspiele zuständig. In Zusammenarbeit mit Lukas von → Hildebrandt wirkte er bei der Anlage der Gärten des Belvedere in → Wien mit. 1728/29 legte G. – wie in München wiederum gemeinschaftlich mit François Cuvilliés d. Ä. – die Gärten von Schloß Augustusburg in → Brühl an. Ein Gartenplan von 1728 für Brühl wird G. zugeschrieben.

Girlande → Feston

Gitter → Ziergitter

Giverny, der Garten mit Landhaus von G. umfaßt etwa 1 ha Grundfläche. Das gesamte Areal ist durchschnitten von Straße, Eisenbahn und einem Flußarm der Epte. Claude Monet (1840–1926), einer der Hauptvertreter der impressionistischen Malerei, mietete von 1883 bis 1890 das Landhaus (Atelierhausnutzung) mit Obstgarten; nach dem Kauf im Jahre 1890 erwarb er zusätzliche Landflächen, die er mit dem bereits vorhandenen zu einem Blumengarten mit Wasserrosenteich umgestaltete. Lattenwerke (Laubengang) mit Kletterrosen, einen mit weißen Glyzinien überwachsenen Bogen einer japanischen Brücke ließ Monet zu einer üppigen Farbkomposition gestalten. Ab etwa 1892 diente ihm der Garten als Inspirationsquelle für zahlreiche Bilder (Serie der Nymphéas, Ansichten der Japanischen Brücke). Die üppige Bepflanzung mit Hortensien, Iris, reichblühenden Stauden wurde vorbildlich für Anlagen von → Künstlergärten in impressionistischem Stil, wie in → Yerres, deren Einfluß bis weit ins 20. Jh. reicht (→ Hombroich, Museumsinsel).

Glashaus, → Gewächshaus

Gloriette, offener Tempel oder → Pavillon im architektonischen → Garten oder Landschaftsgarten als Bekrönung einer Anhöhe. Beispiele sind die triumphbogenartige G. im Schloßpark von Schönbrunn bei → Wien und die G. in Form eines Rundtempels im Park Wilhelmshöhe in → Kassel.

Goethe, Johann Wolfgang (1749–1832), war zunächst beeinflußt von den Ideen des englischen Landschaftsgartens. Er verfolgte mit Interesse die Gestaltung des Parks von → Weimar nach englischem Muster, so daß er sogar als der Initiator des Parks angenommen wird. 1776 erhielt G. von Herzog Carl August, mit dem er mehrere Besuche des Parks von → Wörlitz unternahm, ein Haus mit Garten an der Ilm in Weimar zum Geschenk, dessen Gestaltung er sich mit Hingabe widmete. Dort entstand u. a. das sog. Luisenkloster (1778) als Eremitage, in der G. ein Fest zu Ehren des Namenstages der Herzogin Luise abhielt. In den Jahren nach 1883 nimmt G. Abstand von den »naturspäßigen« Formen des Landschaftsgartens zumindest in seiner sentimentalen deutschen Ausprägung und würdigt den barocken geometrischen Garten. Dennoch steht die Anlage eines Landschaftsgartens im Zentrum des 1808 vollendeten Romans *Die Wahlverwandtschaften.* Seit 1776 hatte sich G.

intensiven botanischen Studien gewidmet. Die Suche nach
der »Urpflanze« als der sich selbst reproduzierenden Ur-
form aller Pflanzen hatte ihn auf seiner Italienreise beschäftigt. 1794 war G. maßgeblich am Aufbau des Botanischen
Gartens in Jena beteiligt.

Gotikmode, der neogotische Baustil wurde wie der chinesische (→ Chinoiserien) für → Gartenhäuser und → Ruinen
verwendet. Erste neogotische Bauten in Parks entstanden
in England seit den 40er Jahren des 18. Jh.s, so z. B. die gotische Mühle im Park von Rousham nach Entwürfen von
William → Kent oder die Eremitage von Stourhead, Wiltshire. Führend in der Bewegung war Horace → Walpole,
der sich seit 1749 seinen Wohnsitz Strawberry Hill in neo-
gotischen Formen errichten ließ. Die G. ging mit der Wiederentdeckung des Ritterromans und einer idealisierten
Vorstellung des Mittelalters als Vorbild für Kunst und Politik im damaligen England einher. Beispiele in Deutschland sind das »Gotische Haus« im Schloßpark von → Wörlitz (1786/87) und die »Löwenburg« im Wilhelmshöher
Schloßpark in → Kassel (1793–98; siehe Abb. S. 221).

Granada, Alhambra (Andalusien, Spanien), ab 1238 begann der Sultan von Granada Mohammed ben Alhamar mit
dem Ausbau eines alten Schlosses zu einem weiträumigen,
befestigten Palast auf einem Hügel über der Stadt. Wie die
Gärten und Paläste der Generalife in → Granada bestehen
auch diejenigen der Alhambra (= rote Burg) aus locker an-
einandergefügten Gebäuden und bepflanzten Innenhöfen
(→ Patio), die an die → Peristylgärten römischer Wohnhäuser erinnern. Von den Gartenhöfen, deren wichtigsten
Bestandteil die → Brunnen darstellen, sind heute noch vier
erhalten. Der bekannteste, der sog. »Löwenhof«, der heute
keinerlei Bepflanzung mehr aufweist, befindet sich im Zentrum der Anlage. Die anderen, auch heute noch reich
bepflanzten Höfe – darunter der Patio de los Arraynes
(Myrtenhof) als der größte – werden von schmalen Kanälen durchzogen und sind mit großen Wasserbecken und

→ Brunnen besetzt. Der mit Blumen und Orangenbäumen bepflanzte, kreuzgangähnliche Patio de la Linderaja gehörte einst zum Harem der Anlage.

Granada, Gärten der Generalife (Andalusien, Spanien), die Gärten der Generalife – einer im frühen 14. Jh. auf einem Hügel oberhalb der Alhambra von → Granada errichteten Sommerresidenz der Sultane von Granada – gelten als der Inbegriff des arabischen Gartens schlechthin, obwohl sie nach dem Abzug der Araber größere Veränderungen erfahren haben. Bewässerung und Wasserführung, die in den Gärten vorbildlich angelegt sind, waren Hauptanliegen der arabischen Gartengestaltung. Die Gärten bestehen aus mehreren terrassenförmig an einem Hang angelegten Innenhöfen (→ Patio) mit schattigen → Pavillons. Der Patio de la Acequia (Hof des Wassergrabens) als der größte zwischen zwei Pavillons errichtete Hof wird von schmalen kanalartigen, blumengesäumten Wasserbecken durchzogen. Die flankierenden Blumenbeete waren ursprünglich teppichartig versenkt. In schematischer Form begegnen die von Kanälen durchzogenen islamischen Gärten in Darstellungen auf den → Gartenteppichen wieder.

Griechischer Garten → Kepos; s. u. »Gartenstile Europas«, S. 9f.

Grotte (ital. *grotta* ›Höhle‹), G.n sind als einfache wie als bizarre Nachgestaltung von Höhlen oder als künstlerisch gestaltete Nymphen-G. seit der Renaissance, insbesondere im Manierismus, beliebt. Sie werden erstmals bei Leon Battista → Alberti erwähnt. Gerade in Italien gewährleisteten sie im Sommer durch ihre Kühle einen angenehmen Aufenthalt. Zur Ausgestaltung des Innern kamen Muscheln, Schnecken und Mineralien in natürlicher und künstlicher Form (→ Grottenwerk) zur Anwendung: Austern-, Perl- und Jakobsmuscheln, Tritonshörner, Tuffstein (→ Spugne), Erzstufen, farbige Schmelze. Bekannte G.n sind zu sehen in der Villa d'Este in → Frascati, der Villa Lante in → Bagnaia, den Boboli-Gärten in → Florenz. Besonders naturgetreu

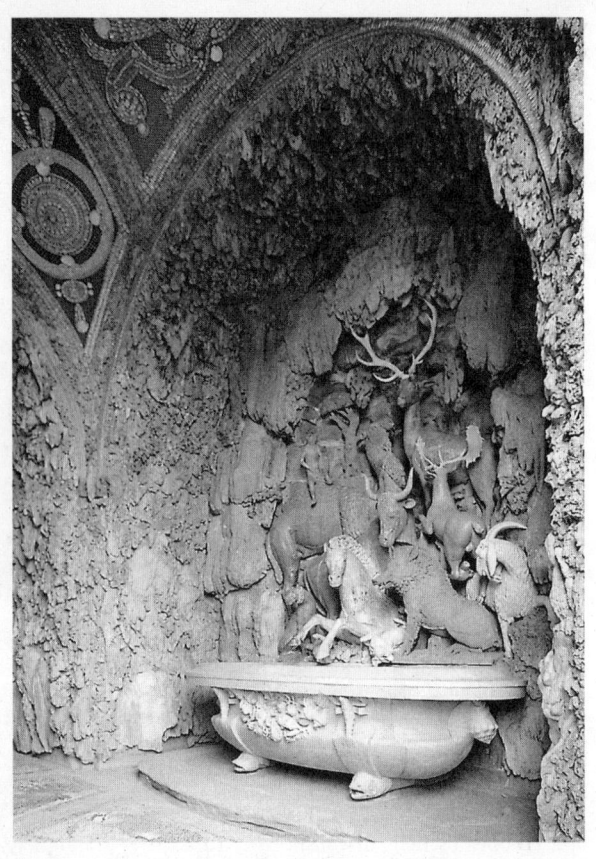

Florenz-Castello, Villa Medicea di Castello
Orpheusgrotte von Giovanni di Paolo Fancelli (?), um 1570/80

waren die G.n nur in der Beschreibung nach Entwürfen von Bernard → Palissy im 16. Jh., die mit nachgebildetem Getier, wie Eidechsen und Fröschen bevölkert waren. Manieristische G.n waren mit → Automaten und Wasserspielen bestückt. Die berühmtesten Beispiele hierfür befanden sich in → Pratolino. Weitere bekannte G.n sind beispielsweise die Thetis-G. in → Versailles, Alexander Popes G. in Twickenham, → Stourhead (Wiltshire). Vielfach inspirierte die französische Vorliebe für G.n die Gestaltung von → Einsiedlerklausen, die bei Fehlen von echten Eremiten mit Skulpturen oder Plastiken aus Wachs bevölkert wurden. Diese Mode gelangte im 18. Jh. nach England.

Grottenhaus, eine besondere Form des → Gartenhauses stellt das sog. G. dar, wie es z. B. im Rokokogarten von → Veitshöchheim erbaut wurde. Aus einer künstlich gestalteten Felsengrotte mit bizarren Tierskulpturen erhebt sich dort ein achteckiger → Pavillon, dessen klassizistische Wandgliederung innen und außen mit farbigem Glas, Steinen und Muscheln inkrustiert ist; die Stukkaturen und die Inkrustation stammen vom Würzburger Hofstukkateur Materno Bossi (1772/73).

Grottensaal → Gartensaal

Grottenwerk, bezeichnet die Übernahme der künstlich erzeugten Materialien einer → Grotte (Fels, Muscheln, Moose) als Dekoration im Innenraum, wie sie v. a. in → Gartensälen Verwendung fand.

H

Ha-ha → Aha

Hameau (frz., ›Dörfchen‹), Marie-Antoinette ließ sich ab 1783 in der Nähe des Petit Trianon in → Versailles ein künstliches → Dorf (H. de Trianon) aus elf strohgedeckten Häuschen errichten, die als Mühle, → Meierei und Stallungen auch wirklich betrieben werden konnten und von Nutzgärten umgeben waren. Sie bildeten die Kulisse für die bei der Königin so beliebten → Schäferspiele. Vorbilder waren das Dörfchen des Prinzen Louis-Joseph in Chantilly (1774) sowie das »Englische Dörfle« mit rund 60 Gebäuden und Tempeln, das Herzog Carl Eugen von Württemberg nach 1776 für seine Mätresse Franziska in Hohenheim bei Stuttgart erbauen ließ, und das Friedrich → Schiller programmatisch zu einer deutschen Sonderform des englischen Gartens erhob. → Ornamental farm.

Hannover, Königliche Gärten Herrenhausen, als einer der ersten Barockgärten Deutschlands entstand in den Jahren 1682–1714 der sog. »Große Garten« unter Herzog Ernst August und seiner in den Niederlanden aufgewachsenen Gemahlin Sophie unter Mitwirkung des französischen Gartenarchitekten Martin Charbonnier. Dieser war für Sophie bereits in der Residenz von Osnabrück tätig gewesen. Nach holländischem Vorbild (→ Het Loo bei Apeldoorn) von einer Gracht umflossen, breitet sich der rechteckige Garten symmetrisch vor dem Schloß aus, das von zwei kleineren Privatgärten flankiert wird. Additiv wurden rechteckige Kompartimente in einer klaren Gliederung aneinandergefügt. Unter den Gartenräumen ist insbesondere das Hekkentheater mit seinen bleiernen, vergoldeten Figuren hervorzuheben, das vorbildhaft wurde für die Heckentheater der Barock- und Rokokogärten in Deutschland (→ Veitshöchheim).

Hardouin-Mansart, Jules (1646–1708), französischer Architekt, Großneffe des Architekten François Mansart (1598–1666). H.-M. wurde 1674 zum Königlichen, 1685 zum Ersten Königlichen Architekten ernannt. Seit 1699 hatte er die Leitung aller königlichen Bauvorhaben inne. Unter seiner Ägide wurde seit 1678 das »Projekt« Versailles vollendet. Er schuf dafür im Boskett von → Versailles die berühmte *Colonnade* und den *Dôme*. Weitere Werke für die Gartenanlagen innerhalb seiner architektonischen Tätigkeit, u. a. in St-Cloud und in → Marly-Le-Roi, sind das Boskett in Marly, das Trianon und das innere Becken der Kaskade von St-Cloud. Über die Aufgaben am königlichen Hof hinaus schuf H.-M. zahlreiche Schlösser und Paläste für private Auftraggeber.

Hausgarten, zum privaten Wohnhaus gehörender → Garten (→ Wohngarten). Der bürgerliche Garten ist ein Thema des 19. Jh.s, seine Gestaltung wird in vielen Publikationen erörtert, z. B. von John Claudius → Loudon, der darüber hinaus auch den einfachen Garten für den Arbeiter und Tagelöhner behandelt, oder von Hermann Jäger (*Der Hausgarten*, Weimar 1867). → Gartenstadt, → Villengarten.

Hecke (von ahd. *hag* ›Einfriedung‹), diente ursprünglich als aus natürlichen Pflanzen gebildete Einfriedung dem Schutz vor Gefahren von außen. In der Gartenkunst trennt die H. – als zu einfachen grünen Wänden oder auch zu kunstvollen geometrischen Formen geschnittenes Buschwerk in unterschiedlicher Höhe – die einzelnen Gartenräume voneinander. Als Baumaterial aus der Natur haben H.n die Funktion von Wänden und → Kulissen. Sie dienen der Umfassung von Beeten und Gartenräumen. Bevorzugte Pflanzen für niedrigere Hecken waren der → Buchs bzw. für höhere Hecken, die bis zu 3 Metern hoch geplant waren, die schnell wachsenden Eiben. → Ars topiaria.

Heckentheater → Gartentheater

Heemstede bei Utrecht, Schloßgarten (Holland), der Garten wurde seit 1680 für den Utrechter Staatsmann Diderick van Veldhuysen angelegt, wobei eine beratende Tätigkeit des französischen Gartenarchitekten Daniel → Marot angenommen wird (→ Het Loo bei Apeldoorn). Den Kern des Gartens bildet das Wasserschloß von 1645, um das sich die langgestreckte und streng spiegelsymmetrische Anlage gruppiert. In der für den holländischen Garten charakteristischen Weise wird das Areal von Wasserwegen durchzogen, die das Raster der holländischen Kulturlandschaft mit seinen Grachten und Kanälen aufnehmen (→ Kanalgarten). Ausblicke aus dem durch Baumalleen von der umliegenden Landschaft abgeschirmten Garten werden nicht geschaffen, vielmehr konzentriert sich der Blick auf das Innere der Gärten, das sich durch eine besonders abwechslungsreiche, farbige Ausschmückung der → Parterres und → Bosketts auszeichnet. Einen wichtigen, auch flächenmäßig bedeutenden Teil nehmen im holländischen Garten die Nutzflächen ein, die neben dem Obstanbau auch der Blumenzucht gedient haben.

Herbarium (von lat. *herba* ›Pflanze, Kraut‹), seit der Spätantike bis ins 16./17. Jh. wurde mit H. auch ein → Pflanzenbuch als medizinische bzw. botanische Abhandlung bezeichnet. Als bekanntes Beispiel sind die kolorierten Kupferstiche von naturgetreuen Pflanzen in dem prachtvollen Band des *Hortus Eystettensis* des Nürnberger Apothekers Basilius Besler (1561–1629) zu nennen. Das erstmals 1613 erschienene Buch bezieht sich auf die Pflanzen eines Eichstätter Privatgartens. In späterer Zeit meint H. auch eine Sammlung gepreßter Pflanzen, die mit entsprechenden Klassifikationsmethoden der systematischen Erfassung der Flora für wissenschaftliche Zwecke diente. Da die Pflanzen auf Papier aufgebracht wurden, konnte eine solche Sammlung getrockneter Pflanzen auch als Buch gebunden werden. Die umfangreichsten Sammlungen von Herbarien finden sich im Garten von Kew (England). Das H. von Kew mit aktuell rund 7 Mio. Pflanzen wird fortlaufend erweitert durch professionelle Pflanzensammler in aller

Aimé Henry: Cerasus dulcis Borkh (Süßkirsche)

Aus: Theodor Fr. Nees von Esenbeck, *Plantae Medicinales oder
Sammlung offizineller Pflanzen [...]*, Düsseldorf 1828–29

Welt (→ Glashaus, → Pflanzenjagd). Insbesondere seit dem 17./18. Jh. und verstärkt nochmals im 19. Jh. dienten Herbarien und andere botanische Werke als Vorlagenbücher für Malerei und Kunsthandwerk.

Herme, Verbindung einer Büste oder eines Kopfes mit einem Pfeiler oder Pilaster, der sich meist nach unten verjüngt. Die frühesten Beispiele sind in der Antike mit dem Bild des namengebenden Gottes Hermes als Gott der Reisenden überliefert. In antiker Zeit wurden Hermen als Wegweiser eingesetzt. Im architektonischen Garten des Barock findet man deshalb die Zugänge zu den sich verzweigenden → Laubengängen oft von H.n flankiert, die thematisch auf das jeweilige → Skulpturenprogramm des Gartens verweisen können, wie z. B. die H.n der Mänade und des Pan mit dem Bezug zu Musik und Tanz im Rokokogarten von → Veitshöchheim.

Hesperiden, Garten der H., im griechischen Mythos sehnsüchtig besungener Garten der Götter jenseits des Okeanus, im Westen gelegen. In ihm bewachen die H., Töchter der Nyx oder des Atlas, gemeinsam mit dem Ungeheuer Ladon einen Baum mit goldenen Äpfeln. Zu den Heldentaten des Herkules gehörte der Auftrag, die Äpfel zu rauben. Der Heldenmut und die Stärke des Herkules sind eng mit der Herrscherikonographie des Barock verbunden. Die Äpfel der H. setzte man schon in der Antike mit den »goldenen« Zitrusfrüchten (→ Pomeranze) gleich, die sowohl wegen ihres Sinngehalts als auch wegen ihres Dufts und Geschmacks begehrt waren und als exotische Gewächse kultiviert wurden (→ Zitrusbäumchen, → Orangerie).

Het Loo bei Apeldoorn, Schloßgarten (Holland), Wilhelm III. von Oranien (1674–1702), der seit 1689 König von England war, ließ den bedeutendsten Barockgarten Hollands seit 1685 durch den Hugenotten Daniel → Marot anlegen. Ein Gesamtplan um 1700 zeigt eine streng achsensymmetrische Anlage nach französischem Vorbild. Der sich angliedernde Jagdstern (→ Jagdgarten) – Het Loo war nicht zuletzt als Jagdresidenz geplant – orientiert sich ebenso an französischen Anlagen wie die für den holländischen Garten untypischen, künstlich geschaffenen Höhenunterschiede in den verschiedenen Gartenebenen. 1970–84 wurden die Veränderungen des 19. und 20. Jh.s rückgängig gemacht und der Garten nach Stichvorlagen und weiteren historischen Quellen des 17. Jh.s rekonstruiert.

Hibernaculum (lat., ›Winterquartier‹), mittelalterlicher und frühneuzeitlicher Begriff für ein »Pflanzenüberwinterungshaus«, das später als → Orangerie bezeichnet wurde. Ein H. war z. B. dem → Hortus medicus, einem medizinischen Universitäts- und Studiengarten, in Altdorf bei Nürnberg angegliedert. In dem beheizbaren Haus (erbaut 1656) überwinterten die empfindlichen exotischen Pflanzen, während es im Sommer als Hörsaal für die Medizinstudenten genutzt wurde.

Hildebrandt, Johann Lukas von (1668–1745), neben Johann Bernhard Fischer von Erlach (1656–1723) war H. der bedeutendste Architekt der österreichischen Barockkunst. Nach einer Ausbildung in Rom war H. seit 1701 als kaiserlicher Hofingenieur in Wien tätig. Er schuf im Zusammenhang mit seinen architektonischen Projekten auch die dazugehörigen Gartenanlagen. Zu seinen ersten Bauvorhaben gehören Schloß Schönborn bei Göllersdorf und das Palais Schönborn in Wien. Die terrassenförmig angelegten Gärten des Unteren und Oberen Belvedere in → Wien zeugen von der Synthese italienischer und französischer Stilelemente. H. wirkte mit bei dem Umbau von Schloß Mirabell in → Salzburg.

Hildegard von Bingen (1098–1179), Ordensfrau, die als die erste deutsche Naturforscherin und Ärztin gilt. Seit 1147 war H. Äbtissin in einem Kloster auf dem Ruppertsberg bei Bingen. Neben theologischen Schriften veröffentlichte sie auch zwei naturwissenschaftliche Werke: *Causea et curae: Liber compositae medicinae* und *Physica: Liber*

simplicis medicinae (1147), Bücher über die Heilpflanzen
und Erkenntnisse der Volksmedizin, in denen erstmals auch
neben den lateinischen die deutschen, umgangssprachlichen
Pflanzennamen verwendet wurden. Lilie, Rose und Veilchen werden darüber hinaus nicht nur als Heilpflanzen,
sondern auch als Zierpflanzen ausgewiesen, was auf die
Existenz von → Blumengärten bereits im Mittelalter hinweisen könnte.

Himmelsstrich, Baumschnitt in → Alleen. Exakter Zu-
schnitt zwischen den Kronen der beiden Baumreihen einer
Allee, der die Wegeachse in einer genauen Bahn gegen den
Himmel nachzeichnet und damit gleichzeitig eine exakte
Lichtführung ermöglicht.

Hippodrom (altgriech. *hippos* ›Pferd‹, *dromos* ›Lauf‹), mit
doppelter Bahn und halbkreisförmigem Abschluß als »Reit-
und Rennbahn« ursprünglich ein antikes Motiv, das in Gärten der italienischen Renaissance in Form einer Arena häufig als Schmuckform eingesetzt wurde. Erstmals nachweisbar ist ein H. in der Neuzeit in den Planungen Raffaels für
die Villa Madama (ab 1518). Als Vorbild für die französischen Gärten des Barock muß der H. gelten, den Maria von
Medici am Palais du Luxembourg durch Jacques → Boyceau
ab 1612 anlegen ließ. Zahlreiche Beispiele, u. a. im Park von
Schloß Benrath, → Düsseldorf, belegen die weite Verbreitung dieses Gartenraums. Als antikes Vorbild ist die Gartenanlage der Villa Tusci des → Plinius d. J. zu nennen, deren größter Teil aus dem sog. »Hippodromus« bestand, ein
ähnlich der Circusanlagen für Pferderennen langgestreckter
Garten mit an einem Ende halbkreisförmigem (→ Exedra),
am anderen Ende rechteckigem Abschluß.

Hirschfeld, Christian Cay Laurenz (1742–1792), Philosoph
und Gartentheoretiker. Als Professor für Philosophie in
Kiel beschäftigte er sich in Lehrveranstaltungen und Veröffentlichungen auch mit der Gartenkunst. 1780 war eine
Vorlesung sogar allein der Gartenkunst gewidmet. 1784
wurde H. mit dem Aufbau der Königlich-dänischen

»Fruchtbaumschule« in Düsternbrook bei Kiel betraut, die er auch leitete. 1788 veröffentlichte er ein *Handbuch zur Fruchtbaumzucht*. Bereits 1779–85 erschien sein Hauptwerk, die *Theorie der Gartenkunst*, in 5 Bänden als erstes umfassendes Regelwerk zur Gartenkunst in deutscher Sprache. H. tritt darin für den Landschaftsgarten ein, ohne jedoch dabei den geometrischen Garten kategorisch abzulehnen. Für den Landschaftsgarten beruft er sich auf englische Gartentheoretiker wie → Addison, → Bacon und → Chambers. Zudem bemüht sich H. in seiner Schrift um eine Aufwertung der Gartenkunst als akademische Disziplin und ihre Aufnahme unter die schönen Künste.

Historistischer Garten, s. u. »Gartenstile Europas« S. 29 f.

Höhle → Grotte

Hoge Veluwe, Nationalpark bei Otterlo, Niederlande. Der ausgedehnte, etwa 5500 ha umfassende Park diente den Besitzern Kröller-Müller seit Ende des 19. Jh.s als Jagdgebiet. Ein von Henry van de Velde entworfenes Museum wurde 1938 eröffnet und beherbergt seitdem eine umfangreiche, von Helene Kröller-Müller (1869–1939) angelegte Sammlung mit Werken des 19. und 20. Jh.s (Arbeiten von Vincent van Gogh, Piet Mondrian, Georges Seurat, Pablo Picasso, Georges Braque, Fernand Léger u. a. m.). Der unmittelbar am Van-de-Velde-Museum gelegene Skulpturenpark zeigt auf 21 ha Skulpturen und Plastiken von Auguste Rodin, Henry Moore, Richard Serra, Jean Dubuffet, Claes Oldenburg, Ian Hamilton → Finlay u. a. 1935 wurde H. V. dem niederländischen Staat gestiftet.

Holländischer Garten, s. u. »Gartenstile Europas« S. 18 f.

Hombroich, Museumsinsel, ursprünglich ein Landschaftsschutzgebiet an der Erft (Kreis Neuss) mit einem verwilderten Park in englischem Stil, einer Villa (1816) und Nebengebäude (1906). Am 6. September 1982 erwarb der Sammler Karl-Heinrich Müller die Insel (später Zuerwerb von Land); er wurde damit zum Initiator und Gründer der Idee »Museumsinsel Hombroich«. Erklärter Leitsatz für die Gestaltung und das Anliegen der Insel ist »Kunst parallel zur Natur«. Das von den Armen der Erft und stehenden Gewässern durchsetzte Areal wurde von dem Landschaftsplaner Bernhard Korte mit sichtbarem Respekt vor der niederrheinischen Auenlandschaft erarbeitet. Auf der Insel liegen zum Teil versteckt Bauplastiken, entworfen von Erwin Heerich, in denen die umfangreichen Sammlungen von Karl-Heinrich Müller präsentiert sind, darunter Kunstwerke aus Europa (Klassische Moderne und zeitgenössische Arbeiten), dem frühen China und Fernost, Persien, Afrika und Ozeanien, Südamerika (Exponate aus Peru). Ältestes Gebäude des Anwesens ist das »Rosa Haus« von 1816, das nur zu besonderen Anlässen geöffnet wird. 1996 wurde die Museumsinsel in eine Stiftung überführt.

Hortikultur (lat. *hortus* ›Garten‹), Begriff für Gartenkultur und Gartenkunst.

Hortulus (lat. Diminutiv von *hortus* ›Gärtchen‹), Titel eines von dem Abt Walahfrid Strabo (gest. 849) verfaßten Gedichts, in dem er die Gärten des Klosters auf der Insel Reichenau (→ Kräutergarten) beschreibt sowie die dort angebauten, zu medizinischen Zwecken verwendeten Pflanzen. → Karolingische Gartenkultur.

Hortus (lat., ›Garten‹), Bezeichnung der Römer für den Nutzgarten im Gegensatz zum Lustgarten (→ Viridarium). Zum antiken römischen Garten s. u. »Gartenstile Europas« S. 10 ff.

Hortus conclusus (lat., ›geschlossener Garten‹), fester Begriff im Zusammenhang mit dem Bild des von einem Zaun umgebenen und mit einem Tor geschlossenen Blumengartens (»Paradiesgärtlein«, »Madonna im Rosenhag«, → Rose) in Mariendarstellungen. Das bildhafte Motiv eines »verschlossenen Gartens« stammt aus dem Hohelied Salomons (4,12f.), in dem als Hochzeitsgesang die Schönheit zweier Liebender gepriesen wird. In der christlichen Deutung stand das Hohelied für die Verbindung Christi mit der Kirche und mit Maria als der Mutter und Braut Christi. Der

Leib Mariens wird in der Übertragung mit einem »verschlossenen Garten« gleichgesetzt (unbefleckte Empfängnis). Der Begriff war bereits in der religiösen Literatur durch die Gleichsetzung Marias mit dem → Paradies vorgeprägt und fand seit dem 14. Jh. Eingang in die Kunst. Die Darstellung Mariens innerhalb eines ummauerten → Gartens auf einer mit Blumen bewachsenen Wiese, auf oder vor einer → Rasenbank sitzend, war v. a. in der Grafik, insbesondere den volkstümlichen Andachtsblättern, stark verbreitet.

Hortus deliciarum (lat., ›Garten der Wonnen‹), der Titel H. d., eines heilsgeschichtlichen Kompendiums, das von der Äbtissin Herad von Landsberg (um 1125/30–1195) zusammengestellt wurde, belegt die Verknüpfung des christlichen Heilsgedankens und der Paradiesesvorstellung mit dem Garten als Sinnbild (→ Hortus conclusus, → Paradiesgärtlein). Gleichzeitig wird jedoch in der Schrift, die sich neben den theologischen Inhalten auch mit enzyklopädischen Themen wie Garten- und Ackerbau auseinandersetzt, der Garten und seine Freuden mit Verderbtheit und Lasterhaftigkeit in Verbindung gebracht, eine Doppeldeutigkeit, die während des gesamten Mittelalters für den Garten gilt. → Liebesgarten.

Hortus medicus (lat., ›Doktorgarten‹), die → Botanik als Hilfswissenschaft der Medizin ließ im Zusammenhang mit den Universitäten Lehrgärten für den Medizinisch-pharmakologischen Unterricht entstehen. So wurde beispielsweise in Altdorf bei Nürnberg, wo die Stadt Nürnberg 1623 eine Universität gründete, für die medizinische Fakultät 1626 ein »Doktorgarten« für Arzneikräuter mit einem → Hibernaculum (1656) zur Pflanzenüberwinterung angelegt. → Botanischer Garten.

Hortus palatinus (lat., ›Pfalz-, Palastgarten‹), Garten der kurpfälzischen Residenz in Heidelberg, geplant 1620 von Salomon → de Caus. Der Begriff wurde auf den deutschen Garten der Renaissance übertragen. In Deutschland ent-

standen im frühen 16. Jh. zahlreiche Palastgärten, so z. B.
der Garten Rudolfs II. in Prag. Als Inbegriff des fürstlichen
Lustgartens galt der Garten von Schloß Ambras in Tirol,
den Erzherzog Ferdinand 1564 seiner Gemahlin schenkte.

Hortus sanitatis, unter diesem Titel erschienen mehrere
Arzneimittelbücher des Mittelalters und der frühen Neuzeit, so z. B. 1485 in Mainz der von Bernhard von Breiden-
bach angeregte und von Johannes Wonnecke von Kaub zu-
sammengetragene *Hortus sanitatis oder Gart der Gesundheit.* → Botanik.

Hügel, im Gegensatz zur → Terrasse mit ihren Kanten,
rechten Winkeln und stabilen Belägen schaffen natürliche
wie künstlich angelegte H. weiche Übergänge bei Höhenunterschieden. Bevorzugt wurden H. in englischen Landschaftsgärten als Gestaltungsmittel eingesetzt.

Hypnerotomachia Poliphili → Colonna

Idylle (altgriech., ›kleines Bild, ausschnitthaftes Stück‹), ursprünglich Bezeichnung für Hirtendichtung (→ Bukolika, → Pastorale), später allgemein verwendet für die idealisierende Darstellung glücklichen Lebens in der Zurückgezogenheit aus weltlichem Geschehen. Die I. wird häufig gleichgesetzt mit einem → Locus amoenus und kann als Matrix für die Anlage von Gärten bezeichnet werden. → Paradiesgärtlein.

Irrgarten, Garten im → Garten, dessen Wegeführung durch Kreuzungspunkte bestimmt ist, die in die »Irre« führen und zur Umkehr zwingen, um einen neuen Weg zu suchen, der zu einem unterschiedlich gestalteten Ziel oder zum Ausgang führt. Die »Wände« (→ Hecken) rechts und links der Wege sind in der Regel übermannshoch, um das Erkennen der Wegeführung zu verhindern. Vorbildlich und spielerisch gestaltet wurden Irrgärten sowohl im Barockgarten als auch im Landschaftsgarten, so z. B. im Boskett von → Versailles oder im Garten von → Wörlitz. → Labyrinth. Siehe Abb. S. 143.

Italienischer Garten, s. u. »Gartenstile Europas« S. 19–22.

Gabriel Perelle (um 1603 – 1677): »Plan du Labirinthe de Versailles«.
Kupferstich
(Stiftung Schloß und Park Benrath, Gartenkunstmuseum)

----------- J -----------

Jagd, seit der vorgeschichtlichen Zeit nachweisbar (Höhlenmalerei), erfand der Mensch mannigfaltige Methoden, Tiere zu töten, um sich zu ernähren. Angesichts der Notwendigkeit zur Lebenssicherung war die J. schon früh reglementiert, ritualisiert und mit Machtanspruch des besten Jägers über die Gruppe verbunden. Das Recht zur J. wurde bald zum Hoheitsrecht. Die dokumentierte Ausformulierung von Forst- und dem damit verbundenen J.-Recht beginnt im frühen Mittelalter mit der Ausgliederung des Waldes aus gesellschaftlichen und sozialen Bezügen (Forst, von lat. *foris* ›draußen‹). Die Annektierung von Landstrichen für das königliche Vergnügen (u. a. Ausforstungen auch nicht bewaldeten Landes) nahm unter Heinrich II. in England große Ausmaße an. J.-Vergnügungen waren Bestandteil der großen höfischen Feste. Darüber hinaus diente die J. in Friedenszeiten als Lehrzeit in Kriegsführung und Training sportlicher Geschicklichkeit, häufig mit mehr erlegtem Wild, als zur Nahrungsbeschaffung notwendig. Heute wird in europäischen Ländern J. u. a. zum Schutz des Waldes (übermäßiger Verbiß von Bäumen usw.) ausgeübt, da die natürlichen Feinde (Bär, Wolf, Luchs) des J.-Wilds vertrieben oder ausgerottet sind und die Natur sich häufig nicht mehr selbst regulieren kann.

Jagdgarten, umgrenzter Bezirk als Teil einer Gartenanlage bei einem Jagdschloß oder weiter außerhalb gelegen, der dem Vergnügen eines Herrschers und seinem Gefolge an der → Jagd vorbehalten ist. Als ein frühes Beispiel für die Verbindung von Lust- und Jagdgarten ist die Anlage der Villa Lante in → Bagnaia zu nennen, wo sich an den architektonischen Garten ein → Parco als ein natürlich belassenes, aber von Schneisen durchzogenes Wäldchen für die Jagd anschloß. Der Demonstration von Ordnung und Dis-

ziplin galt die Einhaltung von Jagdritualen und -gesetzen.
Im 17. und 18. Jh. war der J. Ort für das »Fest« der Jagd, an
dem aktiv teilnehmen zu dürfen eine hohe Auszeichnung
bedeutete. Die Jagdparks in → Benrath und → Schwetzingen stehen am Ende einer Reihe von Jagd- und Waldgärten
(bedeutende frühere Beispiele sind Göllersdorf bei Wien,
1715–19, Karlsruhe, ab 1715, Werneck, 1733, Clemenswerth, 1742 sowie → Seehof bei Bamberg), die in Deutschland in der ersten Hälfte des 18. Jh.s zahlreich vertreten
sind. In Seehof schloß sich an den Schloßgarten ein Jagd-
revier an, das fest installierte Futterstellen, Salzlecken
und Jagdschirme zum Anlocken und Beobachten des Wil-
des aufwies. In Schwetzingen beispielsweise wurde der J.
nach dem Typus der radialen Jagdanlagen in der Art des
von Germain Boffrand 1704 entworfenen Jagdschlosses
Bouchefort entworfen (vgl. → Etoile). Der J. in Benrath
(→ Düsseldorf) wurde als eine Verbindung von → Boskett
(petit parc) und Jagdstern (grand parc) als Quadrat angelegt, das von einem Wegesystem aus einem diagonalen und
einem orthogonalen Kreuz durchzogen wird. Das strahlenförmige Schneisen- oder Alleensystem, das die meisten
Jagdgärten auszeichnet, eignete sich v. a. zur Parforcejagd,
die im Gegensatz zum eingestellten Jagen, bei dem das
Wild zum Abschuß herangetrieben wurde, als Hetzjagd zu
Pferde mit einer Hundemeute auf ein einzelnes Wild betrieben wurde.

Jagdpark → Jagdgarten

Jagdstern → Jagdgarten

Jahreszeiten, werden vielfach allegorisch dargestellt in
→ Skulpturenprogrammen des Gartens (z. B. durch Putti
mit Attributen von Blumen, Getreide, Früchten, wärmen-
dem Feuer etc.) oder szenisch-genreartig durch die jahres-
zeitlichen Arbeiten (Aussaat, Getreideernte, Weinlese,
→ Jagd). Seit der Antike können auch Personifikationen
von Göttern die J. verkörpern, z. B. → Flora als Göttin der
Blumen den blühenden Frühling, → Ceres als Göttin des

Getreides den Erntesommer, Bacchus als Gott des Weines den Herbst, Diana als Jagdgöttin den Winter. Innerhalb der Gartenskulptur von → Veitshöchheim beispielsweise werden Götterpersonifikationen mit Monatsarbeiten kombiniert. Die J. werden mit unterschiedlichen botanischen Mitteln und einem speziellen Gartenschmuck in eigens für bestimmte J. charakteristisch angelegten Gärten betont sowie mit saisonal wechselnden → Pflanzprogrammen unterstrichen. Sie gehören wie die → Elemente zu den kosmologischen und enzyklopädischen Themen innerhalb der Gartenkunst.

Japonismus → Chinoiserie

Jardin chinois-anglais (frz., ›chinesisch-englischer Garten‹), auch jardin anglais-sinois. Ausgehend von England und den Schriften William → Chambers verbreitete sich der J. seit 1750 in Frankreich und Deutschland. Der Begriff bezieht sich auf die vermeintliche Vorbildhaftigkeit des chinesischen Gartens bzw. der Gartendarstellungen in der chinesischen Bildkunst des 17. und 18. Jh.s auf den englischen Landschaftsgarten (→ Chinoiserie). Entscheidende Anregungen brachte der Missionar Matteo Ripa aus China mit. Seine selbstgefertigten Kupferstiche der kaiserlichen chinesischen Residenz Jehol zeigte er nach seiner Rückkehr aus China in London 1724 dem englischen König. Unmittelbar danach erfuhren Lord Burlington und William → Kent davon, die beide gerade mit der Anlage für Chiswick in einem neuen Stil befaßt waren. Anders als in England wurden die J.s ch.-a. in Frankreich und Deutschland nicht eigenständig geplant, sondern waren zunächst nur Anhängsel der üblichen geometrischen Gartengestaltung. Erst in der zweiten Hälfte des 18. Jh.s entstanden in Frankreich Landschaftsgärten nach englischem Vorbild, wie der Park Monceau bei Paris oder der Park des Marquis de Girardin in Ermenonville, den dieser nach den Vorgaben Jean-Jacques → Rousseaus formte. → Landschaftsgarten.

Jardin potager → Potager

Jardinière (frz., ›Blumenständer‹), auch »jardin portatif« (tragbarer Garten), Tisch oder Ständer aus Metall oder Holz für Pflanzen und Blumen. J. bezeichnet darüber hinaus auch eine längliche Blumenschale aus Glas oder Porzellan, die seit dem 18. Jh. zum Tafelservice gehörte. Die J. diente als Tafelaufsatz und -schmuck. Da im Gegensatz zu heute natürliche Blumen als Tischschmuck wegen ihres intensiven, die Speisen übertönenden Dufts bei Tisch lange Zeit eher verpönt waren, kam die J. erst seit dem 19. Jh. in Mode. Vorher bevorzugte man bei Tisch künstlichen Blumenschmuck aus Porzellan, Glas, Metall oder Zuckerwerk.

Jarman, Derek (1942–1994) → Dungeness

Jekyll, Gertrude (1843–1932), als Malerin an Henry Coles Kensington School ausgebildet, betätigte sich J. unter dem Einfluß von William → Morris, John Ruskin und der Arts & Crafts-Bewegung auch als Kunsthandwerkerin. Seit 1878 widmete sie sich aus Interesse für die Gartenkunst ausschließlich ihren gartenkünstlerischen Aktivitäten. Sie legte in Munstead Wood in Surrey einen eigenen Garten an, den sie fotografisch dokumentierte. J. verfaßte 14 Bücher und über 2000 Artikel zum Thema Garten, u. a. für die Zeitschrift *The Garden* von William → Robinson. Ihre Entwürfe (kolorierte Zeichnungen) für über 350 Gärten spiegeln ihre Ausbildung zur Malerin und ihre gründlichen botanischen Kenntnisse wider. 1889 lernte sie den jungen Architekten Edwin → Luytens kennen, mit dem sie in der Folgezeit eng zusammenarbeitete. Ihre Schirmherrschaft trug zum Erfolg einer der ersten Gartenschulen für Frauen bei: der Glynde School for Lady Gardeners, gegründet 1904 von Lady Frances → Wolseley. Ihre gartenkünstlerische Ästhetik beeinflußte in hohem Maße die Gestaltung von Gärten, die nach farbkompositorischen Prinzipien konzipiert waren (→ Olbrich).

Jellicoe, Geoffrey Alan (1900–1995), englischer Architekt und Gartenarchitekt. Nach seinem Examen 1923 ermög-

Geoffrey Alan Jellicoe: Villa Garzoni, Collodi (1652)
Federzeichnung, 1925
© Riba Institut, London

lichte ihm ein Reisestipendium das genaue Studium der italienischen Renaissancegärten, die er zusammen mit J. C. Shepherd in maßstabsgetreuen Zeichnungen dokumentierte (publiziert in den *Italian Gardens of the Renaissance*, 1925). Die Beschäftigung mit der Geschichte der Gartenkunst durchzieht das gesamte Leben und Werk des weitgereisten Künstlers. Zusammen mit seiner Frau Susan veröffentlichte er *The Landscape of Man*, London 1975 (dt.: *Die Geschichte der Landschaft*, Frankfurt a. M. / New York 1988), ein Buch, in dem er sich mit den mythologischen Ursprüngen der Gartenkunst auseinandersetzte. Als eine seiner letzten Aufgaben plante er seit 1984 die Anlage der Moody Gardens, die am Golf von Mexico (Texas, USA) realisiert werden sollten. Mit den Moody Gardens sollte die Geschichte der gesamten europäischen und asiatischen Gartenkunst veranschaulicht werden. Weitere Schriften: *The Guelph Lectures on landscape Design*, Ontario 1983, *The Landscape of Civilisation created for the Moody Histo-*

rical Gardens designed and described by Geoffrey Jellicoe,
Suffolk 1990.

Jet d'eau (frz., ›Wasserstrahl‹), einzelner, senkrecht aus einem Bassin hochschießender Wasserstrahl. → Fontäne.

Jeu d'oie (frz., ›Gänsespiel‹) → Spiele

Jones, Inigo (1573–1652), englischer Landschafts-, Büh-
nen- und Kostümmaler, Architekt. Nach einer Italienreise
um 1600 war J. als Maler in London tätig. Seit der zweiten
Italienreise 1613/14, insbesondere nach Venedig, Vicenza
und Rom, beschäftigte er sich mit Entwürfen für Architektur. Er wandte sich vom Tudorstil ab und folgte motivisch
dem Vorbild → Palladios, an dessen Rezeption in England
er maßgeblich beteiligt war. Zahlreiche große Bauprojekte
in London (Banqueting House in Whitehall 1619, Queens
Chapel 1623, Covent Garden 1630er Jahre) begründeten
seinen weitreichenden Einfluß auf die englische Architektur des 17. Jh.s. Ungesichert bleibt dagegen seine Beteiligung an vielen Landschlössern und ihren Parkbauten, die
mit ihm in Zusammenhang gebracht wurden. Sicher war
er beim Entwurf von Wilton House bei Salisbury (um
1633–40) maßgeblich beteiligt, wie nicht zuletzt das von J.
häufig verwendete Palladio-Motiv am Eingang der Garten-
front zeigt.

Jugendstil-Garten, s. u. »Gartenstile Europas« S. 30 f.

K

Kaffeehaus, wie das → Teehaus für Festlichkeiten und Gesellschaften genutztes → Gartenhaus. Der deutsche Begriff wurde bisweilen im Italienischen übernommen, so z. B. für das sog. »Kaffeehaus« im Boboligarten in Florenz oder das »Caffeaus« in den Quirinal-Gärten in Rom.

Kanal, künstlich angelegte Wasserstraße. In Gartenanlagen betont ein K. v. a. die vom Schloß ausgehende → Achse. Die lange Spiegelfläche reflektiert das Licht und die Architektur. Das bekannteste Beispiel und Vorbild für viele nachfolgende Gärten ist der Große Kanal im → Versailler Schloßpark. → Kanalgarten, → Wasser als Gestaltungsmittel.

Kanalgarten, von Kanälen umgebene und durchkreuzte Gärten der französischen Hochrenaissance (→ Fontainebleau). Kanäle werden auch für die holländischen Gärten bestimmend; s. u. »Gartenstile Europas« S. 18 f.

Karolingische Gartenkultur, s. u. »Gartenstile Europas« S. 15–18. Nördlich der Alpen gab es etwa 200 Jahre nach Abzug der Römer in der Folge der Missionsfeldzüge seit Beginn des 7. Jh.s Klostergründungen mit Namen wie ›Waldkirch‹ und ›Klosterwald‹, die inmitten der Übergangszonen zwischen gerodeten und bewaldeten Flächen Gartengestaltungen ermöglichten. Die auf den Nutzgarten hin orientierte Feld- und Gartenarbeit als Teil mönchischer Arbeit führte im Laufe der Zeit zu einer Ausdifferenzierung der Gärten zu Gemüse-, Gewürz-, Kräuter-, Obst-, Hopfen- und Weingärten. Zeugnisse für die k. G. liegen vor in der Schrift → *Capitulare de villis* (etwa 800 n. Chr.) Karls des Großen, dem Klosterplan von → Sankt Gallen (um 825 n. Chr.) und dem → *Hortulus* des Reichenauer Abtes Walahfrid Strabo (etwa 830 n. Chr.). Über das große Interesse an Land- und Gartenbau hinaus ist durch Schriften des kai-

serlichen Biographen Engelbert belegt, daß Karl der Große
bei seiner Kaiserpfalz in Aachen einen Ziergarten pflegen
ließ, dessen Pracht – Engelbert spricht von einem »Paradies« – unter anderem Pflanzengeschenken des Kalifen Ha-
run zu verdanken war. Ob und in welchem Ausmaß man in
profanen Hauswesen dem *Capitulare* und dem Vorbild des
kaiserlichen Ziergartens folgen konnte, ist mangels entsprechender Fundstellen kaum belegbar. Bis heute kann angenommen werden, daß gartenkünstlerische Anlagen des
Mittelalters in Klöstern ihren Ursprung haben. Offenbar
dem *Capitulare* folgend, beschreibt Walahfrid Strabo in seinem *Liber de cultura hortorum* (→ *Hortulus*) mehr als die
dort aufgeführten Pflanzen. Einige davon sind ausgespro-
chen wärmeliebend, doch ist ihr Gedeihen auf der klimatisch günstig gelegenen Insel Reichenau im Bodensee
durchaus möglich. Walahfrid Strabo, um 809 Abt im Kloster Reichenau, dessen Lehrgedicht er dem Abt Grimaldus
von St. Gallen als freundschaftliches Geschenk übermittel-
te, war ebenso der Lehre verpflichtet wie seine Mönchsbrü-
der. »Per pedes apostolorum« unterrichtete man die Land-
bevölkerung in Gemüsebau- und Obstzucht, sammelte
neue Pflanzen und sorgte für deren Verbreitung, von der
auch die Herrensitze bzw. Burgen profitierten (→ Burggarten). Als die wichtigste Bildquelle der k.n G. ist der berühmte Klosterplan von → Sankt Gallen anzusehen, der die
verschiedenen klösterlichen Nutzgärten (→ Baumgarten,
→ Kräutergarten, → Wurzgarten) vorführt.

Kaskade (von ital. *cascata* ›Fall, Sturz‹), in der Gartenkunst gebräuchlicher Begriff für eine Wassertreppe, bei der
das Wasser über natürliche oder künstlich geformte Stufen
herabfällt. Je nach Verschiedenartigkeit der Stufenlänge und
-höhe ergeben sich bestimmte rieselnde bis rauschende
Klangfolgen. Die K. war in italienischen Gärten des 16. Jh.s
beliebt (→ Catena d'acqua) und wurde von dort in die architektonische Gartenkunst Frankreichs übernommen.
Späte Beispiele für eine monumentale K.n-Anlage sind die

K.n im Schloßpark von → Caserta in Süditalien und im Park von Schloß Wilhelmshöhe in → Kassel. Wie im italienischen Garten des 16. Jh.s bilden die K.n dort wieder den Abschluß einer weitausgedehnten Gartenanlage.

Kassel, Schloßpark Wilhelmshöhe, auf seiner Italienreise 1699–1700 hatten Landgraf Carl von Hessen-Kassel unter den italienischen Gärten insbesondere diejenigen der Villa Aldobrandini in → Frascati beeindruckt. Er verpflichtete den römischen Architekten Giovanni Francesco Guerniero, der 1701 einen Entwurf für eine große Terrassenanlage anfertigte, die am Fuße des Jagd- und Sommerschlosses Weißenstein in steiler Hanglage, dem sog. »Karlsberg«, am Rande des Habichtswaldes vor den Toren Kassels errichtet werden sollte. Die sich über mehrere Terrassen ergießende, von Wasserbecken unterbrochene und von Treppen begleitete Wasserkaskade nahm ihren Ausgang an einem Oktogon, einer über einer künstlichen → Grotte errichteten, offenen Pfeilerhalle, die von einer kolossalen Herkulesstatue als Symbol der Herrschertugenden bekrönt wird. Die Pläne Guernieros, der 1715 Kassel verließ, konnten aus Kostengründen nicht in vollem Umfang verwirklicht werden. Ein Schloßneubau, den Carl plante, wurde erst gegen Ende des 18. Jh.s (seit 1791 nach Plänen Heinrich Christoph Jussows) umgesetzt. Zunächst sollte es als gotische Ruine errichtet werden, ein romantischer Gedanke, der schließlich jedoch nur in der »Löwenburg« (1793–98) als Gartenschlößchen im Park realisiert wurde (s. Abb. S. 221). Bereits unter Landgraf Friedrich II., insbesondere aber unter seinem Nachfolger Wilhelm I. nach 1785 wurde der Park im Sinne des englischen → Landschaftsgartens umgestaltet. Das vorher terrassierte, steile Gelände wurde in einen → Bergpark mit teils jähen Felshängen und Böschungen umgewandelt. In Schloßnähe entfernte man die geometrischen Gartenanlagen und formte eine hügelige, malerische Landschaft mit → Clumps, Teichen und einer natürlich gewundenen Wegeführung. Bezeichnenderweise ließ man aber die Wasserkaskaden des frühen 18. Jh.s, die sich gut in das wildromantische Bild des neuen Bergparks fügten, weitgehend unangetastet.

Kent, William (1685–1748), englischer Maler und Architekt. K. lernte 1714 während seiner Italienreise den Architekten Richard Boyle, Third Earl of Burlington, kennen, der ihn in seinen architektonischen und gartenkünstlerischen Talenten förderte. 1719 folgte er einer Einladung Burlingtons nach England. Nachdem seine Bemühungen als Maler scheiterten, versuchte sich Kent in der Innen- und Gartenarchitektur und schließlich auch in der Baukunst, deren weitere Entwicklung in England er maßgeblich beeinflußte. 1727 veröffentlichte er die Zeichnungen Inigo → Jones. Mit Beginn der 30er Jahre galt K. als erster Gartenarchitekt des Landes. Bedeutung erlangte er u. a. mit seinen Gärten in → Stowe, → Chiswick und → Rousham. Die Entwürfe und Zeichnungen zu Gärten führte er seiner Ausbildung gemäß in malerischer Art aus. Wie Lancelot Capability → Brown, der K.s Gestaltungsweisen weiterführte, hinterließ er keine theoretischen Ausführungen zur Gartenkunst.

Kepos (altgriech., ›Garten‹), → Philosophengarten; s. u. »Gartenstile Europas« S. 9f.

Kienast, Dieter (1945–1998), Professor für Landschaftsarchitektur in Zürich. Ausgangspunkt für die gestalterische Arbeit von K. war stets die Erkundung des Ortes und dessen ihm innewohnenden Möglichkeiten. Die historischen Sedimentierungen freizulegen, ist nach K. die Voraussetzung, um die Grundkonzeption für einen Garten zu finden. K. greift darauf zurück, daß die Schrift der Sprache vorausgeht, insofern, als die Wirklichkeit umfassendes Bild für die in Schrift eingelagerte und zum Zeichen verkürzte Wirklichkeit ist. Vor diesem Hintergrund bezieht sich K. auch auf die Inschrift als traditionelles Gartenmotiv und entwickelt sie weiter. Monumentale Schriftzüge aus Beton zitieren als ›Wort-Ding‹ z. B. aus dem Garten von → Bomarzo: *Ogni pensiero vola* (ital., ›Jeder Gedanke fliegt‹, d. h., »Es gibt nichts Endgültiges, Festes«). Gärten und Parks haben insofern eine kritische, politische, hedonistische und utopische Funktion. Im Sinne des tradierten *Et in arcadia ego* (lat., ›Und in Arkadien bin ich‹, d. h., »Selbst ich, der Tod, bin in Arkadien«) dienen Widersprüche der Akzeptanz und Sinnaufschließung von wirklichkeitsbestimmender Dualität. Hierzu gehören auch der Einsatz von Materialien wie z. B. Cortenstahl, der mit seiner rostbraunen Oberfläche sowohl Vergänglichkeit anmahnt als auch den Gegensatz von Organischem und Unorganischem so verbindet, daß das Miteinander als möglich sichtbar gemacht ist. Große Beachtung fand K.s Garten für das Gartenfestival in → Chaumont-sur-Loire 1996.

Kiosk (von pers. *kušk*), aus dem persischen Garten (z. B. Serail in Istanbul) stammender offener → Pavillon, der als freistehendes → Gartenhaus in die europäische Gartenkunst aufgenommen wurde. Variierend konnte der K. über rechteckigem oder polygonalem Grundriß als ein- oder zweigeschossiger Bau errichtet werden, der sich rundum in Säulen- oder Bogenstellungen öffnet. Der 1762 bei einem Feuerwerk abgebrannte, als orientalisches Lusthaus im Garten des polnischen Königs Stanislas im lothringischen → Lunéville gebauter K. ist in einem Stichwerk des Architekten Emmanuel Héré von 1752 überliefert. Der Begriff hat sich im heutigen Sprachgebrauch auf einen Verkaufsstand für Zeitungen und Getränke übertragen.

Klassisch-moderner Garten, s. u. »Gartenstile Europas« S. 30 f.

Klostergarten, seit dem 8./9. Jh. wurde der Gartenbau insbesondere vom Orden der Benediktiner betrieben, da sich nach deren Ordensregel die geistige mit der körperlichen Betätigung verbinden sollte. Nutzgärten (Obst-, Gemüse- und → Kräutergarten) wurden angelegt, um die Autarkie des Klosters als Selbstversorger zu gewährleisten, aber auch um die Kontemplation und Meditation im Garten zu ermöglichen. Den → Baumgarten als Begräbnisort überliefert

der Klosterplan von → Sankt Gallen aus karolingischer
Zeit sowie der Plan des Abtes Wibert (Christ Church, Can-
terbury) aus dem 12. Jh. Als ein Sonderfall sind die Gärt-
lein des die Isolation in der Gemeinschaft praktizierenden
Ordens der Karthäuser zu nennen, zu deren Häuschen
auch ein Garten gehörte, den sie selbst bestellen mußten.
Beispiele sind die Certosa in Florenz und in Parma. Im 17.
und 18. Jh. entstanden in den reichen Klosteranlagen analog zu der Bauleidenschaft weltlicher Fürsten ebenfalls bedeutende Gartenanlagen und Gartenplanungen, wie z. B. in
Kloster Camp am Niederrhein, Ebrach in Franken oder in
den Plänen des Johann Lukas → Hildebrandt für das Stift
Göttweig bei Krems.

Klostergarten auf der Reichenau → Botanik, → Hortulus,
→ Karolingische Gartenkultur

Knot *(engl., ›Knoten‹)*, erscheint als Gartenmotiv erstmals
im 15. Jh. Die Knoten bestehen aus einander überschnei-
denden Bändern aus unterschiedlichen Pflanzen. Bevorzugt
wurde niederes Buschwerk oder Kräuter wie Rosmarin,
Majoran und Lavendel, die sich problemlos schneiden lassen. Berühmt sind die Elisabethanischen K.en-Gärten, die
im 16. Jh. entstanden, nachdem für Blumen gesonderte
Gärten angelegt wurden. Zu Beginn des 17. Jh.s wurden die
K.en-Beete (engl. *knotted beds*) allmählich verdrängt durch
→ Broderie aus → Buchs. Man unterscheidet zwischen offenem oder geschlossenem K.en. Die Zwischenräume sind
ausgefüllt mit farbigen Kieseln, bunten Erden, gemahlenem
Gestein und gestoßenem Glas, das mit seinem Glitzern besondere Effekte erzeugt.

Kompartimente (frz. *compartiment* ›Abteilung, Feld‹),
durch → Achsen klar voneinander geschiedene Abteilungen innerhalb einer Gesamtanlage.

Kräutergarten, die römische Gartenkultur wurde im Norden zunächst v. a. in den mittelalterlichen → Klostergärten
mit der Zucht von Heilkräutern, Küchenkräutern und Ge-
müsen (→ Potager) übernommen. Der erste K. – *herbulari-*

us genannt – ist auf dem Klosterplan von → Sankt Gallen aus karolingischer Zeit (um 825) überliefert. Er lag dort bezeichnenderweise in der Nähe des Arzthauses und enthielt außer Heilkräutern auch Blumen wie Rosen und Lilien, die ebenfalls zu Arzneien verarbeitet wurden. Kräutergärten waren – wie alle Nutzgärten – immer Bestandteil einer Gartenanlage bis ins 18. Jh. Es ist deshalb fraglich, ob sich, wie öfter angenommen wird, aus dem K. der → Blumengarten bzw. das → Parterre entwickelt hat. Siehe auch Giardino dei → Semplici.

Kreuzgang, Hof mit überdachten Wandelgängen in einem Kloster für Gebet und Kontemplation. Architekturgeschichtlich hat sich der K. aus dem → Peristyl entwickelt. Der Hof eines K.s war bepflanzt und wurde als → Garten angesehen, wie z. B. die Bezeichnung »Lusamgärtlein« für den Kreuzgang des Neumünsters in Würzburg zeigt. Der Begriff K. ging als Bezeichnung für einen Gartenraum im → Boskett in die Gartenkunst über. → Cloître.

Kübelpflanzen, nicht frostfeste Pflanzen tropischer oder subtropischer Herkunft, die im Winter witterungsgeschützt untergebracht werden müssen (→ Orangerie, → Gewächshaus). Die bekanntesten sind → Ananas, → Zitrusbäumchen, Granatapfel, Jasmin, Myrte, Lorbeer und Oleander, die wegen ihres Dufts begehrt waren. Die K. wurden im Sommer in Kübeln im Garten plaziert oder mit den Kübeln eingegraben. → Pflanzgefäße.

Küchengarten → Potager

Künstlergarten, privater Rückzugsort von Künstlern als Inspirationsquelle, Herausforderung zum kreativen Umgang mit einem Thema, das ständigem Wandel unterliegt, oder auch genutzt als privater Ausstellungsort für Skulpturen und Objekte unter freiem Himmel (→ Skulpturengarten). Die wechselseitig wirksame Beeinflussung von gartenkünstlerischem Tun und künstlerischer Arbeit ist in Werken zahlreicher Künstler besonders augenfällig (→ Garavicchio, → Giverny, → Stonypath). In der fernöstlichen

Tradition Chinas und Japans waren Gartengestaltung und bildkünstlerisches Tun seit jeher untrennbar miteinander verbunden. Der zeitgenössische Künstler Isamu Noguchi (1904–1988) setzte sich in seinen Skulpturengärten mit dieser Tradition auseinander und entwickelt sie in minimalistischer Bildsprache weiter.

Kulisse (von frz. *coulisse* ›Falz, Schnurrinne‹), aus der Bühnenkunst und Theaterdekoration stammender Begriff, der ursprünglich die über Bodenleisten verschiebbaren Bühnenwände bezeichnete, die seit dem frühen 17. Jh. in Gebrauch waren. Die K.n bestanden wie die Hecken eines → Gartentheaters aus hintereinander gestaffelten Scherwänden – leicht versetzbare Scheidewände aus Holz und ähnlichen Materialien –, die streng perspektivisch auf einen Fluchtpunkt in der Mitte gerichtet waren. Oft waren die Bühnenbilder als Gartenlandschaften illusionistisch gestaltet. → Gartentheater, → Scheinarchitektur.

Kythera, Insel vor der südöstlichen Spitze der Peloponnes. Der Sage nach ging Aphrodite nach ihrer Schaumgeburt aus dem Meer auf K. an Land. Auf der Insel entwickelte sich ein ausgeprägter Kult der Aphrodite. Seit Homers *Odyssee* wird die Göttin deshalb auch »Kythereia« genannt. K. wurde mit der Liebesinsel in der *Hypnerotomachia Poliphili* des Francesco → Colonna in Zusammenhang gebracht. Sie wird als eine kreisrunde, kunstvoll gestaltete, mit einem Peristyl umgebene Insel der Venus dargestellt, ein paradiesischer Ort, der auf das Goldene Zeitalter und auf den Garten mit den goldenen Äpfeln der → Hesperiden – und damit auf die → Orangerie eines Gartens – verweist. Das Motiv ist in die Gartengestaltung eingeflossen, so z. B. in die runde, mit einem Peristyl umgebene sog. *Colonnade* im Garten von → Versailles, oder im zentralen Gartenrondell im Hofgarten von → Veitshöchheim. Mit Watteaus Gemälde *Einschiffung nach Kythera* ist die sog. → *Fête galante* als eine eigenständige akademische Bildgattung entstanden, die u. a. mit dem Thema des → Gartenfestes eng verknüpft ist.

L

Labyrinth, ursprünglich in aller Welt und schon in prähistorischer Zeit vorkommendes Initiationsmotiv. In Gärten wurde es ebenerdig angelegt, mit zum Teil übermannshohen Hecken in die Höhe gepflanzt oder aus unterschiedlichsten Materialien (Stein, Sand, Mauern) gebaut. Das L. ist ein seit dem 17. Jh. häufig auftretendes Motiv in Gärten. Ein frühes Beispiel ist belegt für Heidelberg, → Hortus Palatinus. Das L. in → Hannover, Herrenhausen, geht auf einen Plan von 1674 zurück und wurde 1936/37 realisiert. Das von Henry → Wise trapezförmig angelegte L. in London, Hampton Court Palace, stammt aus dem Jahr 1690. In den Gärten des 18. Jh.s wurden spielerisch oft auch mehrere L.e im → Boskett angelegt. Die Begriffe L. und → Irrgarten werden oft synonym verwandt, obwohl man sich nach tradierter Regel in einem L. aufgrund der zwar vielfach gewundenen, jedoch kreuzungsfreien Wegführung im Gegensatz zum → Irrgarten nicht verlaufen kann.

Laeuger, Max (1864–1952), nach seiner Ausbildung an der Kunstgewerbeschule in Karlsruhe arbeitete L. als Professor für »Innenarchitektur und Gartenkunst« an der Technischen Hochschule in Karlsruhe. Er übte damit eine ähnlich umfassende Tätigkeit als Graphiker, Designer und Architekt aus wie Peter → Behrens. Wie dieser kann L. als Wegbereiter des modernen Gartens gelten, dessen klare, geometrische Ausformung im Gegensatz steht zu den Landschaftsgärten der sog. »Lenné-Mayer'schen Schule«. L.s Gärten und die darin integrierten Gebäude zeichnen sich durch eine an antiken Vorbildern orientierte Monumentalität aus. Als Beispiel sind die Gärten für die Jubiläumsausstellung in Mannheim 1907 anzuführen sowie der Entwurf für den Hamburger Stadtpark aus dem Jahre 1908.

Land Art, gegen Ende der 60er Jahre in den USA entwikkelte Kunstrichtung, bei der in zumeist zivilisationsfernen Landschaften die Begegnung mit Natur gesucht wird. Im dialogischen Prozeß wird Landschaft neu strukturiert, wie umgekehrt die Neustrukturierung mit und durch vorgefundene elementare Gestaltungsmittel zur L. A. wird. Die oft großräumigen Projekte sind nur indirekt vermarktbar und zudem programmatisch auf Vergänglichkeit hin konzipiert, da die (Wieder-)Überformung durch Natur zum künstlerischen Konzept gehört. Der gestalterische Prozeß zielt letztlich auf eine zeitlich begrenzte ästhetische Begegnung mit dem mathematisch Erhabenen der Ausdehnung und dem dynamisch Erhabenen der Kraft der Natur (Kant).

Landschaftsarchitekt → Gartenarchitekt

Landschaftsgärtner, im Gegensatz zum → Garten- bzw. Landschaftsarchitekten geht der Beruf der L. aus einer handwerklichen Lehre hervor. → Gärtner.

Landschaftsgarten, mit der Umgestaltung der Gartenanlage von → Blenheim in Oxfordshire entstand ab 1764 ein seitdem als klassisch geltender englischer L. als Gegensatz zum Garten der Renaissance und des Barock. Sein Schöpfer, der Landschaftsarchitekt Lancelot »Capability« → Brown, gilt bis heute als Mentor der englischen Gartenkunst. Auch der u. a. von ihm und William → Kent gestaltete Garten von → Stowe mit seinem architektonischen Beiwerk prägte die Ausformung dieses Gartentyps. Brown trat die Nachfolge von Kent an, der mit Beginn der 30er Jahre als erster Gartenarchitekt des Landes galt. Als »Anti-Brownist« trat Sir William → Chambers in Erscheinung, der Elemente aus der chinesischen Gartenkunst in englische Anlagen einführte. Der anglo-chinesische Garten (→ Jardin chinois-anglais) beeinflußte auf dem Kontinent zahlreiche Gartenanlagen, bevor er sich als reiner »englischer« Garten in ganz Europa durchsetzen konnte. Eine vermittelnde Position zwischen »Brownisten« und ihren Gegnern nahm der ab 1788 als Gartenkünstler tätige Humphry → Repton

Der Landschaftsgärtner F. L. von Sckell beim maßnehmenden
Abgehen eines Parkweges

Aus: F. L. von Sckell, *Beiträge zur bildenden Gartenkunst für
angehende Gartenkünstler und Gartenliebhaber*, München 1825

ein. Er verband geometrisch gestaltete Gartenelemente,
z. B. Blumenbeete in unmittelbarer Nähe des Hauses mit
den Gestaltungselementen für die Weiträumigkeit des
Landschaftsgartens; s. u. »Gartenstile Europas« S. 26–29.

Landschaftsgestaltung, die L. bzw. Landschaftsplanung befaßt sich in Abgrenzung zur Gartengestaltung mit der Umformung der Landschaft unter ökologischen und landwirtschaftlichen Aspekten. Die Umwandlung der »wildwüchsi-
gen« Ur-Landschaft in eine Agrar- bzw. Kulturlandschaft,
die mit der Seßhaftwerdung des Menschen einhergeht, ist
zunächst nicht frei von zerstörenden Faktoren (Landwirtschaft, Industrialisierung). Beispielsweise führten die Ro-
dungen, die in römischer Zeit in Nordafrika durchgeführt
wurden, zur Verkarstung und Ver-Wüstung des Gebietes.
Im Mittelalter ist die Dreifelderwirtschaft und die damit
verbundene Nutzbarmachung des Urwaldes, der weite Teile Europas überzog, als eine frühe Form der Kulturlandschaft zu nennen. Seit dem 18. Jh. steht die Landschaft Englands und des Kontinents unter dem Einfluß des englischen
→ Landschaftsgartens. Der scheinbar »natürliche« Zustand,
der im Landschaftsgarten angestrebt wurde, übertrug und
vermischte sich mit der Gestaltung der gesamten Kulturlandschaft v. a. in England. Die Formung größerer Landstri-
che nach dem Vorbild des englischen Landschaftsgartens
wurden erstmals von Peter Josef → Lenné gefordert und
bildete eine wichtige Grundlage für die L. im 20. Jh. insbesondere in den Städten. Einer der Vorreiter für die L. im
frühen 20. Jh. ist Paul → Schultze-Naumburg. Bereits seit
dem 19. Jh. versuchte man die Schäden der intensiv betriebenen Agrarwirtschaft und der Industrialisierung, insbesondere des Bergbaus, durch eine Neugestaltung der Landschaft zu beheben. Ein frühes Beispiel für die Anlage eines
Parks unter Einbeziehung der heimischen Landschaft und
Flora ist der von Fritz → Encke angelegte Klettenbergpark
(1906/07) in Köln. In jüngerer Zeit stehen solche Umgestaltungen zunehmend unter ökologischen Vorzeichen.

Lange, Willy (1864–1941), Gärtner und Gartentheoretiker. L. war nach einer Gärtnerlehre als Lehrer an der Königlichen Gartenlehranstalt in Berlin-Dahlem sowie als freischaffender Gartenarchitekt für private Auftraggeber tätig. Er verfaßte zahlreiche Bücher zur Gartengestaltung, darunter *Gartengestaltung der Neuzeit* (Leipzig 1907) und *Land- und Gartensiedlungen* (Leipzig 1910). Naturwissenschaftliche und soziologische Beweggründe für die Volksgesundheit bei der Gestaltung von öffentlichen und privaten Gärten stellt L. über ästhetische und künstlerische Fragen. Die im frühen 20. Jh. formulierten Rassen- und Hygienetheorien beeinflußten auch L.s Überlegungen zur Gartengestaltung, so daß er im Nationalsozialismus – vermittelt durch seinen Schüler Hans Hasler – zu einem Protagonisten deutscher Gartenkultur stilisiert werden konnte, obwohl L. selber aktiv seit 1927 weder als Gärtner noch als Publizist in Erscheinung trat. L. propagiert einen »Naturgarten« ohne die auf malerische Perspektiven ausgerichtete Weitläufigkeit eines Landschaftsgartens, der sich insbesondere auf nahsichtiges und kleinteiliges Zusammenspiel der Pflanzen und Farben beschränkt. Obwohl seine Entwürfe durchaus auch geometrische Elemente v. a. in der Wegeführung enthalten, setzt L. auf einen weitgehend »natürlichen« Einsatz von Pflanzen und anderen Materialien im Garten.

Lassus, Bernard (geb. 1929), Maler und Landschaftsarchitekt. L. legt mit Verweis auf berühmte Gartenkünstler und -architekten (→ Le Nôtre, → Kent) großen Wert auf die künstlerische Ausbildung von Landschaftsarchitekten. Der Gartenkunst mißt L. die größte Bedeutung innerhalb der künstlerischen Disziplinen in der Zukunft bei und fordert deshalb die »analyse inventive«. Wichtig sind ihm sowohl die Realisierung eines Projektes als auch die theoretischen Überlegungen hierzu. Besondere Aufmerksamkeit widmet L. dem Zusammenhang zwischen realem und abstrahiertem Raum, dem »espace propre«, der Einmischung in das alltägliche Leben, wenn er sich beispielsweise der Gestaltung von Autobahnrastplätzen und Autobahnausfahrten widmet. Der erste Garten (»Le jardin noir«) von L. entstand 1967. Sein »Parc de la Corderie Royale« und der »Jardin des Retours« in Rochefort-sur-Mer wurden 1993 durch das französische Kultusministerium ausgezeichnet. 1990–92 erhielt L. Einladungen zum Wettbewerb »Landschaftspark Duisburg-Nord«.

Laube, als L. wird eine offene Säulenhalle oder ein Gang an einem Gebäude bezeichnet. Die L. im → Garten ist ein berankter, schattenspendendes Gerüst, das als offener Gang gebildet sein kann (→ Laubenallee, → Pergola). Außerdem bezeichnet die L. ein kleines Gartenhaus aus Holz, charakteristisch für Kleingärtenanlagen (→ Schrebergarten), deren Konzeption Daniel Gottlieb Moritz Schreber (1808–1861) wegen seines Plädoyers für den gesundheitsfördernden Aufenthalt im Garten zugeschrieben wird. → Loggia.

Laubenallee, durch künstlichen Eingriff derart geschnittene und geführte Baumkronen einer → Allee (*couverte*), daß sie einen → Laubengang bilden.

Laubengang, in der Baukunst offene Halle oder Gang entlang einem Gebäude (→ Laube). In der Gartenkunst meint L. einen überdachten Gang (→ Allee couverte, → Berceau), der im Unterschied zur → Pergola, die dem schattigen Aufenthalt dient, als Gartenweg zu einem bestimmten Punkt führt.

Laubenkolonie → Laube, → Schrebergarten

Laxenburg, Schloßpark, unter den älteren kaiserlich-habsburgischen Gärten in Österreich, die seit dem Mittelalter genutzt wurden und im 18. Jh. eine Umwandlung erfuhren, ist der Park von Laxenburg bei Wien hervorzuheben. Bereits im 14. Jh. ließ Albrecht III. bei seinem Jagdschloß Laxenburg einen großen Wildpark anlegen. Das alte Schloß und seine Gärten wurden als sommerlicher Aufenthaltsort sowie als Festplatz für größere Feierlichkeiten genutzt. Maria Theresia ließ eine neue Schloßanlage errichten und die Gärten als Spiel- und Festraum neu anlegen. Bekannt war

Laxenburg aufgrund der ausgefeilten Wassertechnik. Seit 1782 wurden die Laxenburger Gärten in einen Landschaftspark umgewandelt.

Le Nôtre, André (1613–1700), Gärtner und Gartenarchitekt. Der bedeutendste Gartenarchitekt des barocken französischen Gartens stammt aus einer berühmten Gärtnerfamilie. Sein Vater Jean (gest. 1655) war zunächst unter Claude → Mollet und später selbständig für die Tuileriengärten zuständig. Seit 1637 hatte L. N. die Stelle seines Vaters inne. Als Architekt war er ab 1657 Oberaufseher über die königlichen Bauten. Sein erster eigenständiger Auftrag für eine Gartengestaltung, die seinen Ruhm begründete und ihn für Versailles qualifizierte, war die seit 1656 für Finanzminister Fouquet gestaltete Anlage von → Vaux-le-Vicomte bei Melun. In der Folge lieferte er meist in königlichen Diensten zahlreiche Entwürfe für Gärten, darunter → Versailles, → Marly-le-Roi, Clagny, Saint-Cloud, Meudon, Sceaux oder → Fontainebleau. Die Gartengestaltung L. N.s gilt als der Inbegriff barocker Gartenkunst. Bestimmt werden die Anlagen durch eine strenge Achsensymmetrie, deren planerische Eintönigkeit auf dem Grundriß in der Wirklichkeit durch eine Vielzahl unterschiedlicher und abwechslungsreicher Gartenkabinette und Parterres aufgelockert wird. Die spielerische Mannigfaltigkeit wird erreicht durch die Ausstattung mit skulptierten → Brunnen, Bassins, → Wasserspielen, teils figürlich ausgestatteten → Grotten, Einrichtungen für → Spiele und andere Zerstreuungen. Eine sanfte Terrassierung des Geländes und eine Brechung der zentralen Mittelachse durch Nebenlinien tragen zur Milderung eines allzu starken perspektivischen Tiefenzugs bei.

Le Roy, Louis G., vertritt konsequent die von ökologischen Überlegungen geleitete gartenkünstlerische Position, die menschliche Eingriffe auf das Allernotwendigste beschränkt sehen will. L. R. betont, daß die Natur sich selbst zu ordnen weiß und entwickelt in seinem Buch *Natur ausschalten – Natur einschalten* (Stuttgart 1983) 12 Thesen dazu, wie die gestalterische Zusammenarbeit zwischen Mensch und Natur zukünftig möglich sein könnte.

Lenné, Peter Joseph (1789–1866), Gartenarchitekt. Aus einer Gärtnerfamilie stammend, erhielt L. u. a. Unterricht bei dem Gartenarchitekten Gabriel → Thouin in Paris. Nach Lehrjahren in Wien (1814) und im Rheinland (1815) wurde L. als Gärtnergeselle in Potsdam eingestellt (1816). 1824 erfolgte in Berlin die Ernennung zum Königlichen Gartendirektor, später Generalgartendirektor. Ab 1830 gestaltete L. die Anlagen in Charlottenburg und Schönhausen um, ab 1832 die Anlagen von Glienicke. Bis 1840 erfolgte die Umgestaltung des Berliner Tiergartens zum Volkspark. Viele Pläne und ausgeführte Projekte, gerichtet auf die Erweiterung und Verschönerung von Berlin, zeigen L.s ganzheitliche Betrachtungsweise, die in der Tradition Thouins steht und von der gärtnerischen zur landschaftlichen Gestaltung strebt.

Lichtwark, Alfred (1852–1914), Kunsthistoriker und Sozialreformer. 1886 wurde L. als erster Direktor der Hamburger Kunsthalle berufen. Als Mentor der Reformpädagogik war L. neben Leberecht → Migge einer der wichtigsten Reformer der öffentlichen Gärten und des städtischen Grüns unter sozialen und erzieherischen Aspekten, die er auch in seinen Veröffentlichungen vertrat (»Die Zweckfrage bei öffentlichen Parkanlagen«, in: *Gartenkunst* 12, 1910, S. 75). Als Gartenreformer – z. B. beeinflußte L. tiefgreifend die Gartenbauausstellung in Hamburg von 1897 – wirkte er beratend und initiatorisch bei der Gestaltung von Gärten, wie z. B. dem 1912–14 von Fritz Schumacher angelegten Hamburger Stadtpark auf der Winterhuder Geest, mit. Beteiligt war L. u. a. auch an der Planung des Gartens von Max Liebermann (1847–1935) am Wannsee in Berlin. In zahlreichen Veröffentlichungen setzte er sich mit aktuellen Strömungen in der Gartenkunst um die Jahrhundertwende auseinander: *Park- und Gartenstudien, die Probleme des Hamburger Stadtparks,* Berlin 1909.

Der Liebesgarten
Aus: Francesco Colonna, *Hypnerotomachia Poliphili*, Venedig 1499
(reprogr. Nachdr. Padua 1964)

Liebesgarten, der auf antike Quellen (→ Arkadien) rekur-
rierende Paradiesgedanke läßt schon im Mittelalter im Zusammenhang mit der höfischen Dichtung eine Verbindung
von Garten und Erotik entstehen (→ Rosenroman), die
sich in der Renaissance fortsetzt (*Hypnerotomachia* des
Francesco → Colonna). U. a. ist das Thema in der Druck-
graphik des 15. Jh.s weit verbreitet (Meister der Liebesgär-
ten, um 1440/50). Der Garten wird ein Symbol für die

himmlische und die irdische Liebe gleichermaßen. Der L. ist sowohl positiv in seiner Verbindung mit dem marianischen → Paradiesgärtlein als auch negativ-moralisierend besetzt im Garten als einem Symbol der Liebestorheit und Unkeuschheit. Seit dem 16. Jh. setzt eine zunehmende Profanisierung des Paradiesgedankens unter positivem Vorzeichen ein. Das irdische → Paradies ersteht in arkadisch-pastoralen Vorstellungen in der Landschaftsmalerei. Beispiele in der Malerei reichen von Lucas Cranach über Giorgione und Tizian (*Das ländliche Konzert*) bis Rubens, dort u. a. als Allegorie der (ehelichen) Liebe, und Watteau (→ Kythera, → Fête galante).

Ligorio, Pirro (um 1510 – 1583), italienischer Architekt, der vielfach auch für Gartenprojekte tätig war. Als Antiquar und Architekt im Dienst des Kardinal Ippolito d'Este baute er seit 1550 dessen Villa in → Tivoli, die Villa d'Este, um. Er schuf dort für die Gartenanlage u. a. den »Wasserorgelbrunnen« und stattete Villa und Garten mit antiken Skulpturen aus, die vorwiegend aus der benachbarten Villa Hadriana stammten. Weitere Auftraggeber L.s in Rom waren die Päpste Paul IV. und Pius IV. Für Pius errichtete er seit 1558 das Casino in den Vatikanischen Gärten, das als Gartenhaus das von → Bramante in den Palast integrierte Belvedere ersetzen sollte. Die in sich abgeschlossene Anlage ist von den Gärten allerdings architektonisch isoliert.

Limonaia (ital., ›Zitronenhaus‹), italienischer Begriff für → Orangerie.

Linné, Carl von (1707–1778), schwedischer Arzt und Naturforscher. L. gründete ein Naturhistorisches Museum in Uppsala und legte ein großes privates Herbarium an. 1735 erschien sein Werk *Systema naturae*, das die Systematik der modernen Biologie begründete und lange Gültigkeit behielt. Grundlage dafür bildete eine auf die Fortpflanzungsorgane der Pflanzen beruhende Unterscheidung der Arten. Zahlreiche weitere Abhandlungen über Pflanzen (*Genera*

Plantarum, 1737, *Philosophia botanica*, 1751, *Species Plantarum*, 1753) und die Erforschung von Pflanzen in bestimmten Regionen machen L. zum bedeutendsten Botaniker des 18. Jh.s.

Locus amoenus (lat., ›lieblicher Ort‹), der Topos einer paradiesischen Ideallandschaft entstammt der antiken Literatur (Homer, → Plinius d. J.). Die Beschreibungen von »lieblichen Orten« in antiken und mittelalterlichen Schriften bündelte Ernst Robert Curtius zu der feststehenden Wendung »L. a.«. Bei Petrarca (*Vita solitaria*, verfaßt 1346) wurde er als Gegenwelt zur Stadt und ihren Lastern entworfen. Der L. a. zeichnet sich aus durch seine Abgeschiedenheit und paradiesische Natur. Er wird beschrieben als ein Platz auf einem Hügel, mit klarem Wasser, sanftem Windhauch und einer blumenbewachsenen Wiese in ewigem Frühling. Der Bezug zur Liebesgöttin Venus wird von Francesco → Colonna in der *Hypnerotomachia Poliphili* (1499) hergestellt (→ Kythera). Colonna beschreibt einen lieblichen Ort, der für bukolische Hirtenszenen wie geschaffen scheint und einen Bezug des L. a. zu → Arkadien aufzeigt.

Loggia (ital., ›Laube‹), offene, freistehende Säulenhalle (z. B. Florenz, Loggia dei Lanzi) oder → Laube. Als Dach-L. im Dach integriert, meint der Begriff heute oft auch einen überdachten Balkon.

Loudon, Jane (1807–1858), nach ihrer Heirat mit John Claudius → Loudon, dem in seiner Zeit berühmten Gärtner und Herausgeber zahlreicher Bücher und Gartenzeitschriften, entwickelte sich zwischen beiden eine erfolgreiche Zusammenarbeit. Jane Loudon wurde unabhängig von ihrem Mann bekannt mit der von ihr herausgegebenen Zeitschrift *The Ladies' Magazine of Gardening*.

Loudon, John Claudius (1783–1843), aus Schottland stammender, weitgereister Gartentheoretiker und Schriftsteller, Herausgeber zahlreicher Gartenzeitschriften und Bücher, darunter die *Encyclopaedia of Gardening*, London 1822

(Nachdr. der Auflage von 1835, New York 1982). L. unterschied drei Typen des natürlichen Gartens: den pittoresken, den gärtnerischen und den rustikalen. Er empfahl den von ihm bevorzugten »gärtnerischen Stil« mit kultivierten Pflanzen, weichem Rasen und (geschwungenen) Kieswegen für städtische Hausgärten, für die er sich besonders einsetzte. Beratend war er tätig bei der Anlage des Botanischen Gartens in Birmingham, für Friedhöfe in Southhampton und zahlreiche private Gärten. Maßgeblich beteiligt an der Entwicklung des → Gewächshauses aus Glas.

Lunéville (Lothringen, Frankreich), die Gärten des 1735 abgedankten polnischen Königs Stanislaus I. Leszczyński – neben den Gärten im lothringischen Lunéville errichtete er auch die Gärten von Malgrange und Commency – gehören zu den bedeutendsten Gartenschöpfungen Frankreichs außerhalb des Königshofes. In L. ließ Stanislaus seit 1737 die Gärten des Schlosses von seinem Architekten Emmanuel Héré umgestalten. Berühmtheit erlangte der Garten weniger durch seine Vielfalt an → Parterres, die sich in die unregelmäßigen Gartenkompartimente einfügten, als vielmehr durch seine Fest- und Lustgebäude. Ein von Héré errichteter orientalischer → Kiosk und der aufgrund seiner Kleeblattform »Le Trèfle« genannte → Pavillon, der vorbildhaft wurde für das Chinesische Teehaus in Sanssouci in → Potsdam, sind in einem Stichwerk von Héré (1752) überliefert. Berühmt war des weiteren »Le Rocher«, eine riesige künstliche Felsenanlage, die ein ganzes → Dorf, seine Bauern und Handwerker darstellte und durch Maschinen mit Geräuschen und Musik zum Leben erweckt wurde.

Lustgarten, der L. wird von dem landwirtschaftlich betriebenen → Nutzgarten unterschieden und dient ausschließlich der Zerstreuung und dem Genuß (siehe auch → Blumengarten). Reine Lustgärten kannte bereits die Antike, während sie aus dem frühen Mittelalter zumindest nicht überliefert sind. Einen hochmittelalterlichen L. beschreibt → Albertus Magnus. Seit dem 16. Jh. werden Lustgärten in großem Maßstab angelegt und vom Nutzgarten – je nach Größe und Bedeutung des Gartens mehr oder weniger stark – räumlich getrennt. Fast immer werden jedoch bis ins 18. Jh. beide Gartenformen benachbart angelegt. Insbesondere in Deutschland wird die Trennung nicht in dem Maße vollzogen wie in Frankreich. Im Landschaftsgarten ist die Verbindung von L. und Nutzgarten umstritten. Während sich viele Gartentheoretiker, wie Joseph → Addison oder Claude-Henri → Watelet für eine Integration des Nutzgartens und der Landwirtschaft im L. aussprechen, fordern andere wie Horace → Walpole ihre strikte Trennung.

Luststück, barocke Bezeichnung für ein → Parterre.

Lustwäldchen, barocke Bezeichnung für das → Boskett.

Lutyens, Edwin L. (1869–1944), englischer Architekt und Gartenarchitekt, Sohn des Landschafts- und Pferdemalers Charles Lutyens. Die Tektonik und Geometrie in seinen Gartenentwürfen sind charakteristisch für die Tendenzen in der Gartenkunst des ausgehenden 19. und frühen 20. Jh. (Beispiel: Buckhurst Palace, Sussex, 1903). L., der neben der Geometrie auch die Einheit von Haus und Garten im Sinne der → Arts & Crafts-Bewegung anstrebte, entwarf auch → Gartenmöbel und – als Architekt – Gartengebäude. L. war der bedeutendste Architekt im England der Vorkriegszeit. Er war eng befreundet mit Gertrude → Jekyll, die seine architektonischen Entwürfe umsetzte und mit der er etwa seit 1893 eng zusammenarbeitete (bekannte Gartenprojekte: Deanery Garden in Sonning, Berkshire, 1901, Folly Farm in Sulhamstead bei Reading, 1901–12). Im Gegensatz zu den viktorianischen Gärten waren die Gärten des → Arts & Crafts in edwardianischer Zeit durch eine lockere Fülle blühender Pflanzen gekennzeichnet, die mit der tektonischen Struktur der Anlagen in Einklang gebracht wurde.

M

Maaß, Harry (1880–1946), deutscher Gartenarchitekt. Von 1912 bis 1922 war M. in Lübeck tätig. Unter seinen zahlreichen Veröffentlichungen sind *Der deutsche Volkspark der Zukunft. Laubenkolonie und Grünfläche* (Frankfurt a. d. O. 1913), *Das Grün in Stadt und Land* (Dresden 1927), *Gartentechnik und Gartenkunst* (Nordhausen 1931) hervorzuheben. Für M. war der Garten vorrangig Ort sportlicher Betätigung und laien-gärtnerischer Erholung. Der Entwurf für den »Volkspark der Zukunft« besteht daher aus einer Mélange gemeinschaftlich genutzter Sport- und Spielplätze, um die sich Klein- und Laubengärten gruppieren. Die Ideen M.s basieren auf den Vorgaben Leberecht → Migges. Wie Willy → Lange propagiert auch M. einen heimatverbundenen Garten für die »deutsche, bodenständige Kultur«. Für den Wohngarten fordert M. Einfachheit und Zweckmäßigkeit, die sich in den von ihm entworfenen streng geometrischen Anlagen spiegeln. In seinem Buch *Kleine und große Gärten* (Frankfurt a. d. O. 1926) entwirft M. Gärten im Sinne des Expressionismus.

Madrid, Buen Retiro, Garten und Palast von San Jerónimo del Buen Retiro wurden ab 1632 im Auftrag des Herzogs Olivarez, einem Minister Philipps IV. (1605–1665), errichtet. Wie der → Escorial bei Madrid vereinte der Bau Palast, Kirche und Kloster. Der Palast verfügte in maurischer Tradition über zwei Gartenhöfe, während der Garten selbst in italienischer Manier als Terrassengarten angelegt war. Der Garten war mit dem Kloster des hl. Hieronymus verbunden und wies mehrere als Eremitagen errichtete Lusthäuschen auf, so daß ein von Buen Retiro ausgehender Einfluß auf die Gartenhäuser in Form von → Eremitagen in anderen europäischen Gärten angenommen wurde. Aufgrund dieses Einflusses auf andere Gartenanlagen gilt der Garten, der wie die Gärten von → Aranjuez bei Madrid von dem Florentiner Gartenarchitekten Cosimo Lotti (seit 1628 in Madrid tätig) angelegt wurde, als wichtigster spanischer Beitrag zur europäischen Gartenkunst. Das ursprüngliche Aussehen jedoch kann nur durch Pläne und Beschreibungen rekonstruiert werden. Nur teilweise erhalten – auch das Schloß ist nicht mehr vorhanden – wird der reduzierte Park (erhalten haben sich aus dem 17. Jh. nur der große See sowie aus dem frühen 18. Jh. ein nach Plänen Robert de Cottes angelegtes Parterre) heute als öffentliche Parkanlage in der Hauptstadt genutzt.

Madrid (Umgebung) → Aranjuez, → Escorial

Mail-Spiel, auch Maille-Spiel. Neben eigens angelegten Kabinetten für das → Paßspiel gab es in den architektonischen Gärten des Barock, z. B. im Nymphenburger Park, auch eine lange Bahn für das beliebte M., eine Art Bahnkrocket, das mit Holzkugeln und hölzernen Schlegeln gespielt wurde (→ Spiele). Im südwestlichen Boskett von → Marly-le-Roi wurde eine doppelte Bahn für das M. mit halbrundem Abschluß eingerichtet. Eine ungewöhnlich lange Mail-Bahn ließ Kaiserin Maria Theresia in den Gärten von → Laxenburg anlegen. Die schattigen Bahnen für das M. wurden oft als → Alleen (allée couverte) gestaltet.

Mainz, Schloß Favorite, die durch französische Revolutionstruppen 1792/93 zerstörten Anlagen sind – wie Schloß → Seehof bei Bamberg – durch Stiche Salomon Kleiners überliefert. Favorite – der Name spielt auf das kaiserliche Sommerschloß Favorita bei Wien (1687–90, Gartengestaltung durch Jean → Trehet) an – stellte die bedeutendste Schloß- und Gartenanlage des Kurfürsten Lothar Franz von Schönborn dar, der sich am Vorbild von → Marly-le-Roi orientierte. Der an der Mündung des Main in den Rhein gelegene Garten entstand wahrscheinlich nach Entwürfen des Architekten Maximilian von Welsch unter der Mitarbeit des leitenden Gärtners Johann Kaspar Dietmann seit etwa 1711 und war 1724 weitgehend fertiggestellt. Die

Gesamtansicht auf dem Stich Kleiners zeigt einen parallel zum Rheinufer geführten, langgestreckten Garten, der nicht auf den eigentlichen Schloßbau am Rhein, sondern auf die Orangerie mit ihren angegliederten sechs → Pavillons hin komponiert wurde. Er gliedert sich in eine mit Wasserbecken bestückte → Broderiepartie vor der Orangerie sowie in ein → Boskett mit verschiedenen Kabinetten seitlich der Orangerie. Die Aufteilung des Gartens in kleinteilige Kabinette war vorbildhaft für die Gartengestaltung des Spätbarock (→ Veitshöchheim).

Maison de plaisance (frz., ›Lusthaus‹), bezeichnet ursprünglich Landhäuser in der Ile-de-France von unterschiedlicher Größe und Form, anfänglich politisch und geographisch ausgerichtet auf Versailles. Die M. d. p. wird zunächst ausschließlich definiert über die Nutzung als ländlicher Wohnsitz für einen zeitlich begrenzten Aufenthalt in Muße abseits der Pflichten und der streng reglementierten Lebensführung am Hof. Ab etwa 1660 beginnt die Ausformung eines eigenen Bautypus mit der Auflösung der Dreiflügelanlage in einzelne → Pavillons und der Ausbildung eines → Corps de logis anstelle eines einzelnen Hauptgebäudes. Unverzichtbar wird die Einbindung der Gebäude in den Garten. Der Rückgriff auf das Vorbild italienischer Villen des 16. Jh.s erfolgte in der Baupraxis. Die Forderung, die »commodité« (Bequemlichkeit) über die Repräsentation zu stellen, unterstrich den Charakter der M. d. p. als ländliches Refugium. Nach Gründung der *Academie de l'Architecture* 1671 in Paris wurde der Bautypus der M. d. p. in Architekturtraktaten unter Einbeziehung der gartentheoretischen Schrift *La Théorie et la Pratique du Jardinage* von Antoine-Joseph → Dézailler d'Argenville durch Jacques-François → Blondel und Charles-Étienne Briseux theoretisch aufgearbeitet. Die M. d. p. wurde beliebter Bautyp für Adel und aufstrebendes Bürgertum in ganz Europa, vorweggenommen in → Vaux-le-Vicomte (1657–60), variiert z. B. durch den Architekten Nicolas

→ de Pigage und vorbildlich erhalten in Schloß Benrath in
→ Düsseldorf (1755–65).

Manieristischer Garten, s. u. »Gartenstile Europas« S. 22 f.

Marly-le-Roi (Ile-de-France, Frankreich), Ludwig XIV.
ließ sich nach den Plänen von Jules → Hardouin-Mansart
in den Jahren seit 1676 eine Eremitage in Marly bei Versailles errichten, deren Anlagen und Gebäude zu Anfang
des 19. Jh.s weitgehend zerstört wurden. Von der ehemaligen Parkgestaltung sind heute nur noch die markanten
Strukturen erkennbar. Als Hauptgebäude wurde ein → Pavillon über quadratischem Grundriß errichtet, von dem die
Hauptachse des Gartens ausstrahlt. Diese wird durch meh-

Pierre Le Pautre (um 1648 – 1716):
»Veue du Chateau et Parc de Marli«. Kupferstich
(Stiftung Schloß und Park Benrath, Gartenkunstmuseum)

rere Wasserbecken akzentuiert und von dreifachen, kunstvoll geformten → Alleen eingefaßt. Jeweils sechs kleine Pavillons als Gästehäuser flankierten das langgestreckte Gar-
tenrechteck, an das sich seitlich jeweils ein → Boskett mit
abwechslungsreichen Garten- und Spieleräumen, verbunden durch geometrische wie sich schlängelnde Wege, anschloß. Die großzügige, aber intime Anlage, als deren Vorbild das kleinere → Trianon de Porcellaine gilt, sollte dem
König mit einer kleinen Gesellschaft den zwanglosen Aufenthalt nahe und doch fern dem Hofe garantieren. Der
→ Pavillon des »Sonnenkönigs« war dem Sonnengott
Apoll gewidmet, der über den Kosmos herrscht, symbolisiert durch die zwölf Pavillons mit den zwölf Monaten
bzw. Tierkreiszeichen. Die rundum von Gärten umgebene
→ Maison de plaisance in Marly wurde vorbildhaft für
zahlreiche Schloßbauten in Europa, darunter z. B. Schloß
Benrath in → Düsseldorf.

Marot, Daniel (um 1663 – 1752), französischer Architekt,
Zeichner und Kupferstecher, der nach Holland (Den Haag)
emigrierte. Seit etwa 1690 stand er in Diensten Wilhelms
von Oranien, für den er u. a. 1702 den Garten von → Het
Loo bei Apeldoorn anlegte. Die Jahre 1695/96 verbrachte
er in London, wo er für Hampton Court Teile der Innen-
einrichtung und des Gartens entwarf. Bis zu seinem Tod
war M. an zahlreichen Bauaufgaben in Den Haag beteiligt.
Er hinterließ ein umfangreiches Stichwerk, das 1713 in holländischer Sprache als zweibändige Gesamtausgabe erschien (*De werken von Daniel Marot* ..., Amsterdam
1713). Insbesondere der zweite Band (Band 1 enthält vor-
nehmlich Stiche zu Ornament und Interieur) beschäftigt
sich mit Gartenausstattung. Es werden Beispiele für Vasen,
→ Parterres, → Berceaux, → Fontänen u. a. gezeigt. Sein
Sohn Daniel M. d. J. (1695–1769) war zunächst Mitarbeiter
des Vaters und widmete sich nach dessen Tod der Malerei
von Grotten- und Brunnenansichten.

Maschinen → Automaten, → Wasser, → Wasserspiele

Maser, Villa Barbaro, gehört zu den Bauten, deren Entwicklung sich Andrea → Palladio im italienischen Veneto gewidmet hatte. Die von Palladio gestalteten und in seinen Architekturtraktaten theoretisch fundierten Villen richteten sich an gebildete und vermögende Bauherren. Die spezielle Agrarpolitik Venedigs mit einem neu erwachten Interesse an der Landwirtschaft fand bei diesen Villen starke Beachtung: die Villa sollte eine funktionale Einheit von Landwirtschaft und ländlichem Idyll sein. Die um 1556 von Palladio für Daniele Barbaro unmittelbar zu Füßen einer Berglandschaft gebaute Villa weist einen dem Haus zugehörigen Umraum auf, der organisiert ist wie das Proportionssystem im Innern der Villa. Auf dem leicht ansteigenden Weg zur Villa wird eine Statuen-Viale abgeschritten, die in eine vor der Fassade gelegenen → Terrasse mündet. Vor der im Norden gelegenen hinteren Front der Villa liegt ein Gartenhof mit der zu einem Nymphäum gestalteten Exedra, die einen Fischteich umfaßt und sich in eine → Grotte öffnet. Angesichts der nahegelegenen steilen Abhänge und der Art und Weise, wie Palladio den Zugang zur höhergelegenen Villa gestaltete, kann bei der Villa Barbaro von einer Vorwegnahme der terrassierten Gärten wie beispielsweise bei der Villa d'Este in → Tivoli gesprochen werden.

Massing (engl., ›anfüllen‹), Füllung eines Beetes mit einer einzigen Blumenart.

Mathematik, während bei konventionellen Formen architektonischer Gärten euklidische Elemente eine Rolle spielen, kommen bei der Berechnung unregelmäßiger Kurven und Flächen Differential- und Integralrechnung zum Tragen. Die → Serpentine als die maßstabsetzende Schönheitslinie im englischen Landschaftsgarten folgt mit Minimum und Maximum dem Verlauf einer klassischen Differentialkurve.

Mayer, Johann Prokop (1735–1804), der in Böhmen geborene M. war nach Lehr- und Reisejahren, die ihn zum Studium der Gartenkunst und des Obstbaus u. a. nach Prag und

Wien, Holland, Frankreich und England führten, in den Gärtnereien von Versailles tätig, bevor er ab 1771 als Hofgärtner an den fürstbischöflichen Hof nach Würzburg berufen wurde. Seinem Dienstherren, Fürstbischof Adam Friedrich von Seinsheim gewidmet ist die Abhandlung *Pomona Franconica oder natürliche Abbildung und Beschreibung der besten und vorzüglichsten Europäischen Gattungen der Obstbäume und Früchte ...*, Nürnberg 1776, die nicht nur ein umfassendes Werk zum Obstanbau, sondern auch eine Streitschrift gegen den englischen Landschaftsgarten darstellt. M. ist ein Verfechter des geometrischen Gartens als Ausdruck einer der städtischen Residenz angemessenen Würde. Er schuf den heute nur in Teilen erhaltenen Hofgarten in Würzburg und war wohl auch für die Gärten in → Seehof und → Veitshöchheim, wo er bereits 1761 seinen Gesellenbrief erhalten hattte, maßgeblich im Entwurf verantwortlich.

Meierei, Bauernhof für die Milchwirtschaft. Als Gartenhaus ist die M. bäuerliche Kulisse für → Schäferspiele im Rokokogarten, → Dairy. Sie kann im englischen Landschaftsgarten Bestandteil der → Ornamental farm sein.

Meister, George (1653–1713), vielgereister deutscher Gärtner und Botaniker. 1675/76 fand M. eine Anstellung bei dem sächsischen Feldmarschall von Eberstein. Er unternahm ausgedehnte Reisen durch Europa und war ab 1677 Gärtner in Batavia (Jakarta). In den Jahren 1682–87 konnte er im Dienst der niederländischen Ostindischen Kompanie zweimal Japan besuchen. Seit 1689 wirkte M. als Hofgärtner im »Türkischen Garten« am Dresdner Kurfürstenhof. Seine botanischen Studien – als einer der ersten Gärtner und Botaniker führte ihn allein sein botanisches Interesse in den Orient – veröffentlichte er in seiner Abhandlung *Der Orientalisch-Indianische Kunst und Lust-Gärtner* (Dresden 1692).

Ménagerie (frz., ›Tierpark‹), meist radial angelegtes Gehege zur Haltung von exotischen Tieren, oft am Rande oder außerhalb des Gartens gelegen. Die Tradition der M. im Garten läßt sich bis in die Antike zurückverfolgen. Nach dem Vorbild von Versailles wurde beispielsweise 1752 auch im Schloßgarten von Schönbrunn bei → Wien eine M. angelegt. → Tiergarten.

Merian, Maria Sibylla (1647–1717), Blumenmalerin und Naturforscherin. Maria Sibylla war die Tochter des Kupferstechers und Verlegers Matthäus Merian d. Ä. (1593–1650), der die bekannte *Topographia* mit Landkarten, Städtebildern und bedeutenden Bauwerken aus Deutschland, Frankreich und Italien herausgegeben hat. Von ihrem Stiefvater, dem Maler Jakob Marrel (1613–1681) erlernte sie die Techniken der Malerei. Ihre zahlreichen Blumenstilleben malte sie nicht in Öl, sondern in Aquarellfarben. Kenntnisse im Stechen und Drucken befähigten sie für ihre Arbeit als Herausgeberin ihrer eigenen Studien und Aquarelle. Zwischen 1675 und 1680 erschien ihr Blumenbuch als das erste von ihr selbst verlegte Buch in drei Folgen, die 1680 als *Neues Blumenbuch* in der Gesamtheit publiziert wurden. 1699–1701 unternahm die Künstlerin eine Reise nach Südamerika (Surinam), wo sie v. a. das seit ihrer Jugendzeit betriebene Studium der Insekten weiter verfolgte. Die Ergebnisse ihrer Forschungsexpeditionen im tropischen Urwald veröffentlichte sie in den *Metamorphosis insectorum Surinamensium* (Amsterdam 1705), in dem neben den Insekten auch exotische Früchte und Blumen dargestellt sind.

Meyer, Gustav (1816–1877), Gartenarchitekt und bevorzugter Schüler von Peter Joseph → Lenné. Als dessen Mitarbeiter wirkte er mit bei der Gestaltung der Potsdamer Anlagen und an zahlreichen anderen Projekten. Er war aktiv an der Entwurfsarbeit und an den theoretischen Schriften Lennés beteiligt. 1860 erschien sein eigenes, weit verbreitetes *Lehrbuch der schönen Gartenkunst*. Seit 1870 war M. Direktor der Städtischen Gärten von Berlin. Die Lenné-Meyersche Schule in der Nachfolge von Gabriel → Thouin hatte in Deutschland bis ins ausgehende 19. Jh. einen weitreichenden Einfluß.

Migge, Leberecht (1881–1935), Gartenarchitekt. M. war vorwiegend in Hamburg und Worpswede tätig, wo er in Kontakt stand mit Heinrich Vogeler, Bruno Taut und Martin → Wagner. M. war einer der ersten, der die Berufsbezeichnung Gartenarchitekt gegen den früheren Begriff des Gartenkünstlers setzte. Er forderte unter sozialen Prämissen eine Demokratisierung der Gartenkunst, die in früheren Epochen ein ausschließlich aristokratisches Vorrecht war. Er plädierte für die Benutzbarkeit der Gärten und wandte sich gegen den repräsentativen Bürgergarten des 19. Jh.s. Insbesondere betrachtete er den städtischen Volksgarten als Ausgleich großstädtischen Elends und Garant für die Volksgesundheit. Daneben sollten nach M.s Vorstellung in den Städten Schrebergartensiedlungen entstehen, eine Idee, die Harry → Maaß aufgriff und direkt mit der Idee des Volksparks verknüpfte. Seine teils leidenschaftlichen, teils polemischen Ansichten vertrat M. in vielen Veröffentlichungen, wie _Der Hamburger Stadtpark und die Neuzeit_ (Hamburg 1909) oder umfassend in _Die Gartenkultur des 20. Jahrhunderts_ (Jena 1913).

Mittelalterlicher Garten, s. u. »Gartenstile Europas« S. 15–18. → Burggarten, → Hortus conclusus, → Karolingische Gartenkultur.

Mixing (engl., ›mischen‹), auch »mingling«, Zusammenpflanzung von verschiedenen Blumen in verschiedenen Farben.

Moderner Garten, Garten der klassischen Moderne, s. u. »Gartenstile Europas« S. 30f.

Mollet, Jacques (gest. vor 1608) und **Claude** (um 1563 – um 1650), französische Gartenarchitekten. Jacques M. begründete eine Generation von Gartenarchitekten. Er war als königlicher Gartenarchitekt bis 1595 in Schloß Anet und noch 1608 am königlichen Garten in → Fontainebleau tätig. Sein Nachfolger wurde seit 1595 sein Sohn Claude.

Dieser arbeitete u. a. in den Gärten der Tuilerien, von Versailles, Fontainebleau. In → Saint-Germain-en-Laye soll Claude nach den Vorgaben → Le Nôtres die Parterres gestaltet haben. 1652 erschien postum sein Werk *Théatre des Plans et Jardinages* (Paris 1652). Die Familie M. war bis ins 18. Jh. in der Gartengestaltung tätig.

Monopteros (altgriech., ›einflügelig‹), tempelartiger Rundbau mit einer einzigen, offenen Säulenstellung (*tholos*) und Kuppel, der sowohl im architektonischen Garten des Barock als auch im englischen Landschaftsgarten als → Gartenhaus verwendet wurde. Zahlreiche Beispiele sind bekannt, u. a. in → Schwetzingen, im Englischen Garten in → München, in → Wörlitz.

Monrepos (frz., ›meine Ruhe‹), verbreitete Bezeichnung für ein Lustschlößchen des 18. Jh.s (Friedrich der Große nannte Sanssouci in → Potsdam auch M.). → Maison de plaisance.

Morris, William (1834–1896) → Bexley, Red House Garden

Moschee (von arab. *masǧid*, frz. *mosquée*), Versammlungs- und Kultort in der islamischen Religion, der als dekoratives Bauwerk aufgrund einer Vorliebe für orientalische Formen und Ornamentik (→ Chinoiserie) in Europa als → Gartenhaus ausgebildet werden konnte, so z. B. im → Schwetzinger Schloßpark.

München, Englischer Garten, Kurfürst Karl Theodor von der Pfalz, der im Jahr 1789 von Mannheim nach München in seinen neuen Regierungssitz gezogen war, ließ einen großflächigen öffentlichen Park in englischem Stil anlegen, der in ersten Bauphasen für militärische Übungszwecke gedacht war. Zur Ausführung bestimmt wurde das langgestreckte Gebiet an den Isarauen, das sich über fünf Kilometer vom Hofgarten der Residenz nach Nordwesten zieht und dort in die ungestaltete Landschaft überging. Mit einer Gesamtfläche von 370 ha ist der Garten heute im Zentrum von München gelegen. Die Durchführung des Landschaftsparks lag zunächst in den Händen des Amerikaners Benjamin Thomson, später geadelt zum Grafen Rumford (1753–1814), und seit 1798 des Freiherrn von Werneck. Es entstanden die für das ausgehende 18. Jh. charakteristischen klassizistischen und exotischen Gartengebäude, wie der Rumford-Saal und der Chinesische Turm. Im Jahre 1804 übernahm der wohl schon an den Planungen beteiligte Friedrich Ludwig von → Sckell die Leitung. Seine Gestaltung machte den Englischen Garten zum Paradebeispiel des reinen, mit natürlichen Mitteln geformten Landschaftsgartens in Deutschland, der für die öffentlichen Parks des gesamten 19. Jh.s vorbildhaft wurde. Weitläufige Wiesenflächen, die von gebündelten Baumgruppen und Hainen umstellt werden, malerische Durchblicke und ein auf ruhige Fernsichten angelegtes, großzügiges Wegenetz bestimmen den Garten.

München, Schloßpark Nymphenburg, Kurfürst Max Emanuel von Bayern plante seit 1701 Nymphenburg als Sommerresidenz vor den Toren Münchens und lehnte sich damit an das Vorbild → Versailles an. Ein Wasserkanal führt auf das aus → Pavillonbauten gruppierte Schloß zu, eine → Achse, die als Wasserstraße auf der Gartenseite des Schlosses hinter dem → Parterre wiederaufgenommen wird. Zu seiten dieser Achse sind die Gärten (1715–30) symmetrisch angelegt. Hinter dem mit → Broderien ausgestatteten Parterre erstreckte sich das → Boskett, dessen Räume auf die Unterhaltung des Hofes durch Spiel und Theater ausgerichtet waren. Die Kabinette und ihre Funktion sind in dem Stichwerk der *Erlustierenden Augenweyde* von Matthias → Diesel festgehalten, der als Mitarbeiter des Hofgärtners Dominique → Girard die Gärten gestaltete. → Wasserspiele sowie zahlreiche → Brunnen und → Fontänen waren in dem schon im Namen auf antike Quellgottheiten anspielenden Nymphenburg großzügig angelegt. Seit 1715 entstanden im Park mehrere Garten- und Lusthäuser, wie die als Teepavillon erbaute Pagodenburg, die Badenburg

Matthias Diesel: »Grundriß deß halben Theils deß Churfürstl.
Lustgarten zu Nymphenburg«. Kupferstich, 1723
(Stiftung Schloß und Park Benrath, Gartenkunstmuseum)

als Badehaus, eine → Eremitage (Magdalenenklause) und das
1734 von → Cuvilliés erbaute Jagdschlößchen Amalienburg.

Muskau, Stadt an der Neiße, hier Familiensitz eines alten
schlesischen Adelsgeschlechtes, dem Fürst Hermann Pückler-Muskau entstammte. Dieser legte einen Landschaftspark an, der sich zu beiden Seiten der Neiße erstreckt.
Nach seiner ersten Englandreise im Jahr 1816 konnte der
Fürst das Gelände durch Landkäufe erweitern, ausgedehnte
Baumschulen entstanden um 1824. Pücklers Pläne, von
Humphry → Repton beeinflußt, wurden von dem Gärtner Jakob H. Rehder (1790–1852) ausgeführt. Wilhelm
Schirmer zeichnete Parkansichten, die Pückler umzusetzen
suchte; einige Architekturentwürfe von Schinkel blieben
unausgeführt. 1845 mußte der Fürst wegen hoher Verschul-
dung sein Anwesen veräußern. Sein Plan, die Stadt M. und
das Schloß wie auch das gesamte Areal in ein ideales Park-
bild nach Vorbild seines Lieblingsgartens → Stourhead zu
verwandeln, war unvollendet geblieben. Friedrich Wilhelm,
Prinz der Niederlande, übernahm M. und vergrößerte den
Besitz in der Zeit nach 1852. Nach dem Tod Rehders führte
Eduard → Petzold als Gartendirektor in M. die Pläne des
Fürsten weiter aus. Die Anlage enthielt verschiedene eigenständig konzipierte Bereiche und eine große Anzahl von
Architekturen. 16 Brücken und Viadukte verbanden einen
Park von 545 ha zu beiden Seiten des heutigen Grenzflus-
ses zwischen Polen und Deutschland. Schloß und Park er-
litten 1945 schwere Schäden, der Park wird bis in die Ge-
genwart aufwendig restauriert.

Muslimischer Garten, s. u. »Gartenstile Europas« S. 12–15.

Muthesius, Hermann (1861–1927), arbeitete nach seinem
Architekturstudium in Berlin (1882–87) drei Jahre in Japan.
In seiner Eigenschaft als Architekt verfaßte M. 1902 die
Schrift *Stilarchitektur und Baukunst*. Darin wandte er sich
gegen die seiner Ansicht nach formüberladenen Architekturen des Historismus und die ausufernde Formensprache
des Jugendstils. In seiner radikalen Abwendung von allem

Pittoresken argumentierte er im Sinne der Arts & Crafts-Bewegung, die zu studieren seine Aufgabe als Attaché für Bauwesen, zugeteilt der Deutschen Botschaft in London, war. Als Kenner des englischen Kunstgewerbes und der englischen Architektur trug er maßgeblich dazu bei, die Ideen des englischen Hauses (*Das englische Haus*, 1904–05) und der Gartenstädte auf dem Kontinent zu verbreiten. M. war einer der Initiatoren der → Gartenstadt Hellerau bei Dresden. Als Mitbegründer und maßgebender Theoretiker des Werkbundes (1907) formulierte M. das Problem neuer Gestaltungsaufgaben zwischen Baukunst und den neuen industriellen Produktionsmethoden. M. betrachtete die Gartengestaltung als eine der Architektur zugeordnete Disziplin und folgte der englischen Bewegung der Rehabilitation des formalen Gartens, die sich auf die Theorien des englischen Philosophen Francis → Bacon berief.

N

Nationalpark, Naturschutzgebiet, das nicht künstlerisch als → Park gestaltet, sondern meist aufgrund besonderer landschaftlicher Schönheit ausgewählt wurde, wie z. B. der Yellowstone-Park in den USA, der als erster N. schon seit 1872 besteht, oder in Teilen der Bayerische Wald. Zwar werden Flora und Fauna eines N.s unter besonderen staatlichen Schutz gestellt und freigehalten von landwirtschaftlicher oder sonstiger Nutzung, als Erholungsgebiet für den Menschen wird die Landschaft jedoch zumindest teilweise zugänglich gemacht.

Naturtheater → Gartentheater

Neophyten (altgriech., ›Neupflanzen‹), werden summarisch alle diejenigen Pflanzen genannt, die nach 1496 in Europa heimisch wurden.

Nutzgarten, auf Landwirtschaft und Ertrag hin angelegter Garten in Abgrenzung zum → Lustgarten. → Baumgarten, → Kräutergarten, → Potager.

Nymphaearium, der Begriff leitet sich von den Nymphaeaceen, den Seerosengewächsen her. Er bezeichnet eine Sammlung von Wasserpflanzen in Becken und Teichen, auch Aquarium genannt. Das N. ist Bestandteil eines → botanischen Gartens.

Nymphaeum (altgriech. *nymphaion*), den Wassernymphen geweihter kultischer Ort (Quelle), der in der griech. und röm. Antike überbaut wurde. Später wurden Nymphaeen an wichtigen Wasserzuleitungsorten angelegt als Säulenarchitekturen mit davorliegenden Bassins, tempelähnlichen Anlagen (Nîmes, Bad der Diana) oder Zentralbauten (Grundanlage des Baptisteriums im Lateran zu Rom). Im 17. und 18. Jh. werden sie vielfach in eigenen Gestaltungen innerhalb der Gesamtanlage des Gartens aufgenommen. Meist besteht ein N. aus einem um einen → Brunnen errichteten, halbkreisförmigen Gebäude mit reichem Statuenschmuck, der sich auf die Jagdgöttin Diana, zu deren Gefolge die Nymphen gehören, bezieht. Das Bad der Diana, Diana und der Jäger Aktäon, Diana und die Nymphe Kallisto gehören zu den häufig dargestellten Themen.

O

Obelisk (altgriech., ›kleiner Bratspieß‹), freistehender, sich nach oben hin verjüngender Pfeiler mit einer pyramidalen Spitze. In Ägypten als Symbol des Sonnengottes zu kultischen Zwecken aufgestellt, gelangten zahlreiche O.en nach der Eroberung des Landes als Trophäen ins römische Reich. Seit der Renaissance werden O.en als emblematisches Zeichen für Weisheit und Ruhm (O. auf dem Elefanten von Bernini vor der Kirche S. Maria sopra Minerva in Rom) als eigenständige Elemente in Zusammenhang mit → Brunnen und Skulpturen verwendet oder als Zierform in die Bauskulptur aufgenommen. In der Gartenkunst zieren O.en häufig als Sonnenuhr die Mitte eines Kabinetts.

Olbrich, Josef Maria (1867–1908), Mitbegründer der Wiener Sezession (1898); hierfür entwarf O. das Sezessionsgebäude. 1899 wurde er zusammen mit Peter → Behrens an die Darmstädter Künstlerkolonie berufen und baute das Ausstellungshaus und den Hochzeitsturm auf der Mathildenhöhe (1907/08). O. wird als Vorkämpfer des Jugendstils betrachtet. Seine Entwürfe von Farbengärten für die Allgemeine Gartenbauausstellung in Darmstadt von 1905 sind inspiriert von englischen Vorbildern, insbesondere von Gertrude → Jekylls Gartenkompositionen.

Orangerie (frz., ›Orangenhaus‹), heute insbesondere Bezeichnung für das Gebäude, in dem die frostempfindlichen → Zitrusbäumchen, aber auch andere exotische Pflanzen, wie der Granatapfel, Jasmin oder Hibiskus, überwintert wurden. Im 17. und 18. Jh. wurde der Begriff auch für jeden Platz in einem Garten verwendet, an dem Orangen- und Zitrusbäumchen in mobilen Kübeln während der Sommermonate Aufstellung fanden. Neben den festen Gebäuden gab es auch sog. abschlagbare Gewächshäuser für empfindliche Pflanzen, die im Winter über den im Boden eingesetzten Pflanzen errichtet wurden. Die Konstruktion für ein solches »Pomeranzenhaus« überlieferte Salomon → de Caus für den Heidelberger Schloßgarten (um 1620). Nach heutigem Sprachgebrauch unterscheidet sich die O. durch die solide Bauart und die gesellschaftliche Nutzung als → Gartenhaus und Festsaal vom → Gewächshaus. Die ersten O.-Bauten waren in Frankreich in der zweiten Hälfte des 17. Jh.s errichtet worden. Die architektonisch meist eingeschossigen Anlagen mit Fenstertüren bilden in Deutschland oft den Abschluß einer Gartenanlage, so z. B. die exedraartige O. von Schloß Gaibach (1700). Das O.-Gebäude, das im Sommer leer stand und auch als Aufenthaltsort genutzt wurde, konnte den eigenständigen Charakter eines Lustschlosses annehmen. Bedeutende Beispiele hierfür sind der → Zwinger in Dresden, das Untere Belvedere in Wien, die sog. Orangerie in Kassel, Schloß Karlsaue (1703–11) oder die Orangerie von Fulda (1722–26). → Hibernaculum.

Ornamental farm (engl., ›geschmücktes Bauernhaus‹, frz. *ferme ornée*), gleich einem Ziergarten oder Park gestaltetes landwirtschaftliches Anwesen. Der Begriff wurde von dem Dichter William Shenstone (1714–1763) eingeführt, der die Landwirtschaft mit der Gartenkunst in Verbindung bringen wollte. Diese Verbindung wurde von Humphry → Repton in seinen *Observations on the Theory and Practice of Landscape Gardening* (1803) scharf kritisiert. → Dorf, → Hameau.

Orto (ital., ›Garten‹), Obst- und Gemüsegarten. → Potager.

_____ **P** _____

Page, Russel (1906–1985), englischer Landschaftsarchitekt. P. studierte u. a. Malerei und war nach seinen Studien in einem Londoner Büro mit Pflanzplänen für Vorstadtgärten befaßt. Zwischen 1935 und 1939 arbeitete er mit Geoffrey → Jellicoe zusammen. Seine besondere Begabung lag in seinem Gespür für die Form der Pflanze, seine Gärten sind unter primär künstlerischem Aspekt konzipiert. P. steht damit in der Tradition von Gertrude → Jekyll. Zwischen 1945 und 1962 lebte P. in Frankreich, er erhielt internationale Aufträge.

Pagode, mehrstöckiger buddhistischer Tempelbau Ostasiens mit rechteckigem oder polygonalem Grundriß. Die Stockwerke von ungerader Zahl (3–9) werden jeweils von zeltartig ausschwingenden Dächern bekrönt. Als → Gartenhaus, meist als → Teepavillon, ist die P. im architektonischen Garten wie im Landschaftsgarten beliebt. Als Beispiel ist die über 50 m hohe Pagode (1762) in Kew Gardens von Sir William → Chambers anzuführen (→ Chinoiserien).

Palamey-Spiel, in Gärten ausgeübtes Kugelspiel. → Spiele.

Palisade, Zaun aus Hecken oder Bäumen, die in geometrische Formen geschnitten sind. Beispiele für P.n führt → Dézallier d'Argenville an.

Palissy, Bernard (um 1510 – 1590), französischer Kunsthandwerker und Kunsttheoretiker. Neben seinem keramischen Werk ist die Gestaltung von → Grotten hervorzuheben, u. a. die Grotten für Maria von Medici in den Tuilerien. In seiner kunsttheoretischen Schrift *Recepte véritable par laquelle tous les hommes de la France pourront apprendre à multiplier et augmanter leur thrésors …*, La Rochelle 1563, beschreibt P. einen manieristischen Garten mit teils bizarren und phantastischen Ausstattungsstücken, darunter lebensgroße, aus Ton gebrannte und glasierte Figuren, die dem Besucher täuschend echt erscheinen sollten. In den von ihm angelegten → Grotten sollten sich darüber hinaus zur Überraschung des Betrachters wie lebend wirkende Kriechtiere, Kröten, Eidechsen oder Schlangen tummeln, wie sie P. auch auf seinen Keramiken modellierte.

Palladianismus, vom Namen des italienischen Architekten Andrea → Palladio abgeleiteter Stilbegriff innerhalb des Klassizismus, der sich auf die stilistische und motivische Rezeption der Werke und Schriften Palladios außerhalb Italiens, insbesondere Englands bezieht. Wichtige Protagonisten palladianischer Architektur in der Gartenkunst sind Colen → Campbell und Inigo→ Jones.

Palladio, Andrea (1508–1580), Architekt und Architekturtheoretiker, beeinflußt von → Vitruv, → Alberti und → Bramante. Die europäische Garten- und Schloßbaukunst des 17. und 18. Jh.s wurde maßgeblich beeinflußt von der durch P.s Bauten charakterisierten Villenkultur im Veneto (→ Maser), die sich insbesondere auf die Bauform der → Maison de plaisance auswirkte. Sein theoretisches Hauptwerk *I quattro libri dell'architettura*, veröffentlicht erstmals 1570 in Venedig, wurde zur maßgeblichen Schrift für den sog. Neopalladianismus, der ganz Europa erfaßte. Zu großer Wirkung in England führte die Rezeption palladianischer Architekturprinzipien und -motive ab etwa 1620 durch Inigo → Jones und Colen → Campbell. Insbesondere die Villa Rotonda bei Vicenza (um 1565) und die mit Loggien überbaute Brücke als Entwurf für die Rialto-Brücke in Venedig sind Vorbild für Bauten in englischen Landschaftsgärten (u. a. in → Chiswick, → Stowe, → Stourhead; Brücken in Wilton, Wiltshire, 1737, und Prior Park Bath, 1756).

Palmengarten → Palmenhaus

Palmenhaus, Begriff des 19. Jh.s für → Gewächshäuser, in denen exotische Pflanzen in Kübeln überwintert, aber auch direkt im Erdboden gezogen wurden. Palmenhäuser zeichnen sich durch einen von einer hohen Kuppel bekrönten

Mittelbau aus, in dem die hochwachsenden Palmen kultiviert wurden. Als Beispiel sei das große P. im Schloßpark
von Schönbrunn, → Wien (1880–82), genannt, das über
eine bedeutende Sammlung seltener Pflanzen verfügte. Je
nach dem Wärme- oder Feuchtigkeitsbedürfnis der Pflanzen wurden Warm- oder Kalthäuser sowie Tropenhäuser
angelegt. Seit der Mitte des 19. Jh.s entstanden in den
öffentlichen Parkanlagen Palmenhäuser, die für jedermann
zugänglich waren und in denen neben der Zurschaustellung
exotischer Pflanzen auch botanische Forschung betrieben
wurde, z. B. das Glashaus im Regents Park, London, 1846.
2001 wurde das weltgrößte P. auf einer Länge von fast 1 km
an der Südwestküste Englands (Cornwall) eröffnet. Das
»Project Eden« schuf einen tropischen Regenwald unter einem transparenten Kuppeldach.

Pan (altgriech., ›all, alles‹) aus Kleinasien überlieferter, in
→ Arkadien beheimateter griechischer Schutzgott der Her-
den und Hirten, dem Hermes als Vater zugeordnet wird.
Meist verharmlosend dargestellt als gehörnter und bocks-
beiniger Naturgott, der auf der Panflöte (Syrinx) spielt oder
Nymphen nachstellt. Tatsächlich vertritt er die allgewaltigen
Kräfte der unbearbeiteten Natur außerhalb des Sozialen.
Feste Figur im → Skulpturenprogramm der Gartenkunst.

Panorama (altgriech., ›Allschau‹), Rundblick. Im Innenraum bewirkte ein Gemälde bzw. Fresko oder eine P.-Tape-
te die allseitige imaginäre Öffnung der Wand in eine Landschaft oder einen Garten. Gegen Ende des 18. Jh.s wurden
spezielle Rundbauten für Panoramen errichtet (Stadtan-
sichten, Landschaften, später auch Schlachtenszenen), die
während des 19. Jh.s eine beliebte Attraktion waren.
→ Gartenzimmer.

Pantheon (altgriech., ›allen Göttern [geweihter Tempel]‹),
einzig vollständig erhalten ist das Pantheon in Rom, das
115–125 unter Hadrian erbaut wurde und vielfach in Gärten Vorbild war für Bauten in verkleinertem Maßstab (z. B.
in → Stourhead).

Pan. Lithographie
Aus: F. L. von Sckell, *Beiträge zur bildenden Gartenkunst [...]*, München 1825

Paradies (aus dem pers., altgriech. *paradeisos* ›Umzäunung, Garten, grüner Ort‹), architektonisch ein Vorhof vor der Vorhalle (Narthex) einer frühchristlichen Basilika, der im Sakralbau weitertradiert und verschiedenartig ausgebildet wurde. Xenophon (434–355 v. Chr.) bezeichnete mit »Paradeisos« die persischen Königsgärten. Im allgemeinen Sprachgebrauch ist das P. als neutestamentliches Synonym für den Garten → Eden das »Urbild« für den schönsten aller Gärten, in dem das erste Menschenpaar bis zum Sündenfall lebte (1. Mose 2,8–15). Im Neuen Testament bezeichnet das P. das Jenseits als Ort der Seligen, so z. B. in der Apokalypse (*Offenbarung des Johannes*, Offb. 2,7), wo es als das »Himmlische Jerusalem« beschrieben wird. In der bildenden Kunst wird das P. dargestellt als Gartenlandschaft mit einem Überfluß an Wasser (vier P.-Flüsse) und Nahrung (Lebensbaum).

Paradiesgärtlein → Hortus conclusus

Parc (frz., ›Park‹), in Frankreich seit dem Mittelalter angelegtes, von Mauern umgebenes Waldstück, in dem landwirtschaftliche Nutzflächen (Obstplantagen, Weingärten) angelegt wurden und Tierhaltung, oft auch von seltenen Tieren (→ Ménagerie), betrieben wurde. Man unterscheidet zwischen Petit P. als im weiten Sinne gestalteter Lustgarten (→ Parterre, → Boskett) und Grand P. als ebenfalls eingezäuntes, aber ausgedehnteres Waldgebiet für die → Jagd seit dem 17. Jh., eingerichtet z. B. in → Vaux-le-Vicomte oder → Versailles. → Park.

Parco (ital., ›Park‹), der Begriff bezeichnet in Italien seit dem Spätmittelalter ein eingezäuntes Jagdgehege, das sich oft an den gestalteten Garten einer Villa anfügt. Erstmals wurden → Jagdpark und Garten kombiniert im Garten der Villa Lante in → Bagnaia.

Paris, Cimetière du Père Lachaise, im heutigen Stadtteil Ménilmont gelegener Friedhofsgarten auf einem seit dem Mittelalter zum Weizen- und Weinanbau genutzten Gelände. Nach seiner Veräußerung durch den Bischof von Paris

an die Jesuiten im Jahr 1626 erlebte das Areal eine wechsel-
volle Geschichte bis 1804. Die Stadt Paris hatte es erworben, um dorthin den Friedhof der Gemeinde Saint-Mar-
guerite zu überführen. Beauftragt mit der Gestaltung wurde Théodore Brongniart (1739–1813), der die hügelige
Landschaft in einen Park umwandelte. Er sollte den Lehren
des von Brongniart verehrten Jean-Jacques → Rousseau
folgend ein → Elysion werden. Der ursprüngliche Landschaftspark mit Zypressen, Pappeln und Trauerweiden
und weit voneinander entfernt gelegenen Gräbern wurde
schnell zu einem gesuchten Friedhof für Reiche und Berühmte, so daß bald von dem ursprünglichen Park kaum
noch etwas zu sehen war. Angesichts der vielen berühmten
Verstorbenen ist der Père Lachaise heute noch eine Pil-
gerstätte insbesondere für Liebende, seitdem Abélard
(1079–1142) und Héloïse (1101–1164), das berühmte Lie-
bespaar des Mittelalters, 1817 hierher überführt wurden.

Park (von lat. *parcere* ›schonen‹), ein mit Bäumen bestan-
denes, meist eingezäuntes Gebiet, das im Gegensatz zum
Wald oder Forst nicht landwirtschaftlich genutzt wird, sondern ausschließlich dem Aufenthalt im Grünen, der Bewegung und der Freizeitgestaltung gilt. Die Begriffe P. und
→ Garten werden meist synonym gebraucht (z. B. Schloßgarten oder Schloß-P., → Volksgarten oder Volks-P.), wobei
der Begriff des Gartens eine »künstlichere« Gestaltung der
Anlage im Sinne des geometrischen Gartens zu beinhalten
scheint und meist eine kleinere Anlage meint. Eine strenge
Unterscheidung beider Begriffe gibt es nicht. So wird der
»natürliche« Landschaftspark nach englischem Vorbild
auch als → Landschaftsgarten (→ Englischer Garten) bezeichnet. Das Wort stammt aus dem italienischen Sprachgebrauch, wo seit dem 15./16. Jh. der → parco als Jagdgarten
dem gestalteten Garten einer Villa angegliedert ist.

Parkpflegewerk, kontinuierliche Betreuung und Betriebs-
führung gartenkünstlerischer Anlagen. Intensive Bemühungen im Sinne gartendenkmalpflegerischer (→ Gartendenk-

malpflege) Maßnahmen zum Schutz und zur Erhaltung historischer Gärten beginnen in Deutschland um die Wende vom 19. zum 20. Jh. Schädigungen des ›Idealzustandes‹ durch Naturereignisse, Kriegsschäden, Veränderung von Standortbedingungen, mangelnde regenerative und restaurative Eingriffe, nachträglich vorgenommene ›falsche‹ Pflanzungen sowie Vernachlässigung im allgemeinen Sinne führten schließlich seit dem Ende der 50er Jahre zur Forderung nach P.en. Ein P. beinhaltet die Erforschung der Anlage, auf ihr gründende Bestandsgutachten, die Erstellung eines Leitbildes, Planwerkes und Arbeitsprogrammes, das auch langfristige Pflegeanweisungen samt Kostenschätzungen enthält. Ein P. ist unerläßliches Instrument zur Erhaltung einer denkmalwürdigen Anlage. Zur Lösung u. a. der Probleme im Zusammenhang mit P.en wurde 1963 von der »Deutschen Gesellschaft für Gartenkunst und Landschaftspflege« ein »Arbeitskreis für Historische Gärten« gegründet. Das Neu- bzw. Weiterbauen in historischen Gartenanlagen wird gegenwärtig zurückhaltend beurteilt. Dem steht die Forderung gegenüber, daß nicht ein bestimmter Zustand erhaltenswert ist, sondern die unterschiedlichen historischen Ausbildungen. Als problematisch werden heute Rekonstruktionen oder historisierende Neuschöpfungen beurteilt, nicht zuletzt, weil der ›Idealzustand‹ kaum bestimmbar ist.

Parterre (frz., ›am Boden‹), ebene, verschiedenartig gestaltete Fläche unmittelbar vor dem Schloß gelegen, die am besten von erhöhtem Blickpunkt aus zu übersehen ist. Nach Augustin-Charles → d'Aviler wurden P.formen ausführlich behandelt von → Dézallier d'Argenville. Danach unterscheidet man verschiedene Typen des P.s: (1) *P. à l'angloise*, ein von Blumen gerahmtes, großes, rechteckiges Rasen-P., mit breiteren Wegen gestaltet als das Blumen-P.; (2) *P. de broderie*, eine ebene Fläche mit so kunstvoll angelegten Beeten, daß sie an Stickmuster erinnern (→ Broderie), von 1620 bis 1720 ist diese Form das wichtigste Gestal-

Parterre-Entwürfe von Johann David Fülck
»Ein par Terre von außen mit Grotesque und Mosaique« (l.);
»Ein gleichformiges par Terre von Proderie Grotesque und
Mosaique, die rabatten mit Wasen garnirt« (r.)

Aus: Johann David Fülck, *Neue Gartenlust [...]*, Augsburg 1720
(reprogr. Nachdr. Worms 1994)

tungsmittel des architektonischen Gartens: die Muster setzen sich aus bunten Kies- oder Sandflächen zusammen und
werden mit niedrigem → Buchs eingerahmt. (3) *P. de broderie melée de massifs de gazon* (kurz P. melée), mit massi-
gen, verschiedenartigen Rasenstücken eingefaßte Broderien.
(4) *P. de compartiment*, mit Rasenstücken, Büschen und
Blumenrabatten gestaltete → Kompartimente, die in der
zweiten Hälfte des 18. Jh.s gebräuchlich waren; Ornamente
aus Blumen und Rasen wechseln miteinander ab. (5) *P.
d'eau*, mit eingefaßter Wasserfläche gestaltet. (6) *P. gazon
coupé*, mit ausgestochenen Rasenstücken geformt; ab etwa
1720 eingeführt, ersetzt es das P. de broderie. (7) *P. de*

pièces coupées pour des fleurs, mit flächigen Blumenrabatten in ausgestochene Aussparungen aus Rasenflächen komponiert.

Paßspiel, angeblich vom bayerischen Kurfürsten Max Emanuel erfundenes Kricket-ähnliches Spiel mit Kugeln und Schlägern. Das Spiel ist dargestellt in dem Stichwerk zu Schloß Nymphenburg in → München von Matthias → Diesel (→ Spiele).

Pastorale (von lat. *pastor* ›Hirte‹), Darstellung eines Idealbildes des Hirten- bzw. Landlebens als friedvolle Utopie im Sinne des Goldenen Zeitalters (Eklogen von → Vergil), siehe auch → Arkadien, → Bukolica. Als Gattung in der italienischen Malerei des 17. Jh.s entstanden, waren Schäferidyllen v. a. im Rokoko (Malerei, Porzellan, Theater und Literatur) weit verbreitet (→ Schäferspiele).

Patio (span., ›Hof, Ruhe‹), Innenhof als nicht überdachter Raum im Zentrum eines spanischen oder ibero-amerikanischen Wohnhauses, der für praktische Arbeiten ebenso wie als Ort der Muße genutzt wird. Die Tradition der prachtvoll ausgestatteten Innenhöfe in spanischen Palästen und Bauten Wohlhabender wurde in der maurischen Architektur seit Mitte des 8. Jh.s begründet. → Peristyl.

Patte d'oie (frz., ›Gänsefuß‹), drei von einem zentralen Punkt radial ausstrahlende → Alleen. Im 17. Jh. außerhalb des eigentlichen Gartens gelegenes, vom Park wegführendes → Wegesystem. Im 18. Jh. konnte das P. d'o. direkt vom Schloß ausgehen, und es durchzog als gliederndes Achsensystem das → Parterre bzw. das → Boskett.

Pavillon (frz., ›Zelt, Gartenhaus‹), abgeleitet von frz. *papillon* ›Schmetterling‹, meint P. zunächst ein »fliegendes«, d. h. schnell auf- und abgebautes Gebäude. Als Garten-P. ist er ein kleines freistehendes, mit einem Zeltdach oder Baldachin versehenes → Gartenhaus, das in barocken Anlagen häufig in Schnittpunkten oder am Ende von → Alleen steht, während es in englischen Landschaftsgärten oft in hervorgehobener Lage als Teil eines »Landschaftsbildes«

fungiert. In der Schloßarchitektur gehört der P. zum gesamten Baukörper, wird jedoch durch ein eigenes Dach als
eigener Bauteil separiert.

Paxton, Joseph (1801–1865), englischer Gärtner und Ingenieur. In Paxtons Zeit als Obergärtner in Chatsworth,
Derbyshire (1826–58), fiel die Bauzeit des dortigen großen
Gewächshauses, mit dem es möglich wurde, exotische
Pflanzen in größerem Umfang zu beherbergen. P. gelang es
erstmals, die Amazonas-Lilie zum Blühen zu bringen. Das
Gewächshaus von Chatsworth wurde Prototyp für P.s berühmten »Kristallpalast«, der auf der Weltausstellung von
1851 gezeigt wurde. P. war neben John Claudius → Loudon
maßgeblich an der Entwicklung der Glashäuser im 19. Jh.
beteiligt.

Pergola (ital., ›Laube, Weinlaube‹), über senkrechten Stützen liegendes horizontales Rankgerüst, das eine rechteckige, berankte Laube für einen → Laubengang, eine → Terrasse oder Umfriedung ausbildet.

Perspektive (von lat. *perspicere* ›hindurchsehen‹), Methode, durch Mittel der Verkürzung, Konvergenz der Linien,
Größenab- oder -zunahme einen Raum so auf einer Fläche
wiederzugeben, daß es den Sehbedingungen des Raumes
und der in ihm befindlichen Körper entspricht. Zu unterscheiden sind Zentral-, Linear-, Parallel-, Frosch-, Vogel-
und Kavalier-P.

Peristyl (altgr., ›rings von Säulen umgeben‹), offener, säulen- oder pfeilergestützter Umgang im → Atrium eines römischen Hauses, der der griechischen Baukunst, insbesondere dem Wohnhaus, entlehnt ist. Das P. war gleichzeitig
der Garten des römischen Wohnhauses, um den sich die
Räume gruppierten. Zum antiken römischen Garten vgl.
auch im Kapitel »Gartenstile Europas« S. 11.

Peristylgarten → Peristyl

Peschiera (ital., ›Fischteich‹), in einem Garten gelegenes,
meist als viereckiges Wasserbassin gestaltetes Becken, in
dem Fische zum Angeln gehalten wurden. Die meisten

Gartenanlagen verfügten über ein großes, mit Booten zu befahrendes Wasserbecken, das mehr oder weniger künstlerisch gestaltet mit → Fontänen, → Wasserspielen und Skulpturen ausgestattet war. Beispielsweise dienten die großen seeartigen und mit Kanälen verbundenen Bassins in der Gartenanlage des Jagdschlosses Clemenswerth, 1737–47 von Johann Conrad → Schlaun erbaut, der Entenjagd wie dem Fischfang.

Petit Genneville → Yerres

Petri, Johann Ludwig (1714–1794), deutscher Gärtner. Als Hofgärtner im Dienst des Kurfürsten Carl Theodor von der Pfalz in Zweibrücken und Saarbrücken tätig, arbeitete P. mit Nicolas de → Pigage in → Schwetzingen zusammen, wo er 1752 den Park der kurfürstlichen Sommerresidenz umgestaltete. In Ergänzung der Pläne Pigages verwirklichte P. in den Jahren nach 1753 einen Gartenentwurf für Schwetzingen, der sich durch die zentrale Anlage eines Rondells auszeichnet. Nach P.s Plänen ergänzten nun → Berceaux die von Pigage konzipierten → Zirkelhäuser, so daß ein hermetisch in sich geschlossenes Rund ohne Ausblick entstand. Nach der Rückkehr P.s nach Zweibrücken erweiterte Pigage nach 1761 die Gartenanlage und fügte zahlreiche Gebäude hinzu. Von P.s Plan blieben nur die → Alleen und Berceaux im → Zirkel verwirklicht.

Petzold, Eduard (1815–1891), Gärtner und Gartentheoretiker. P. war neben Peter Joseph → Lenné einer der bedeutensten Gartenkünstler und -theoretiker des 19. Jh.s. Er plante zahlreiche Gartenanlagen in Deutschland und im europäischen Ausland. Eines seiner Hauptinteressen galt dabei der Dendrologie. Nach ausgedehnten Europareisen war P. Hofgärtner in Weimar und übernahm später die gärtnerische Leitung des Parkes in → Muskau. Sein Werk steht unter dem Einfluß → Pückler-Muskaus.

Pflanzenbuch → Botanik, → Herbarium

Pflanzendarstellung, die Darstellung von Pflanzen in der bildenden Kunst ist seit der paläolithischen Zeit bekannt

(Malereien in der Grotte des Espelugues, Frankreich). Bereits in der antiken Baukunst wurden stilisierte P.en in die Bauornamentik aufgenommen (griechisches Akanthuskapitell, ägyptische Pflanzensäule). In der römischen, insbesondere augusteischen Kunst spielte das vegetabile Ornament als Schmuck in der Architektur und Skulptur eine ebenso wichtige Rolle wie die autonome Pflanzen- und Gartendarstellung in der römischen und pompejanischen Wandmalerei (→ Gartenzimmer). Die Tradition des Pflanzenornaments setzt sich kontinuierlich im Mittelalter fort. Naturgetreue Darstellung einzelner Pflanzen erfolgte nicht nur aus botanischem und medizinischem Interesse (→ Botanik). Die Darstellung von Pflanzen um ihrer selbst willen und aufgrund ihres Symbolgehaltes (→ Pflanzensymbolik) erlangte im Bauornament gotischer Kathedralen des 13. Jh.s (z. B. Kathedrale Reims, Westwand; Naumburger Dom, Westchor) eine ungewöhnliche und bis in barocke Zeit unerreichte Naturtreue, wenngleich sich die Detailgenauigkeit und Vielfalt seit der Renaissance in der Skulptur (Lorenzo Ghiberti, Bronzetür des Florentiner Baptisteriums, 1404–24; Hans Witten, Tulpenkanzel in Freiberg, um 1508/10) ebenso wie in der Malerei steigerten. Die P.en Leonardo da Vincis beeinflußten nördlich der 'Alpen Albrecht Dürer und andere Künstler. Ein Beispiel für die genauen botanischen Kenntnisse Dürers ist das berühmte Rasenstück von 1503 (Aquarellzeichnung, Wien, Albertina), das als die erste autonome P. in der Malerei der frühen Neuzeit gilt. Eine Verselbständigung der P. erfolgte durch die Ausbildung einer eigenen Gattung des Blumenstillebens in der holländischen Malerei des ausgehenden 16. Jh.s. Nicht zuletzt ausgelöst durch die Begeisterung für exotische Blumen wie die Tulpe entstanden im 17. Jh. in den Niederlanden die prachtvollen Blumenstilleben, u. a. von Jan Breughel d. Ä. (1568–1625) oder Daniel Seeghers (1590–1661). Als bedeutende Bildgattung setzte sich das Blumenstilleben während des 19. und 20. Jh.s fort. P. war im Kunsthandwerk

in allen Stilepochen von Bedeutung. Hervorzuheben ist insbesondere die Porzellanmalerei im 18. Jh. Im 19. Jh. nah-
men die Reformer der Arts & Crafts-Bewegung, wie John
Ruskin und William → Morris, das überladene viktorianische Ornament zurück. Morris machte die naturalistische,
aber stilisierte P. zur Grundlage seiner Ornamentik und beeinflußte so das Pflanzenornament des floralen Jugendstils.
In der klassischen Moderne mit dem Postulat von »Ornament und Verbrechen« (Adolf Loos) wurden pflanzliche Formen zugunsten geometrischer zurückgedrängt und
haben seither einen eher konservativ-reaktionären, auf
das konventionelle Kunsthandwerk beschränkten Beige-
schmack.

Pflanzenjagd, das bewußte Sammeln von Pflanzen, um
Arzneien zu gewinnen, Geschmacks- und Duftstoffe zu
steigern oder zu erzeugen, unterscheidet sich erheblich von
der P., die parallel zur Entdeckung anderer Kontinente mit
der zunehmenden Forschungs- und Reisetätigkeit einsetzte.
Einer der ersten, der allein zum Zweck der Pflanzenstudien
den Orient bereiste, ist der sächsische Gärtner George
→ Meister, der 1689 mit fast 500 exotischen Pflanzen heim-
kehrte. Maria Sibylla → Merian, die 1700 nach Südamerika
aufbrach, bündelte ihre Eindrücke in ebenso künstlerischen
wie wissenschaftlich überzeugenden Stichwerken. Im 18. Jh.
nehmen Expeditionen zur Beschaffung exotischer Pflanzen
für fürstliche Gärten rapide zu: Allein für den Garten von
Schloß Schönbrunn werden seit 1755 sechs Expeditionen
nach Afrika, Westindien, Brasilien und Nordamerika unter-
nommen. Kew Gardens, der Park der englischen Prinzessin
Augusta, beherbergt um 1770 etwa 3500 verschiedene Pflan-
zenarten (→ Herbarium). Forschungsreisende wie Alexander von Humboldt (1769–1859), der die Erkenntnisse seiner Amerika-Expedition in den 30 Bänden, davon 14 botanischen Werken, der *Voyage aux régions équinoctiales du
Nouveau Continent* (1805–34), festhielt, bereisten exotische
Länder aus rein botanischem und völkerkundlichem Inter-

esse. Naturwissenschaftliche Erkenntnisse stehen seit dem 19. Jh. bei der Pflanzenjagd im Vordergrund. Der Naturforscher Carl → Linné entwickelte eine neue, bis heute gültige Systematik für Pflanzen nach exakten wissenschaftlichen Kriterien. Züchtungen und Kreuzungen in Europa (→ Pflanzenzucht) werden intensiviert seit 1930. Im Index Kewensis, der in den Royal Botanic Gardens in Kew geführt wird, werden seit 100 Jahren alle neuentdeckten Pflanzen erfaßt (etwa 2000 jährlich). Die Jagd nach Pflanzen ist zugleich eine Jagd nach sekundären Pflanzenstoffen wie Arzneien, kosmetisch wirksamen Inhaltsstoffen, Farbstoffen u. a. m. Die »Jagd« nach Pflanzen mit Methoden der Genforschung hat begonnen.

Pflanzenmoden, Erfahrungswerte medizinisch wirksamer Inhaltsstoffe, Duft, Farbe und äußere Gestalt führten früh zu positiven oder negativen Bedeutungszuweisungen für Pflanzen bzw. Blumen und wurden in der → Pflanzensymbolik verschlüsselt tradiert. Nicht immer abgrenzbar zur Pflanzensymbolik werden zeitlich begrenzte Vorlieben für Pflanzen und Blumen entwickelt: P. bestimmen den Einsatz von vegetabilen Mustern für den Garten- bzw. Zimmerschmuck, die Vorlagen für die Musterung und Gestaltung von Stoffen und anderen Gebrauchsgegenständen. P. sind häufig von ökonomischen Interessen mitbestimmt. Die Tulpe z. B., aus dem Orient eingeführt und 1576 von dem Wiener Hofbotaniker Carolus Clusius erstmals beschrieben, löste eine Tulpenbegeisterung in ganz Europa aus. Mit Zusammenbruch der Tulpenbörse in Amsterdam 1637 wurden wegen überhöhter Preise ganze Wirtschaftszweige zum Erliegen gebracht. Die Tulpe ist ein typisches Beispiel für eine der Mode unterworfene Blume, die aufgrund ihrer späten Einführung nach Europa keine eigene Symbolik ausbildete. Gestalt und Farbe einer Pflanze sind nicht selten Spiegel des Stils derjenigen Epoche, die sie modisch bevorzugte. So scheint das Aussehen der spitzblütigen Akelei prädestiniert, die Kleiderform (Schnabelschuhe, Hauben)

des 14. Jh.s zu reflektieren. Das Erscheinungsbild der viel-
blättrigen Rose entsprach dem üppigen Kleiderstil des Rokoko, während z. B. der sich windende Schlafmohn mit seinem Linienfluß nicht zufällig dem Formgefühl des Jugendstils gleichkam. → Pflanzendarstellung.

Pflanzensymbolik, siehe auch → Pflanzendarstellung. Allgemein gelten Blumen seit der Antike als Symbol für den
Frühling und damit für → Flora. Bereits in der antiken
Mythologie entwickelt (z. B. → Rose für Venus, Efeu für
→ Pan, Lorbeer für Apoll, Wein für Bacchus usw.), wurde
die P. in der christlichen Kunst tradiert und variiert (Rose
und Lilie für die Madonna, Wein für Christus usw.). Schon
im frühen Christentum werden Pflanzen als Attribute bestimmten Heiligen und Märtyrern zugeordnet. Seit dem
12. Jh. (*Liber floridus*, d. h. *Buch der Blumen*, enzyklopädi-
sches Werk des Kanonikers Lambertus von St. Omer in
Flandern, 1120) bildete sich eine kodifizierte, wenn auch
nicht immer eindeutig zuweisbare Symbolik und Ikonographie aus, die sich aus der Farbe, dem Aussehen und der
Wirkung von Pflanzen und Blumen entwickelte (→ Pflanzenmoden, → Paradiesgärtlein).

Pflanzentransport → Wardscher Kasten

Pflanzenzucht, die Blumenzucht gelangte in der Antike,
von Persien ausgehend, nach Europa, während die Griechen und Römer bis in hellenistische Zeit hauptsächlich
den Nutzgarten kannten. Die P. ist im engen Zusammenhang mit der → Pflanzenjagd zu sehen. Das intensive und
Ende des 18. Jh.s professionelle Sammeln von Pflanzen in
aller Welt war zunächst vorrangig von wissenschaftlichem
Erkenntnisdrang und der Möglichkeit praktischer Nutzung
neu gefundener Spezies motiviert. Neu eingeführte Pflanzen fanden darüber hinaus schnell in Gärten Einzug, wo sie
schließlich anders als in botanischen Gärten oder in → Ar-
boreta nach ästhetischen Kriterien angepflanzt wurden. Seit
Ende des 18. Jh.s kommen prosperierende Gartenbaube-
triebe dem Bedürfnis nach neuen Pflanzen nach und sind

heute dank hochentwickelter P.-Methoden in der Lage, mit ihren Angeboten das Bedürfnis nach neuen Pflanzen zu befriedigen bzw. zu wecken. Pflanzenzüchtungen finden heute vorrangig im Labor statt. Freilandexperimente insbesondere mit genetisch verändertem Saatgut zu Forschungszwecken und zur Angebotserweiterung ästhetisch attraktiver Pflanzen werden sorgfältig überwacht und unterliegen staatlicher Kontrolle.

Pflanzgefäße, mit der wachsenden Vorliebe für exotische, nicht winterharte Gewächse seit dem 17. Jh. waren mobile Gefäße notwendig geworden, die im Sommer nach draußen gepflanzt oder gestellt werden konnten, während sie im Winter in die → Gewächshäuser und → Orangerien gebracht wurden. In Italien benutzte man dafür Töpfe und Kübel aus → Terrakotta, im Norden wurden Kästen oder Kübel aus Holz (Vorbild war die → Caisse de Versailles) für die größeren, Tontöpfe für die kleineren Pflanzen verwendet. Daneben waren auch kostbare Vasen und Gefäße aus Bronze und Blei, aus Porzellan oder porzellanimitierender Fayence (sog. Delfter Porzellan) in Gebrauch. Im 19. Jh. gab es zahlreiche, später auch industriell gefertigte »Blumenscherben« aus Ton in unterschiedlichen Größen für den differenzierten Gebrauch durch den professionellen wie den privaten Blumen- und Pflanzenzüchter. Auch Holzkübel, wie sie → Loudon 1822 in seiner *Encyclopaedia of Gardening* beschreibt, waren noch im Gebrauch.

Pflanzprogramme, sorgfältig ausgearbeitete Pläne unter Berücksichtigung von Boden-, Licht- und Klimaverhältnissen sowie von Nützlichkeitserwägungen, wissenschaftlichen Interessen oder/und ästhetischen Überlegungen. P. wurden jahreszeitlich unterschieden. Eine beispielhafte Bepflanzung des Renaissancegartens in Deutschland stellte Joseph → Furttenbach vor. Sie bestand aus Kaiserkrone, Tulpe, Türkenbund, Narzisse, Hyazinthe, Iris, Schachblume, Anemone, Krokus, Milchstern und Ranunkel. Nach historischen Plänen und Beschreibungen versucht man heute die ursprünglichen Bepflanzungen in den Gärten nachzuempfinden. Vorbildhaft sind die jährlich neu erstellten P. für den Garten von Schloß Villandry, Frankreich, die – nicht unumstritten – den Renaissancegarten in Anlehnung an die Beetentwürfe von Jacques-Androuet → du Cerceau nachgestalten wollen. Im Schloßpark Benrath, → Düsseldorf, ist das Pflanzprogramm für den Garten der Kurfürstin (entwickelt im 18. Jh. nach → Dézallier d'Argenville) rekonstruiert und wiederbelebt worden (→ Jahreszeiten).

Philosophengarten, Tradition philosophisch motivierter Zusammenkünfte von Gelehrten, um in der Abgeschiedenheit eines Gartens frei von sozialen Regeln und Konventionen und damit ausschließlich geleitet von der Liebe zur Wahrheit handeln zu können. Platon (427–347 v. Chr.) erwarb in Athen einen Garten (nach 388 v. Chr.), den er den Musen weihte und in dem er lehrte. Aristoteles (284/3–322/1 v. Chr.) folgte dessen Beispiel und hielt seine Vorlesungen im sog. Lykaion, in der Nähe des Tempels des Apollon Lykaios. Als »Philosophie des Gartens« bezeichnete Epikur (342–217 v. Chr.) seine Lehre. Wie Platon und Aristoteles lehrte er außerhalb von Athen in einem Garten. Die Form des Lehrens und Philosophierens im Garten lebte in der italienischen Renaissance wieder auf. Marsilio Ficino (1433–1499) versammelte in einer von Cosimo de' Medici geförderten »Platonischen Akademie« nach antikem Vorbild in einer Villa in Careggi bei Florenz die Gelehrten seiner Zeit, um christliche und platonische Philosophie zu harmonisieren. → Arkadische Akademie-Gärten.

Pianelle (ital. *pianella, -e* ›Flachziegel‹), flache Ziegel zur Einfassung von Blumenbeeten im italienischen Garten, wie sie z. B. für die Rekonstruktion viktorianischer Blumenschüsseln (→ Corbeilles de fleurs) in der Villa Medicea La Petraia in → Florenz-Castello verwendet wurden.

Pigage, Nicolas de (1723–1796), lothringischer Architekt. In den Jahren 1744–46 studierte P. an der Académie Royale d'Architecture in Paris, nachdem er sich an der Ecole Militaire in Paris zum Ingenieur-Baumeister hatte ausbilden lassen. Seit 1749 fungierte er als »Intendant der Gärten und Wasserkünste«, danach seit 1752 als Oberbaudirektor bei Carl Theodor von der Pfalz. Er arbeitete in Schwetzingen zusammen mit Johann Ludwig → Petri. 1762 schließlich wird P. zum Gartendirektor ernannt. P. war maßgeblich beteiligt an der Gestaltung des Schloßparks in → Schwetzingen und an der Anlage von Schloß Benrath in → Düsseldorf, für dessen Neubau er als Architekt seit 1755 verantwortlich war. P. ist einer der bedeutendsten Baumeister in Deutschland in der Übergangzeit vom Spätbarock zum Klassizismus.

Plate-bande (de fleurs) (frz., ›Einfassung‹), das → Parterre umgebende Blumenrabatte. Oft enthielt sie auch Sträucher und Formbäumchen.

Pleasureground (engl., ›Vergnügungsplatz‹), direkt am Haus gelegener, sog. »innerer« Garten, der zum »äußeren« (Wald-)Park überleitet.

Plinius d. Ä. (Cornelius Plinius Secundus, 23–79 n. Chr.), römischer Staatsbeamter und Offizier, Onkel des → Plinius d. J. P. kam bei dem Ausbruch des Vesuv 79. n. Chr. ums Leben. Seine *Naturalis historia* in 37 Büchern stellen das größte naturwissenschaftliche Sammelwerk der Antike dar. Neben naturgeschichtlichen Abhandlungen enthält das Werk auch geographische, ethnographische und kunsthistorische Schilderungen über Malerei und Skulptur, da Minerale und Metalle in ihrer Verarbeitung auch für die Künste von Bedeutung sind. In der schon im Mittelalter überlieferten und vielfach für den Gartenbau rezipierten Naturkunde gibt P. detaillierte Anweisungen für die Bestellung von Äckern und Gärten in der Landwirtschaft.

Plinius d. J. (Gaius Plinius Caecilius Secundus, 61/62 – um 113 n. Chr.), römischer Schriftsteller und Politiker, Neffe des → Plinius d. Ä. Für das Wiederaufleben der Villenkultur und der Gartenkunst in der Renaissance sind die Briefe des P. an verschiedene Adressaten von höchstem Rang (C. *Plini Caecili Secundi Epistularum libri decem;*

Gaius Plinius Caecilius Secundus, *Briefe*, lat.-dt., hrsg. von
Helmut Kasten, München 1968), in denen er sein Landleben und seine Villen beschreibt (→ Alberti, → Colonna).
Die Briefe, insbesondere derjenige über die Villa in Tuscien,
gelten als die wichtigste Quelle zur Rekonstruktion der römischen Villa und ihres Gartens.

Point de vue (frz., ›Blickpunkt‹), markanter Blickpunkt in
einer Haupt- oder Nebenachse des Gartens. Als P. d. v.
konnte ein Landschaftsprospekt ebenso gelten wie eine Statuengruppe, ein Gebäude oder ein → Brunnen als Blickfang
am Endpunkt einer Weg- oder Blickachse. Sowohl im geo-
metrisch-barocken Garten als auch im englischen Landschaftsgarten wurden P.s d. v. als Blickfang eingesetzt.

Pomeranze (von frz. *pomme orange* ›goldener Apfel‹),
alter Begriff für die Orange. → Zitrusbäumchen, → Hesperiden.

Pomeranzengarten, Pomeranzenhaus, historische Bezeichnung für → Orangerien, in denen exotische Pflanzen
aufgestellt wurden, z. B. bei Josef → Furttenbach in seiner
architettura privata von 1641 verwendet.

Pomona, römische Göttin der Obstbäume und Beschüt-
zerin der Gärten. P. ist die Gemahlin des Vertumnus, des
Gottes des Wandels und damit auch der → Jahreszeiten.
Dargestellt ist Vertumnus in der Gartenplastik häufig in der
Gestalt eines alten Weibes zusammen mit P., der er sich in
dieser Gestalt näherte, um sie endlich für sich zu gewinnen,
nachdem er sich vorher als Schnitter, Gärtner oder Winzer
verkleidet vergeblich um ihre Gunst bemüht hatte.

Pope, Alexander (1688–1744), englischer Dichter und di-
lettierender Maler. P. veröffentlichte wie Joseph → Addison
im *Spectator* Artikel zur Gartenplanung und weckte damit
ein breites Interesse für Gartenkunst. Als Mentor der
Whig-Tory-Opposition wandte er sich gegen den höfischen
Adel und die Regierung. Sein an der Themse gelegener
(heute zerstörter) Garten in Twickenham wird als Ausgangspunkt für die Entwicklung des englischen Land-

Jan Commelijn: Pomeranzenhaus der Akademie von Leyden
Aus: *Nederlantze Hesperides, dat is Oeffening in Gebruick van de Limoen-
en Oranje-Boomen [...]*, Amsterdam 1676

schaftsgartens gesehen. Er gilt als der erste Garten, der jede
geometrische Anlage und den Baumverschnitt vermeidet,
um sich als »ungeschmückte Natur« zu präsentieren.

Postmoderner Garten, s. u. »Gartenstile Europas« S. 31–34.

Potager (frz., ›Gemüsegarten‹), auch *jardin potager*. Ge-
müse- oder Küchengärten, die sich als Nutzgärten stets an
die Gartenanlagen anschlossen, konnten ebenso wie Ziergärten kunstvoll angelegt sein. Beispiele dafür gibt es im
Stichwerk der *Plus excellents bastiments de France* (1576–
79) von Jacques-Androuet → du Cerceau. Eine schöne,
wenn auch nicht unumstrittene Rekonstruktion eines Re-
naissance-Gemüsegartens nach dem Vorbild Du Cerceaus
zeigt der seit 1906 neu angelegte Garten von Schloß → Villandry (Loire). → Kräutergarten.

Potsdam, Park Schloß Sanssouci, Schloß und Garten von
Sanssouci wurden für Friedrich den Großen 1740 von
Georg Wenzeslaus von Knobelsdorff entworfen und entstanden in den Jahren 1744–50. 1750 kam der sog. Rehgar-
ten, 1763–70 das Neue Palais mit seinem Garten hinzu, so
daß sich in einer Ost-West-Achse verschiedene Gartenteile
aus Nutz- und Lustgärten sowie waldähnlichen Partien erstrecken. Vor dem eingeschossigen Schlößchen, das als
»Lusthaus auf dem Weinberge« geplant war, zieht sich ein
treppenartig angelegter Hang mit gläsernen Gewächshäusern herab, in denen Obst gezogen werden sollte. Diese
Kombination eines vor dem Schloß gelegenen repräsentativen Terrassengartens mit dem »gläsernen Berg« als Nutzgarten ist einmalig. Am Fuße des Hangs schlossen sich ein
Wasserbecken und das → Parterre an. Verschiedene kleinere Gartenarchitekturen, darunter die Neptungrotte (1753)
und die Bildergalerie (1754) wurden in den Park integriert.
Hervorzuheben ist das prächtige, aus exotischen und naturalistischen Architekturformen erbaute Chinesische Teehaus (1755), ein verstecktes Lustschlößchen, das in einem
Labyrinthbezirk aus verworrenen Wegen und Kabinetten
ans westliche Ende des Gartens gerückt wurde.

Prater (von ital. *prato* ›Wiese‹), → Volkspark in Wien, der auf ein kaiserliches Wildgehege zurückgeht, welches 1767 der Öffentlichkeit zugänglich gemacht wurde. Seit dem 19. Jh. ist der P. Festwiese und Ausstellungsgelände (Weltausstellung 1873). Der Begriff leitet sich ab von lat. *pratrum commune*, einer öffentlichen Wiese vor den Toren der Stadt, wie sie schon im Mittelalter angelegt wurde. Die Wiesen dienten als Fest- und Repräsentationsplatz, als Schieß- oder Truppenübungsplatz sowie als Sport- und Spielplatz.

Pratolino, Parco Demidoff (Toskana, Italien), die Formen des neben → Bomarzo bedeutendsten manieristischen Garten Italiens sowie die Villa, die Francesco I. de' Medici sich ab 1569 von Bernardo → Buontalenti in den kühlen Hügeln nördlich von Florenz als Sommerresidenz anlegen ließ, sind nicht mehr erhalten. Der Garten präsentiert sich heute aufgrund einer auch den Abriß der Villa in Kauf nehmenden Umgestaltung von 1820 als Landschaftspark, der im Jahre 1872 in den Besitz des Prinzen Paul Demidoff de Donata überging. Nur noch die berühmte, riesenhafte Figur des Appenin von Giambologna zeugt von der einstigen Pracht des Gartens und seiner bizarren Ausstattung, die durch ein Gemälde von Giusto Utens (gest. vor 1609) überliefert ist. Ein durch unregelmäßige, aber schnurgerade Wegschneisen durchzogenes Waldgebiet erstreckte sich zu seiten der von der Villa wegführenden breiten Mittelachse auf abfallendem Gelände. Flankiert wurde das → Boskett zu beiden Seiten von einer Kette unregelmäßig geformter Wasserbecken, deren Wasser in größeren Becken am Fuße des Abhangs mündete. Zahlreiche → Brunnen und Skulpturen, darunter Brunnenfiguren von Bartolomeo → Ammannati (heute Bargello, Florenz), schmückten den Garten. Berühmt in ganz Europa waren insbesondere die → Grotten mit den wasserbetriebenen Maschinen und → Automaten, darunter ein flötespielender Pan und eine in einer Muschel vorbeiziehende Galatea.

Promenade, seit dem 17./18. Jh. werden P.n als breite, oft in Gartenanlagen eingebundene Straßen und → Alleen innerhalb der Stadt angelegt. Sie entstanden u. a. im Zusammenhang mit der Auflösung der Bastionen (→ Esplanade), dienten als Verkehrswege zum Befahren und Begehen ebenso wie als innerstädtische Grünanlagen zum Flanieren und Promenieren. Die erste öffentliche P. mit reicher gartenkünstlerischer Ausgestaltung wurde 1769 von Kurfürst Carl Theodor in Düsseldorf nach dem Vorbild der Tuillerien in Paris in Auftrag gegeben. Dazu sollte der alte Hofgarten von Nicolas → de Pigage umgestaltet werden. Kernstück der Anlage, die nicht wie der Englische Garten in → München als der erste öffentliche Volksgarten, sondern

Johann Philipp Brosius: Promenade (Hofgarten) in Düsseldorf
von Nicolas de Pigage
Aquarellierte Federzeichnung, um 1771
(Düsseldorf, Hauptstaatsarchiv)

eben als straßenartiger, innerstädtischer »Spaziergang« eingerichtet wurde, ist eine lange, dreibahnige Lindenallee, die mit Rosen und anderen Kübelpflanzen ausgeschmückt war. Im 19. Jh. entstanden viele der gartenähnlich angelegten bürgerlichen Prachtstraßen (vgl. A. Alphand, *Les Promenades de Paris*, 2 Bde., Paris 1867–73). Weitere Beispiele für prächtige Gartenpromenaden in der Stadt sind die Allee Unter den Linden in Berlin (seit 1647 mit vielen Veränderungen) oder die Königsallee in Düsseldorf (1801), die in Kombination mit einer Geschäfts- und Verkehrsstraße angelegt wurde. Als Beispiel einer P. in der jüngsten Zeit ist die Rheinuferpromenade in Düsseldorf (1995) zu nennen.

Pückler-Muskau, Fürst Hermann Ludwig Heinrich (1785–1871), 1822 in den Fürstenstand erhobener Adeliger aus Schlesien mit Standesherrschaft in Muskau. Unter dem Pseudonym »Semilasso« veröffentlichte er Reisejournale. 1834 erschienen seine *Andeutungen über Landschaftsgärtnerei*. Hier nimmt er ausdrücklich Bezug auf das Potsdamer Vorbild von Peter Joseph → Lenné, den er später kritisierte. Ausgedehnte Reisen führten ihn u. a. nach England, Frankreich, Spanien und in den Orient. P.s gärtnerischer Plan für ganz → Muskau, ausgehend vom Schloßpark, sollte große Partien im Stil des englischen Landschaftsgartens mit formalen Gärten im Umfeld von Einzelbauwerken zu einer Parklandschaft mit entsprechenden Architekturen und Einrichtungen verbinden. Nach dem Verkauf von Schloß Muskau wegen finanzieller Probleme unternahm er einen gartenkünstlerischen Neubeginn in Schloß Branitz bei Cottbus. Hier liegt auch seine Grabstätte in Form einer zwanzig Meter hohen Erdpyramide.

Q

Quincunx (lat., ›fünf Zwölftel, die Fünf auf dem Würfel‹), bereits in antiker und mittelalterlicher Gartenkunst eingesetzte Art der Baumpflanzung. In übertragenem Sinne meinte das Wort schon im Lateinischen eine Kreuzstellung, *in quincuncem* bedeutete »in schrägen Reihen gepflanzt«. Mit der Fünf auf einem Würfel im Grundriß als Modul ergeben sich regelmäßige, gegeneinander versetzte Reihen, die im Gegensatz zur Pflanzung in einfachen Reihen nicht die Vertikale, sondern die Diagonale betonen. Nach Q. angelegte Obstbaumgärten sind in der Regel wegen der gleichmäßigen Lichtverhältnisse für den einzelnen Baum ertragreicher als solche mit einfacher Reihenpflanzung. → Dézallier d'Argenville bezeichnete in *La théorie et la pratique du jardinage* (1709) alle regelmäßigen Baumpflanzungen als Quincunx. → Baumgarten.

R

Rabatte (niederl.), ursprünglich ein oft vor Gehölzen angelegtes, von Blumenbeeten eingefaßtes Rasenstück. Heute
meint R. ein langes, schmales Beet mit unterschiedlicher
Bepflanzung durch Blumen oder Stauden, das säumend
entlang von Wegen oder Mauern gepflanzt wird.

Rasen, künstlich geschlossene, farblich einheitliche Gras-
decke. Der ideale R., wie er aus gestalterischen Absichten
und den Anforderungen an Kugelspielen (Bowling green,
→ Boulingrin) im englischen Landschaftsgarten entwickelt
und kultiviert wurde, muß von Wildkräutern, Blumen und
Tieren freigehalten werden. Er benötigt sorgfältige Pflege
sowie regelmäßige Bewässerung und Schnitt. Extrem ausgebildet werden die gärtnerischen Vorstellungen von einem
aus gartenkünstlerischer Sicht makellosen R. im sog.
»Green« von Golfanlagen, für die spezielle Rasensorten
eingesetzt werden. Bis heute ist das auf dem Kontinent nie
erreichte Ideal des englischen R.s Vorbild für öffentliche
und private Gärten. Der mühsame Schnitt großflächiger
Rasenpartien wurde erleichtert durch die Erfindung des
erstmals 1832 in *The Gardeners Magazine* vorgestellten
Rasenmähers (→ Gartengeräte).

Rasenbank, auch Rasensitz, als erhobene, rasenbedeckte
Bank Element aus mittelalterlichen Gärten, das in zahlreichen christlichen und profanen Bilddarstellungen von
→ Liebes- und Paradiesgärten (→ Hortus conclusus) und
durch die Gartenliteratur (z. B. → Albertus Magnus) überliefert ist. Die nicht nur mit Rasen, sondern auch mit
Blumen und Kräutern wie Kamille, Veilchen u. a., bepflanzten Rasenbänke wurden 1626 von W. Lawson in
Country House Garden als »schicklich« und »angenehm«
beschrieben.

Rasensitz → Rasenbank

Redouté, Pierre-Joseph (1759–1840), Blumenmaler, Zeichner und Lithograph. R. stammt aus einer flämischen Malerfamilie. Er stand als Blumenmaler in den Diensten der Königin Marie-Antoinette und seit 1805 der Kaiserin Josephine. Seit 1832 gab er Zeichenunterricht am Jardin des Plantes. Er fertigte Zeichnungen für naturwissenschaftliche Publikationen an, u. a. für den *Recueil des vélins du Musée d'histoire naturel.* Seine prächtigen Illustrationen wurden begleitet von den Texten des Botanikers Augustin-Pyramus de Candolle (1778–1841), darunter die *Théorie élémentaire de la Botanique.*

Renaissance-Garten, s. u. »Gartenstile Europas« S. 19–22.

Repton, Humphry (1752–1818), englischer Gartenkünstler. R. wurde seit 1788 insbesondere mit seinen *Red Books* bekannt. Darin aquarellierte er nach dem Prinzip des »Vorher-Nachher« für seine Auftraggeber den Zustand des zu gestaltenden Gartens und fügte Klappen und Schieber in seine Blätter ein, um die Ansicht des Gartens nach seiner Bearbeitung zu demonstrieren. R. setzte sich als erster dafür ein, den Garten in unmittelbarer Nähe des Hauses nach nationalen Vorbildern des Mittelalters und der Tudor-Zeit geometrisch zu gestalten, den Park jedoch nach den Richtlinien eines Landschaftsgartens auszustatten. Einfluß hatten seine Schriften, darunter die *Observations on the Theory and Practice of Landscape Gardening* (London 1803) auf deutsche Gartenkünstler im 19. Jh., wie Fürst → Pückler-Muskau.

Robinson, William (1838–1935), englischer Gärtner und Herausgeber der Zeitschrift *The Wild Garden* (1870). R. vertrat die »neue« Richtung in der englischen Gartenkunst. Als ausgesprochener Gegner historistisch geprägter Gartenkunst wandte er sich gegen überbordende Pflanzenfülle und grelle Farbenspiele. Er setzte sich für »bescheidene«, einheimische Pflanzen und Stauden ein, ohne sich gänzlich gegen importierte Pflanzen aus anderen Ländern auszusprechen. R. war mit Vertretern der Arts & Crafts-Bewegung, u. a. mit John Ruskin, befreundet und beeinflußte Vita → Sackville-West, die ihn schon als junge Frau besucht hatte.

Roehr, Daniel (geb. 1965), Landschaftsarchitekt. Ausbildung zum Gärtner in Schottland; Studium d. Gartenbautechnik am Askham Bryan College (England) und der Garten- und Landschaftsarchitektur an der Heriot Watt University (Schottland). R. arbeitete in Japan, USA, England, Österreich, Italien, Deutschland und Polen. Die Anlagen Roehrs zeichnen sich durch stilistische Merkmale des zeitgenössischen Minimalismus (sparsamer Einsatz von natürlichen Mitteln) in der Gartenkunst aus. Zu seinen Arbeiten zählen u. a. das Daimler Chrysler Projekt, Potsdamer Platz, Berlin (1995–2000), und der Privatpark, Gargnano, Italien (2000).

Rokokogarten, → Veitshöchheim

Rondell (frz. *rondelle* ›runde Scheibe‹), Rundplatz im → Boskett mit strahlenförmig in alle Richtungen führenden Wegen. → Étoile, → Jagdgarten.

Rosarium (lat., ›Rosengarten‹), Rosengärten wurden schon in der Antike angelegt, so berichtet → Plinius d. J. von einem R. im → Hippodrom seiner tuscischen Villa. Anpflanzungen von Rosen als Schmuckanlage oder als botanische Sammlung werden sowohl im architektonischen Garten als auch im späten Landschaftsgarten eingesetzt. Bekannte Rosengärten um 1800 von Malmaison und Sanssouci in Frankreich oder Ashridge Park in Herfordshire, England, fanden im 19. Jh. Eingang in die privaten und öffentlichen Bürgergärten und werden noch im 20. Jh. angelegt und sorgfältig gepflegt (Rosengarten der Königin Mary im Regent's Park, London, angelegt 1931). Nach wissenschaftlichen und ästhetischen Gesichtspunkten gestaltet, spiegeln Rosengärten die Geschichte der → Rose ebenso wie ihre Vielfalt in Gestalt, Farbe und Duft.

Rose, von ihrem Sinngehalt her eine sehr komplexe Blume, die als Symbol im westlichen Kulturkreis dem Lotus im Orient entspricht. Die früheste bekannte Darstellung datiert aus der Zeit zwischen 1700 und 2000 v. Chr. und wurde auf Kreta gefunden. In der griechischen Mythologie gilt Aphrodite als Schöpferin der Rose, nach der römischen Mythologie entstammt sie dem Blut der Venus (→ Adonisgarten). Die R. verkörpert irdische und himmlische Liebe, Jungfräulichkeit und Verführung, erwachendes Leben (Frühling) und ewiges Leben, Verschwiegenheit (»sub rosa«) und Luxus (»auf Rosen gebettet«). Der Rosengarten symbolisiert das Paradies, in dem alle Gegensätze in Harmonie aufgelöst sind. In diesem Zusammenhang ist das in der christlichen Kunst des Abendlandes häufig auftauchende Motiv der Rosenhag-Madonna (→ Hortus conclusus) zu sehen, das sowohl in der Goldschmiedekunst und der Buchmalerei wie in der Tafelmalerei belegt ist (Stephan Lochner, um 1440, Köln, Wallraff-Richartz-Museum; Martin Schongauer, 1473, Martinskirche in Colmar). Im Nordwesten Europas bemerkte Wildformen der Rose wurden früh kultiviert, weitergezüchtet und mit außereuropäischen Sorten eingekreuzt, wie z. B. mit den vier zwischen 1792 und 1824 aus China importierten Hybriden. Die Liebe zur R. ist von jeher ungebrochen und bis heute weder aus großen Parkanlagen noch aus kleineren Privatgärten wegzudenken. → Rosarium.

Rosengarten → Rose, → Rosarium

Rosenroman, der um 1230 von einem als Person nicht näher zu fassenden Guillaume de Loris verfaßte und etwa vierzig Jahre später von Jean de Meun (gest. 1305) fortgesetzte und beendete Roman wurde durch zahlreiche Handschriften und Drucke seit dem 15. Jh. verbreitet. Der Roman, der als Kodex höfischer Liebeskunst und Bildung im 13. Jh. gilt, schildert den Traum eines Dichters in einem → Liebesgarten. Die für die Geschichte der Gartenkunst bedeutenden Beschreibungen finden sich im ersten Teil des Buches: Der junge Dichter gelangt auf einer Wanderung an einen ummauerten Baumgarten, dessen Mauern mit Darstellungen der Laster bemalt sind, während sich im Innern ein mit fremdländischen, schattigen Bäumen und kräutergesäumten Wegen angelegter paradiesischer Lustgarten öffnet. Etwa 1485 erschien der zahlreichen Ausgaben des *Roman de la Rose*, die u. a. ein Gartenbild zeigt, das dem von → Albertus Magnus entworfenen Lustgarten gleichkommt. Die Traumbilder des Romans, die fünf Symbolfunktionen des Gartens im Mittelalter spiegeln (als Bild für die Frau, die Erotik und die Unkeuschheit, die Mutter Gottes, die Kirche und für das Paradies) wurden vielfach herangezogen, um den mittelalterlichen Garten zu charakterisieren, doch ist er als lyrische Dichtung hierzu weniger geeignet als andere Quellen.

Rousham, Oxfordshire, von William → Kent ab 1737 im Auftrag von James Dormer, dem Besitzer des Anwesens, gestaltet. Der wachsende Ruhm Kents, insbesondere· nach Abschluß seiner Arbeiten in → Stowe, hatte Dormer von allzu konventionell erscheinenden Neugestaltungsplänen (einer von zwei aus der Zeit um 1720 vorliegenden Pläne stammte vermutlich von Charles Bridgeman) abgebracht. Unter Kents Leitung entstand einer der frühesten englischen Landschaftsgärten mit der Idee, eine Landschaft gänzlich in einen Garten zu verwandeln, und, damit eng verbunden, den Charakter der umgebenden Landschaft zu imitieren. Unter Einbezug der Höhenunterschiede der Landschaft, in der Rousham liegt, folgte Kent seiner Vorstellung, daß dem Besucher während des Gangs auf dem geschwungenen Weg durch den Park stets neue Anblicke, ›Gemälde‹ mit jeweils neuen Landschaftsausschnitten, zur Ansicht kommen sollten. In Rousham beginnen die Bilder mit einem Blick auf das ›Tal der Venus‹, dem auf einer zweiten Ebene die Sicht auf eine von Hügeln umgebende → Eremitage aus Stein folgt. Im Tal erweitert ein Bach mit einer kleinen Brücke die Bildfolge, bis sich der Blick auf die unverstellte Ansicht der umgebenden Landschaft öffnet. Der in der Ferne sichtbare mittelalterliche Bogen ist das

bildabschließende, letzte architektonische Element. Die in
Rousham sichtbaren Prinzipien einer Gestaltung, die einer
der Farben-Licht-Perspektive verpflichteten Landschaftsmalerei folgt, wurde direktes Vorbild für → Stourhead.

Rousseau, Jean-Jacques (1712–1778), französischer Philosoph der Aufklärung. R. entwarf in seinem Buch *Julie ou
La Nouvelle Héloïse. Lettres de deux amants habitants
d'une petite ville au pied des Alpes* (1761) einen Garten,
dessen Gestaltung von dem Prinzip der Natürlichkeit geleitet ist und barocke Entwürfe gänzlich ablehnt. Als Vorlage
gilt der Landschaftsgarten von → Stourhead. Der Philosoph und Naturliebhaber hatte weitreichenden Einfluß, er-
kannte und betonte jedoch sehr genau, wie künstlich das
Gestalten des Natürlichen sein kann. Als botanisch versiert
erwies er sich in seinen *Zehn Botanischen Lehrbriefen*, die
er ab 1771 auf Wunsch von Madelaine-Cathérine Delessert-
Boy de la Tour (1747–1816) verfaßte. Auf der Grundlage
des »natürlichen« Idealgartens R.s legte der Marquis de Girardin in Ermenonville (1766–76) einen Garten an, der jedoch entgegen den Vorstellungen R.s mit elegischen und
poetischen Monumenten und Gebäuden bestückt war. Auf
einer mit Pappeln bepflanzten Insel ließ der Marquis ein
Grabmal für R. anlegen.

Ruine, das Interesse an der R. kam mit der Antiken-
rezeption im 15. Jh. auf. Aus dem archäologischen Interesse
erwuchs ein ästhetisches. In Italien integriert man die R.
bereits im 16. Jh. in den Garten. Die R. als Sinnbild begeg-
net in der heroischen Landschaftsmalerei des 17. Jh.s, z. B.
bei Nicolas Poussin. Ruinenromantik des 18. Jh.s ist überliefert in den Stichen Piranesis. Die künstliche R. wird zu
einem bedeutenden Ausstattungsstück im Garten seit der
Mitte des 18. Jh.s. Beispiele dafür finden sich in Sanssouci
(1748) in → Potsdam und im Schloßpark von → Schwetzingen. Seit dem ausgehenden 18. Jh. wird insbesondere die
gotische R. (→ Gotikmode) im Landschaftspark eingesetzt,
wie z. B. die Löwenburg im Schloßpark Wilhelmshöhe in

→ Kassel (1790). Die R. ist Ausdruck bestimmter Gefühle der Vergänglichkeit, des Erhabenen und des Einsamen.

Ruinentheater, das R. der → Eremitage in Bayreuth, 1743 von J. Saint Pierres, dem Architekten des »Neuen Schlosses« erbaut, gilt als das früheste steinerne → Gartentheater in Gestalt einer Ruine. Um einen vertieften Rasenplatz gruppieren sich fünf durch Bogen verbundene Pfeilerpaare. Die Anlehnung an antike Theater steht in Verbindung mit einem seit dem 17. Jh. durch die Landschaftsmalerei entfachten Interesse an der antikisierenden → Ruine.

Anonymer Entwurf einer Ruine als Parkgebäude
Federzeichnung, um 1800
(Kassel, Staatliche Museen)

S

Sackville-West, Victoria Mary (Vita) (1892–1962), englische Schriftstellerin. S.-W. gilt als prominenteste Gärtnerin ihrer Zeit. Als Dichterin errang sie den Hawthornden Prize. Später schrieb sie fast ausnahmslos über gartenkünstlerische und -praktische Themen. Berühmt ist ihr ab 1930 entstandener Garten in Sissinghurst, den sie gemeinsam mit ihrem Mann, Harold Nicolson gestaltete. Der vielzitierte »White Garden« ist einer der vielen »Gartenräume« in dieser Anlage.

Saint-Germain-en-Laye (Ile-de-France, Frankreich), Heinrich IV. und seine Frau Katharina von Medici bauten die bereits von Heinrich II. begonnene Anlage in der Nähe von Paris seit 1594 aus. Nach italienischem Vorbild wurden die Gärten terrassenförmig angelegt, zu seiten des Schlosses lagen → Giardini segreti, die Privatgärten des Herrscherpaares. Breit angelegte → Terrassen und Treppenrampen führen vom Schloß in die Gärten, in denen weite → Broderie-Parterres mit → Brunnen angelegt waren. Über ein mit Obstbäumen bepflanztes Parterre gelangte man in das unterste Gartenkompartiment, das von der Landschaft durch einen Kanal abgetrennt war. Berühmt war Saint-Germain für seine kuriosen Wasserspiele, die die Brüder → Francini in den Grotten unter den Terrassen errichteten. Als Vorbild gilt die Villa d'Este in → Tivoli. Neben einer Drachen- und einer Neptungrotte wurden die Besucher u. a. überrascht von der Grotte des orgelspielenden Mädchens und von der Grotte des Orpheus, der auf der Lyra spielte und damit verschiedene bewegliche Tierskulpturen hervorlockte. In einer anderen Grotte (Grotte des Flambeaux), die auch als Fest- und Speisesaal diente, konnten verschiedene Naturspektakel, wie z. B. ein Meeressturm, inszeniert werden.

Saint Phalle, Niki de (geb. 1930), französische Künstlerin, wuchs in Paris und New York auf. Seit 1960 verband sie eine Lebens- und Arbeitsgemeinschaft mit dem Bildhauer Jean Tinguely (1925–1991). Seit dem Ende der 60er Jahre beschäftigte sich S. Ph. mit den ersten Projekten von begeh- und bewohnbaren Skulpturen, so mit den Skulpturenhäusern für Rainer von Diez, die 1969–72 entstanden. Ihre wohl bekanntesten Skulpturen sind die bunten *Nanas* als Sinnbild mütterlicher Weiblichkeit und Erotik, die ebenfalls riesenhafte, begehbare Dimensionen annehmen können. Nicht zuletzt ihre Skulpturenhäuser regten S. Ph. an zu dem großen Gartenprojekt in der südlichen Toskana, dem Giardino dei Tarochi in → Garavicchio bei Grosseto.

Sala terrena (ital., ›ebenerdiger Saal‹) → Gartensaal

Salle de verdure (frz., ›grüner Saal‹), auch Salon de verdure, → Cabinet de verdure

Salzburg, Schloßgarten Hellbrunn, Villa und Garten Hellbrunn bei Salzburg wurden 1613–19 für den Salzburger Erzbischof Markus von Sittich von Hohenems erbaut. Auf die Anlagen, insbesondere die berühmten → Wasserspiele in Hellbrunn, wirkte die italienische Gartenkunst sowohl der Villen in Latium (→ Frascati, Villa Aldobrandini) als auch derjenigen im Veneto (→ Maser, Villa Barbaro, → Palladio) ein. Wiederum nach dem Vorbild italienischer Gärten (→ Pratolino) waren manieristische → Grotten mit Wasserspielen und → Automaten (Vogelsanggrotte) zum einen im Schloß als eine Vorform der Sala terrena (→ Gartensaal) integriert, zum anderen auch als künstliche Höhlenarchitekturen im Garten angelegt. Im → Boskett überraschen den Besucher vielfältige, teils derbe Wasserscherze, z. B. die Wasserspiele beim römischen Theater, wo im Boden um einen rechteckigen Tisch versteckt Fontänen eingelassen sind, die die Tafelnden bespritzten. Wie in Schloß Mirabell in → Salzburg werden auch hier die Gärten lose aneinandergereiht um das Schloß als Zentrum gruppiert.

Salzburg, Schloß Mirabell, die Umgestaltung des Palastes »Mirabell« vor den Toren Salzburgs aus dem frühen 17. Jh.

erfolgte für die Erzbischöfe Johann Ernst Graf Thun
(1687–1709) und Franz Anton Fürst Harrach (1709–25)
durch Fischer von Erlach und Johann Lukas → Hildebrandt. Für die Gartengestaltung wurden Matthias → Diesel und der seit 1728 als Oberaufseher aller Salzburger
Hofgärten beschäftigte Franz Anton → Danreiter herangezogen. Neben den Stichen Diesels aus seiner *Erlustierenden
Augenweide* gibt eine 1727/28 erschienene Stichfolge Dan-
reiters (*Schloß und Gärten zu Mirabell in Salzburg*) Auf-
schluß über das ursprüngliche Aussehen der additiv anein-
andergefügten, in sich abgeschlossenen Gärten, die um das
bereits bestehende, an der Salzach gelegene Schloß gruppiert wurden.

San Ildefonso bei Segovia, La Granja, der Enkel Ludwigs XIV., Philipp V. (1683–1746) von Spanien, ließ sich
in San Ildefonso bei Segovia in den wald- und wasserrei-
chen Bergen nördlich von Madrid ab 1721 eine Sommerresidenz (*La Granja* ›das Landgut‹) ausbauen und von französischen Künstlern Gärten anlegen, die neben denjenigen
von → Aranjuez bei Madrid zu den bedeutendsten spanischen Barockgärten zählen. Anders als in → Versailles, das
gemeinhin als Vorbild für die Anlage genannt wird, liegt
das Schloß nicht erhöht über den Gärten, sondern diese
steigen nach Art italienischer Gärten (→ Caserta) zu den
Bergen im Hintergrund hin an. Die ersten Planungen des
weiträumigen Parks durch den Architekten René Carlier
(gest. 1722) wurden von Étienne Boutelou (Lebensdaten
unbekannt) und in dessen Nachfolge wiederum von den
beiden Bildhauern Antoine (um 1700 – 1761) und Hubert
Dumandré (1701–1781) fortgeführt. Die → Wasserspiele
und Brunnenanlagen (insgesamt 26 Brunnen) mit ihrem reichen Skulpturenschmuck aus Marmor und vergoldetem
Blei schufen neben den Brüdern Dumandré die französischen Bildhauer René Frémin (1672–1744) und Jean Thier-
ry (1669–1739), die aus Versailles geholt wurden. Dort finden sich demgemäß auch die Vorbilder für die Brunnen-

skulpturen und ihre Ikonographie. In der Brunnengruppe des Neptun, Apollo und der Andromeda beispielsweise, die *Pferderennen* genannt wird, werden im Wasser dahinsprengende Pferdewagen mit den Göttern und ihrem Gefolge gezeigt.

Sankt Gallen, Sitz eines berühmten Benediktinerklosters in der Schweiz, das an dem Platz gegründet wurde, wo St. Gall, ein irischer Einsiedler, 614 seine Zelle gebaut hatte. S. G. war eines der Hauptzentren für Erziehung und Wissenschaft in der karolingischen Epoche mit einer umfangreichen Bibliothek, in der der berühmte, auf Pergament gezeichnete St. Galler Klosterplan für ein ideales Kloster aufbewahrt wird. Adressiert war er an Gozbert, Abt von S. G. (im Amt 816–836), als Autor wird Abt Haito von Reichenau vermutet. Eingezeichnet in den Plan sind neben architektonischen Rissen drei Gärten: ein Kräutergarten mit Arzneipflanzen neben dem Arzthaus, ein Gemüsegarten neben dem Hof für Geflügel und ein Baumgarten, der zugleich als Friedhofgarten diente. Der St. Galler Klosterplan ist eine der Hauptquellen für die Erforschung → karolingischer Gartenkultur. Alle im Plan genannten Pflanzen (18) und Arzneikräuter (16) sind auch aufgeführt im → *Capitulare de villis* Karls des Großen.

Saut de loup (frz., ›Wolfsgrube‹), tiefer Graben oder ähnliches am Ende einer → Allee, um das Weitergehen, nicht jedoch die Weitsicht zu verhindern. Als ein ausgedehnter S. d. l. ist das → Aha anzusehen.

Schäferspiele, die Sehnsucht nach ländlicher → Idylle ohne höfisches Zeremoniell und nach dem vermeintlich einfachen Leben auf dem Lande führte zur Anlage von künstlichen Dörfern mit landwirtschaftlichen Gebäuden (→ Meierei), in denen der Rückzug ins Private inszeniert und mit ländlichen Festen für die Gesellschaft bei Hofe zelebriert werden konnte. Beliebt waren sog. Wirtschaften, bei denen sowohl echte Bauersleute als Staffage, aber auch Hofleute in entsprechenden Bauern- oder Schäferkostümen auf-

traten (→ Fête champêtre). → Arkadien, → Eremitage,
→ Hameau, → Kythera, → Pastorale.

Scheinarchitektur → Kulisse, → Staffage

Schiller, Friedrich (1759–1805), als Sohn des Garten-
intendanten in Diensten des Herzogs Carl Eugen, Johann
Caspar Schiller (*Die Baumzucht im Großen aus Zwanzig-
jährigen Erfahrungen im Kleinen beurtheilt*, Neustrelitz
1795), und als Zögling von dessen Militärschule fand Sch.
früh Zugang zu den heute nicht mehr erhaltenen Gartenanlagen in → Stuttgart (Schloß Solitude) und Hohenheim. In
einem Aufsatz »Über den Gartenkalender auf das Jahr 1795«
würdigte er das Hohenheimer »Englische Dörfle«, das Carl
Eugen nach 1776 für seine Mätresse Franziska errichten ließ,
als Beitrag »ländlicher Einfachheit und versunkener städtischer Herrlichkeit«, und er entwarf vor dem Hintergrund
der rund 60 Gebäude (mit Rathaus, → Meierei, Gefängnis,
Tempelbauten u. a.) und der Gesamtanlage das Programm
eines deutschen Gartens zwischen der anarchischen »Anglo-
manie« und der französischen Strenge. Johann Wolfgang
→ Goethe, der 1797 Hohenheim besuchte, bemerkte, es
»wäre künftig bei einer Abhandlung über die Gärten über-
haupt dieser in seiner Art als Beispiel aufzustellen«.

Schlaun, Johann Conrad (1695–1773), deutscher Architekt
und Ingenieur, der zunächst in Paderborn tätig war, bevor
er 1720 zu Studienreisen über Würzburg, wo er die Arbeit
von Balthasar Neumann kennenlernte, nach Rom und Paris
aufbrach. Als kurfürstlicher Oberbaumeister arbeitete Sch.
für den Kölner Erzbischof und Kurfürsten Clemens August, in dessen Auftrag er den Umbau von Schloß Augustusburg in → Brühl leitet, bis die Aufgabe François → Cuvilliés übertragen wurde. Auch Sch.s Entwurf für den
Brühler Garten lehnt der Kurfürst ab und beauftragt damit
den Münchner Gartenarchitekten Dominique → Girard.
1728 siedelt Sch. nach Münster über, wo er eine umfassende
Bautätigkeit beginnt. Als Landingenieur des Fürstbistums
Münster betreut und errichtet er zunächst Festungen, Ka-

näle u. a. Neben der Clemenskirche in Münster (1745–53) und anderen Sakralbauten führt Sch. im Auftrag des westfälischen Adels zahlreiche Stadtpalais in Münster (Erbdrostenhof 1751–57) und Landsitze sowie → Fasanerien und → Orangerien in Westfalen aus. In diesem Zusammenhang gestaltete Sch. auch die Gesamtanlagen mit den Gärten, u. a. in Zusammenarbeit mit einem aus dem Kreis Girards stammenden französischen Gärtner Moreau (Vorname unbekannt). Mit diesem plant Sch. 1725 z. B. die Gartenanlage von Schloß Nordkirchen in Westfalen. Als Ingenieur zeichnet Sch. jedoch v. a. für die Wasserkünste in den Gärten seiner Bauprojekte verantwortlich.

Schneckenberg, kleiner, spiralförmig begehbarer Hügel innerhalb des → Bosketts, der wie ein Schneckenhaus geformt ist und wie ein Aussichtsplatz bestiegen werden konnte. Sein Inneres wurde oft als Eiskeller oder kühle, begehbare → Grotte benutzt. Als Beispiel sei der Sch. im westlichen Boskett des sog. »Neuen Schlosses« der Eremitage in → Bayreuth genannt.

Schrebergarten → Laube

Schulgarten, seit dem 19. Jh. zum begleitenden botanischen Unterricht neben dem Schulhaus angelegter Garten. → Botanische Gärten wurden bei Hochschulen und Universitäten mit Gewächshäusern zu botanischen Studien auch exotischer Pflanzen eingerichtet, die z. T. auch für die Öffentlichkeit zugänglich waren. Darüber hinaus wurden Studiengärten in den im 19. Jh. vielerorts gegründeten Kunst- und Kunstgewerbeschulen angelegt und bildeten so reiche Vorlage für das Zeichenstudium. Das Natur- und Pflanzenvorbild war insbesondere für die Ornamentik des Historismus von großer Bedeutung, wie die vegetabilen Muster auf den Tapeten und Stoffen von William → Morris zeigen. Künstler und Kunsthandwerker des 19. und frühen 20. Jh.s (Jugendstil) betrieben intensive botanische Studien oder waren wie Christopher Dresser (1834–1904) ursprünglich sogar als Botaniker ausgebildet.

Schultze-Naumburg, Paul (1869–1949), Maler und Architekt. 1930 wurde Sch. zum Direktor der Staatlichen Kunsthochschule in Weimar ernannt. Im Zentrum seiner Überlegungen zur Gartenkunst stehen der Hausgarten – er beschäftigt sich vorrangig mit der Planung und dem Bau von Herrenhäusern – und die Landschaftsgestaltung. Letztere soll den zivilisatorischen und industriellen Zerstörungen entgegenwirken und ist eine der nun auch beruflich sich manifestierenden Hauptaufgaben garten- und landschaftsplanerischer Arbeit im 20. Jh. Sch. ist einer der ersten, der diese Aufgabe in Veröffentlichungen, wie *Gestaltung der Landschaft durch den Menschen* (Bd. 7–9 der *Kulturarbeiten*, München 1915–17), thematisiert. Für den Hausgarten entwickelt Sch. eine geometrisch-architektonische Formensprache (*Gärten*, Bd. 2 der *Kulturarbeiten*, München 1902). Seine nationalistische Heimatverbundenheit und die Befürwortung faschistischer Rassentheorien machen Sch. zum Anhänger des Nationalsozialismus, nicht trotz, sondern auch wegen seiner reformerischen Anfänge, die auch bei vielen anderen Reform-Künstlern (→ Lange, → Migge) im Ideengut des Nationalsozialismus aufgehen (*Das Glück der Landschaft. Von ihrem Verstehen und Genießen*, Berlin 1942).

Schwartz, Martha (geb. 1950 in Philadelphia, Pennsylvania, USA), studierte nach Erlangung des Bachelor of Fine Arts (1973) von 1974 bis 1977 an der Universität von Michigan und der Harvard University Graduate School Landschaftsarchitektur und bereiste regelmäßig Europa. Sch. sieht den größten Teil ihrer beruflichen Tätigkeiten in Europa in Deutschland. In ihren Gestaltungen bezieht sie eine radikale minimalistische Position unter Einsatz von künstlichen Materialien (Plastik) ein, die zum einen den Anspruch auf ästhetische Funktionen einer Landschaft erfüllen, zum anderen Gartenkunst als Artefakt kenntlich machen sollen. Mit Kunststoffhecken, Kunststoffblumen, gefärbtem Kies, grüner Farbe, grellfarbenen Kleinskulptu-

ren und Lichtkörpern schafft Sch. ›Kunstgärten‹, die ihr
den Vorwurf einbrachten, sie lehne Pflanzen bzw. organi-
sches Material ab. Dagegen setzt Sch., daß ihre Gärten u. a.
die virulente Künstlichkeit der gegenwärtigen Lebenswelt
aufzeigen und Diskussionen um die Stellung von Landschaftsarchitektur auslösen. Sch. arbeitet eng zusammen
mit der Bürogemeinschaft von Peter → Walker, früherer
Lehrer und später Ehemann von Sch. Projekte in Deutschland: u. a. die Eingangshalle des Kempinski-Hotels, Flughafen München (1997) und die Paul-Lincke-Höfe in Berlin
Kreuzberg (1999).

Schwetzingen, Schloßgarten, 1752 berief Kurfürst Karl
Theodor von der Pfalz den Zweibrücker Hofgärtner Johann Ludwig → Petri nach Schwetzingen, um den Park
seiner dortigen Mannheimer Sommerresidenz neu gestalten
zu lassen. Nach der Rückkehr Petris nach Zweibrücken
1758 übernahm Nicolas → de Pigage ab 1761 die weitere
Umformung des Parks. Die Pläne sahen eine zweigeteilte
Anlage vor, die sich in einen Parterre-Garten vor dem
Schloß und einen Jagdstern (→ Jagdgarten) aufgliedern, der
über eine schmale Gartenpartie mit einer doppelten → Allee
in der Diagonalachse mit dem Parterre verbunden war.
Verwirklicht wurde nur der Gartenteil vor dem Schloß,
der sich insbesondere durch ein ungewöhnliches Parterre-
Rondell auszeichnet, dessen Rund die von Pigage entworfenen, das Parterre umgreifenden → Zirkelhäuser bestimmte. Die als → Orangerie und Festgebäude vorgesehenen
Bauten entstanden 1749–54. Das angrenzende → Boskett
wird mit verschiedenen Gartenarchitekturen bestückt, darunter das Badehaus mit der Laube der wasserspeienden Vögel (1766), der Apollontempel (nach 1762) und Minerva-
tempel (1769). 1777 wurde das im Norden und Westen sich
anschließende Gartenareal von Friedrich Ludwig von
→ Sckell zu einem englischen → Landschaftsgarten umgestaltet, wo 1780–85 im sog. »Türkischen Garten« die Moschee errichtet wurde.

Sckell, Friedrich Ludwig (1750–1823), deutscher Gartenarchitekt. Sein Vater stand in Diensten des Kurfürsten Carl Theodor von der Pfalz. Eine vom Kurfürsten geförderte Studienreise nach Frankreich und England 1773 erbrachte den Kontakt zu den zwei bedeutenden englischen Gartenarchitekten Lancelot → Brown und William → Chambers, deren Ideen zum Landschaftsgarten S. nach Deutschland importierte. Seine erste Aufgabe nach der Rückkehr 1776 bestand in der Umgestaltung und Erweiterung des kurfürstlichen Gartens in → Schwetzingen zu einem englischen Landschaftsgarten. 1797 war er der leitende Gartenarchitekt in Schwetzingen und seit 1799 Gartendirektor für die Rheinpfalz und Bayern. Ab 1799 gestaltete S. in → München den Englischen Garten im Auftrag des Kurfürsten zum Volksgarten um. Mit diesem Projekt war der Beginn städtebaulicher Grünplanung eingeleitet. Für den Erzbischof Friedrich Karl Joseph von Erthal lieferte S. Pläne zur Umgestaltung des Schloßparks Schönbusch bei Aschaffenburg (um 1785), der zu den frühesten Landschaftsgärten in Deutschland zu zählen ist. Die von S. in Deutschland begründete Tradition des Landschaftsgartens wird im 19. Jh. fortgesetzt von → Lenné. S. veröffentlichte seine Ideen in den *Beiträgen zur bildenden Gartenkunst* (1818).

Sckell, Johann Conrad (1768–1834), Landschaftsgärtner und Pflanzensammler. S entstammt einer alten Gärtnerfamilie mit Haupttätigkeit in Thüringen seit dem Ende des 17. Jh.s. Von 1796 bis 1834 war er befaßt mit der Erweiterung des Parks in Weimar (Belvedere). Sein Hauptbeitrag war hier die Ausweitung der Orangerie, die von seinem Vorgänger J. F. Reichardt gebaut worden war. 1803 führte ihn eine Reise in die Niederlande. S.s Sammlung seltener Pflanzen ist illustriert im *Catalogus Belvederamus* (Weimar 1820). Seine Nachfolge als Direktor des Belvedere trat sein Bruder Johann Christian (1773–1857) an. Karl August von Sachsen-Weimar und → Goethe studierten bei S. → Botanik

und erweiterten dessen Pflanzensammlung mit Samenge-
schenken.

Sedding, John Dando (1838–1891), britischer Architekt
und Gartentheoretiker. Relativ spät, seit 1888, setzte sich S.
auch mit Gartenbau und Gartenkunst auseinander (*Gar-
den-Craft Old and New*, London 1891). Ganz den Idealen
der → Arts & Crafts-Bewegung folgend, setzte sich S. dafür ein, daß in Abkehr von Arbeitsteilung und Entfremdung in der industriellen Gesellschaft Gestalter, ausführen-
der Gärtner und Besitzer eines Gartens eine Person sein
müssen. Er versuchte mit seiner gegen den Landschaftsgarten gerichteten Haltung den sog. geometrischen Garten,
insbesondere den Garten des 16. Jh.s, zu rehabilitieren. S.
gilt daher als Vorreiter vieler deutscher Gartenarchitekten,
die den geometrischen Garten gegen den Landschaftsgarten
setzten, wie z. B. → Laeuger, → Muthesius, → Olbrich
oder → Schultze-Naumburg.

See, im Gegensatz zu den künstlich gestalteten und
umfaßten Wasserflächen, wie → Kanälen, Wasserbecken,
→ Brunnen, zeichnet sich ein S. durch die breite Fläche
und ein unregelmäßiges Ufer aus. In englischen Landschaftsgärten wurden S.n durch Anstauen von Bächen oder
Flüssen künstlich geschaffen und als in der Regel sehr genau kalkuliertes Gestaltungsmittel zur Erzeugung eines natürlichen Eindrucks eingesetzt. Insbesondere in den von
Lancelot »Capability« → Brown bearbeiteten Landschaftsgärten war der S. ein vielfach eingesetztes Kunstmittel.

Seehof bei Bamberg, das Schloß (Marquardsburg, 1686
von Antonio Petrini begonnen) und die Gartenanlage von
Seehof bei Bamberg ließ Kurfürst Lothar Franz von Schönborn (1655–1729) errichten. Der heute zerstörte und nur
zum Teil rekonstruierte Garten ist durch die Stiche Salomon Kleiners überliefert. Kleiner publizierte die Seehofer
Anlage in Zusammenhang mit den drei Vedutenfolgen der
Schönbornschlösser und ihrer Gärten: *Die kurfürstlich
Mainzische Favorita* (1726), *Die hochgräflich Schönborni-*

*schen Schlösser Weissenstein ob Pommersfelden und Gai-
bach* (1728), *Das hochfürstlich Bambergische Jagdschloß
Marquardsburg oder Seehof* (1731). Seine eigentliche Bedeutung erlangte der Garten jedoch erst in den Jahren nach
1756 durch die Umgestaltung durch den Würzburger
Fürstbischof Adam Friedrich von Seinsheim (1708–1779),
der auch Bischof von Bamberg war. Die reiche Skulpturen-
ausstattung des Rokoko-Gartens, die wie in → Veitshöchheim von Ferdinand Tietz (1708–1777) geschaffen wurde,
ist heute verstreut. Rekonstruiert wurde u. a. die berühmte
Kaskade von Seehof, die die große Treppenanlage an der
Westseite des Gartens begleitete.

Selvaggio (ital., ›wild‹), auch *selvatica*, für die → Jagd genutztes oder angelegtes Waldgebiet, das sich an den gestalteten Garten anschließt. Erstmals wurde die »Wildnis« in
der Villa Lante in → Bagnaia in die Gartenkonzeption miteinbezogen. Der Park wird durch Wege oder → Achsen erschlossen und mit Plätzen an den Wegkreuzungen aufgelockert. → Jagdgarten.

Semiramis, die hängenden Gärten der S., → Babylon,
hängende Gärten.

Semplici (ital. *semplice, -i* ›Heilkräuter‹), Kräuter im italienischen Garten, → Erbette. Ein *giardino dei s.,* ein
→ Kräuter- und Arzneigarten, gehörte beispielsweise zur
Gartenanlage der Villa Medicea in → Florenz-Castello. In
der Mitte des neben der Villa gelegenen Privatgartens erhob
sich ein → Brunnen mit einer Statue des Äskulap (griech.
Asklepios) als dem Gott der Heilkunst.

Serpentine, von William Hogarth (1697–1764) in seiner
Analysis of Beauty von 1745 als ondulierende Schönheitslinie (»line of beauty and grace«) bezeichnet, die im Gegensatz zur geraden Linie und zum rechten Winkel der
Natürlichkeit entspricht. Die S. wurde eine wichtige Ge-
staltungsgrundlage für englische → Landschaftsgärten
(→ Mathematik).

Skulpturen → Gartenskulptur

Skulpturengarten, Garten und Park waren seit jeher Aufstellungsort für Skulpturen (→ Gartenskulptur, → Skulpturenprogramme). In Zusammenhang mit der sog. Skulptur im öffentlichem Raum entstand der S. des 20. Jh.s (insbesondere seit den 50er Jahren), der einen Stellenwert zwischen Museum und öffentlichem Stadtraum einnimmt. Als Aufstellungsort für moderne Skulpturen im Außenraum wurde der Park ausgewählt, noch bevor Skulptur an anderen öffentlichen Plätzen üblich war. Der Park gewährleistet noch heute aufgrund seiner abgeschirmten und die Kunstwerke damit nobilitierenden Stellung innerhalb der Stadt im Gegensatz zum öffentlichen Stadtraum einen besseren, wiewohl nicht immer wirksamen Schutz der Kunstwerke vor Aggressionen und Angriffen. Der Ausbau und die Entwicklung der öffentlichen Skulpturengärten erfolgte in den 50er Jahren im Zusammenhang mit großen Ausstellungen moderner und zeitgenössischer Skulpturen in Parkanlagen, u. a. in Sonsbeck, Münster, oder auf der Documenta in Kassel, sowie im Zuge der → Gartenschauen (z. B. der S. der Bundesgartenschau im Volksgarten Düsseldorf 1987). Seither werden öffentliche wie private Parks als »grüner« Hintergrund und Kontrast zur Skulptur für ständige Sammlungen moderner Skulptur (Beispiele: Mallorca, Casa March; → Hoge Veluwe; Hoglands, Herfortshire, England, Skulpturengarten mit Werken von Henry Moore; Toskana, Garten von Daniel → Spoerri) wie für Wechselausstellungen genutzt (z. B. der ehemals als S. genutzte Park der Villa Lantz bei Düsseldorf). Der Park wird für die zeitgenössische Skulptur zum Ort für Skulptureninstallationen, die für den individuellen Garten-Raum in der Auseinandersetzung mit den historischen und topographischen Bedingungen geschaffen werden (z. B. Hamburg, Jenisch-Park, 1986). Licht- und Wetterverhältnisse können dabei in die künstlerische Konzeption (z. B. durch die Wahl des Materials, wie spiegelnde oder glänzende Metallflächen, oder durch windbewegliche, Töne erzeugende Teile) ebenso miteinbezogen

werden wie der Park selber. Einen besonderen Platz innerhalb der Skulpturengärten nehmen → Künstlergärten ein,
wie z. B. der S. der Niki → de Saint Phalle in Garavicchio
(Prov. Grosseto, Italien).

Skulpturenprogramme, vier große Themenkreise bestimmen die Gartenskulptur seit dem 16. Jh.: (1) Die Repräsentation des fürstlichen Besitzers erforderte die Ausbildung
einer Herrscherikonographie (→ Hesperiden). (2) Die Gesetze und Kräfte der Natur, welchen der Garten unterworfen ist, werden durch kosmologische Figurenprogramme in
Form von Allegorien und Personifikationen der → Elemente, der → Jahres- und Tageszeiten, der Monatsarbeiten, der
Erdteile und Flüsse versinnbildlicht. (3) Der pastorale und
arkadische Gedanke des Gartens als Paradieseswelt wird
durch Figuren und Figurengruppen aus der antiken Mythologie aufgegriffen. (4) Den Garten als Ort der Muße
und des Vergnügens veranschaulichen heitere Darstellungen aus dem Bereich des Theaters und der Musik. Letztere
bilden in der zweiten Hälfte des 18. Jh.s eine eigene Gattung aus, welche die Themen der → Fête galante von der
Malerei auf die Skulptur übertragen hat. Vor dem 16. Jh.
sind – von Brunnenskulpturen und der Ausstattung der
Gärten mit antiken Statuen abgesehen (siehe dazu → Gartenskulpturen) – keine eigens geschaffenen Skulpturen-
zyklen in Gärten nachzuweisen. Ausgebildet wurde die
skulpturale Formensprache des Gartens in Italien. Als das
erste umfassende Figurenprogramm, angeblich entworfen
von dem Philosophen Benedetto → Varchi, gilt dasjenige
des Gartens der Villa Medicea in → Florenz-Castello, das
von Giorgio → Vasari in seinen Künstlerviten überliefert
ist. Natur und Kosmos waren in der Darstellung der → Jahreszeiten, das Wasser als Lebensspender in den Personifikationen der Flüsse Arno und Mugnone symbolisiert. Als
Hauptprogramm wurden das Mäzenatentum und die Tugenden der Medici-Familie als Auftraggeber thematisiert:
Personifikationen der Künste und Wissenschaften, des

Paolo Persico (u. a.): Dianabrunnen
Caserta, Schloßpark Palazzo Reale, 1785–89

Friedens wie der Waffen, der Tapferkeit, Großmut und Ge-
rechtigkeit u. a. standen in Nischen entlang der Mauer, die
den Garten umfaßt. Das 17. und 18. Jh. bereicherte diese
Themen um weitere Darstellungen aus der antiken Mythologie, beispielsweise der Metamorphosen des Ovid, die aufgrund ihres transitorischen Charakters das Entstehen und
Vergehen der Natur im Garten besonders eindringlich ver-
bildlichen. Einen Höhepunkt erreichte die skulpturale Ausstattung des Gartens mit dem wohl vielfältigsten und reich-
sten Figurenprogramm im Garten Ludwigs XIV. in → Versailles. Neben den bereits genannten Themen kamen nun
Inhalte aus der Literatur und Geschichte, Herrscherbilder,
sogar Reiterstandbilder dazu. Das höfische Leben und die
Festlichkeiten am Hof wurden im Garten in Stein insze-

niert. Groteske Figuren (Gnome, Zwergenzyklen nach Callot, → Callotzwerg), Tänzer und Musikanten, Komödian-
ten, Schäfer und Gärtnerinnen, galante Liebesszenen in
mythologischer Verkleidung oder durch die »kindlichen
Spiele« der Putten verniedlicht, bevölkern die Rokoko-
Gärten in Frankreich und Deutschland. Ein prominentes
Beispiel hierfür ist der nach 1763 entstandene Hofgarten
von → Veitshöchheim. Im fortgeschrittenen 18. Jh. erhob
man die Forderung nach einer Reduzierung der Figurenfül-
le allgemein und einer Beschränkung der Themen auf den
Bezug zum Garten, zum → Jagdpark und zur Natur. Na-
turgötter und ihr Gefolge, Pan, Nymphen und Satyrn, die
Jagdgöttin Diana beherrschten nun die Gärten. Mit der
Einführung des »natürlichen« Landschaftsgartens und mit
dem Klassizismus verschwinden im ausgehenden 18. Jh. die
barocken und spätbarocken Figurenprogramme aus den
Gärten und Parks. Im Landschaftsgarten übernehmen zunehmend Gebäude (→ Fabrique) die emblematische Aussa-
ge der Gartenskulpturen. Diese werden inhaltlich auf klas-
sizistisch-antike, politische, philosophische und literarische
Programme (Personifikation von Tugenden, Statuen und
Büsten von Dichtern und Denkern) reduziert, so z. B. in
→ Stowe. Im 19. Jh. wird die Gartenplastik von der mythologischen oder kosmologischen Allusion losgelöst und
es entstehen echte Genre-Darstellungen (z. B. die *Ballspie-
lerin*, 1898, Düsseldorf, Königsallee). Das politische und
bürgerliche Denkmal im Park zur moralischen Erbauung
entwickelt sich als eine eigene Gattung, bei der Inschriften
nun eine übergeordnete Bedeutung erlangten. Private Gärten und Hausgärten bringen eine bis heute populäre Gartenskulptur hervor, den → Gartenzwerg. Im ausgehenden
19. Jh. wurden Skulpturen in öffentlichen Gärten mit einem besonderen Bezug zu ihrem Aufstellungsort gefordert,
wie z. B. ein antikisierender Dornauszieher, seit dem »kapi-
tolinischen Dornauszieher« des 1. Jh.s v. Chr. tradiertes
und frei variiertes Motiv, in einem Krankenhauspark. Seit

der klassischen Moderne zu Beginn des 20. Jh.s werden abstrakte Skulpturen als akzentuierender Solitär vor das Grün der Gärten gesetzt, wie z. B. die Plastiken Henry Moores verdeutlichen können. → Skulpturengarten.

Spaziergangsforschung wurde initiiert von Lucius Burckhardt, der erstmals Lehrveranstaltungen zur Spaziergangswissenschaft an der Gesamthochschule Kassel abhielt und dort den Ur-Spaziergang »Die Fahrt nach Tahiti« zusammen mit Studenten inszenierte. Die Forschungsergebnisse hieraus wurden 1988 in der Schriftenreihe »Fachbereich Stadt- und Landschaftsplanung der GhK« festgehalten. Die Künstlergruppe »alias-Atelier für Spaziergangsforschung, Dessau« widmet sich seitdem dieser Forschungsarbeit. Bevorzugt bearbeitet sie dabei neue Sichtweisen auf Landschaften, die mit einem negativen Image behaftet sind, richtet den Blick auf Vergessenes oder Unentdecktes oder zerstörte Landschaften. Die Künstlergruppe erhielt den Melitta Kunstpreis 2000.

Sphinx (von altgriech. *sphingein* ›würgen‹), mythologische Gestalt, Personifikation der vier → Elemente, tradiert und variiert im antiken Mittelmeerraum. Die älteste bekannte Darstellung ist die S. von Gizeh mit Löwenkörper und menschlichem Kopf, hier ein Machtsymbol und männlich. Die spätere syrische Darstellung ist weiblich, die kretische zudem geflügelt. Die griechische Antike kennt die S. als Mischwesen mit Stierkörper, Löwenpranken, Adlerflügeln und Frauenkopf. Im *Ödipus rex* (Drama von Sophokles, 496–406 v. Chr.) stellt die S. ein Rätsel, dessen Lösung das Verlangen der Natur nach Wandel (Jugend, Reife, Alter, Tod), folglich der Sturz des Alten durch das Neue meint. Die S. gilt als Tochter der Echidna, einer Erdgöttin mit Frauenoberkörper und Schlangenleib, gezeugt mit Typhon (Wesen mit Schlangenfüßen und -köpfen), aber auch durch Selbstbefruchtung. Je nach mythologischer Ausprägung wird sie als monströs oder schützend bewertet. Die vier Elemente in der Gestalt der S. sind identisch mit den Attributen der vier Evangelisten Markus, Matthäus, Lukas und Johannes. Die S. kann auch gedeutet werden als Symbol für die Verbindung von körperlicher und geistiger Kraft, irdischer und überirdischer Macht. In Gartenanlagen wird sie häufig als Skulptur mit Bedeutungszuweisung als Hüterin der Naturgesetze, Wächterin oder als Verweis auf Rezeption der Antike als Bildungsgut dargestellt. Im 18. Jh. wird die S. – im zeitgenössischen Kostüm – in einem spielerischen Umgang mit der Mythologie verharmlosend dargestellt.

Spiegelweiher, in der Hauptachse vor dem Schloß befindliches Wasserbecken ohne → Fontäne mit einer glatten, ruhigen Wasserfläche, in der sich die Architektur spiegelt und mit der Licht und Helligkeit um das Schloß gefördert werden. → Wasser.

Spiele, seit der Renaissance wurden im → Garten Räume für Spiele ausgewiesen. Josef → Furttenbach schlägt in seinen Gartenentwürfen eine lange Rennbahn (→ Hippodrom) vor für Turniere, Ringstechen, Fechten und Schießen – Kampfspiele, die bis ins 18. Jh. hinein in Gärten bei → Gartenfesten und Gesellschaften beliebt waren. Schießstände und -scheiben waren in den Gärten aufgestellt, zum Zeitvertreib und als Übung für die → Jagd. Zahlreiche Kegel-, Kugel- oder Kricketspiele wurden in den Kabinetten des → Bosketts gespielt, die dafür oft eigens angelegt waren. Solche »Spiel-Plätze«, deren Form und Größe variieren konnte, sind z. B. im Stichwerk von Matthias → Diesel (1717–23) überliefert. Danach gab es im Nymphenburger Park (→ München) wohl nach dem Vorbild von → Versailles neben einem Platz für das → Paßspiel und ein Kegelspiel auch eine Bahn für das → Mail-Spiel. Kegelbahnen sind seit dem ausgehenden 17. Jh. in Gärten angelegt. Zudem wurden Brettspiele, wie das auch heute noch bekannte »Gänsespiel« (*jeu d'oie*), ins Monumentale umgesetzt. Die labyrinthartigen Grundrisse von Kabinetten im Boskett folgten diesem beliebten Brettspiel. Numerierte Felder und

Gänsefiguren wurden darin eingezeichnet. Auch Plätze mit Schachbrettmuster, wie sie heute noch in öffentlichen Parks zu finden sind, sind schon im architektonischen Garten des Barock nachzuweisen. Schaukeln, Wippen und Karussells, wie sie aus dem Schloßpark von Versailles bekannt sind, werden in zahlreichen Bildquellen des Rokoko als erotisierend-kokettes Spiel gezeigt. Als Playground für Cricketspiele im englischen Landschaftsgarten diente der *bowling green* (→ Boulingrin), eine vor dem Wohnsitz gelegene Rasenfläche. → Schäferspiele.

Spoerri, Daniel (Daniel Isaak Feinstein, geb. 1930), Objektkünstler, der 1942 von Rumänien in die Schweiz übersiedelte. Im spielerischen Umgang mit verschiedensten Materialien und Objets trouvés gestaltet er witzig-skurrile Objekte und die sog. Fallenbilder, bei denen er nach Tischgesellschaften und ähnlichen Veranstaltungen die auf dem Tisch verbliebenen Geschirre und Genußreste konservierte – ›in die Falle gehen ließ‹ – und die Tischplatte in die Ebene eines Tafelbildes drehte. Seinen Garten in der südlichen Toskana nahe des Monte Amiata (Seggiano, Prov. Grosseto) gestaltet S. seit 1990. Der → Skulpturengarten beherbergt nicht nur seine eigenen Skulpturen, sondern darüber hinaus auch Arbeiten anderer Künstler wie Jean Tinguely, Bernhard Luginbühl oder Eva Aeppli. Die Skulpturen sind in einem Garten als Kulturlandschaft integriert, stehen in mehr oder weniger engem Bezug in ihrer Umgebung und werden von den Besuchern scheinbar zufällig entdeckt. Ein → Labyrinth, bestehend aus einer 500 Meter langen Steinmauer, nimmt die Tradition des alten Initiationsmodells auf. Assoziationen zum nahegelegenen Sacro Bosco in → Bomarzo bei Viterbo drängen sich – nicht nur aufgrund des bronzenen schiefen Hauses von Spoerri – auf.

Spugne (ital., ›Schwämme‹), poröses Material zur Gestaltung künstlicher → Grotten, meist aus Bimsstein oder Zementmischungen.

Stadtpark, die Industrialisierung und das Wachstum der Städte führten im 19. Jh. zu einem steigenden Bedürfnis nach Grünanlagen im Stadtbereich, die der Entfremdung von der Natur mit den damit verbundenen hygienischen und sozialen Problemen entgegenwirken sollten. Seit der Mitte des 19. Jh.s diente der S. im Geiste der (lebens-) reformerischen Tendenzen (wie derjenigen der englischen → Arts & Crafts-Bewegung) vielfältigen Zwecken: neben Erholung, Sport, Spiel, Geselligkeit, Vergnügen (Konzerte und Bälle) und Erziehung (→ Botanik) diente er auch dem Wunsch des wohlhabenden, flanierfreudigen Bürgertums, sich angemessen in der Stadt repräsentieren zu können. Meist wurde eine Kombination aus Landschaftsgarten mit geometrischen Elementen verwirklicht, die insbesondere der botanischen Sammelleidenschaft entsprachen (→ Rosarium). Neben dem Bürgerpark entstanden auch zahlreiche Volksgärten (→ Volkspark), die den Bedürfnissen einer ärmeren Bevölkerungsschicht Rechnung tragen sollten.

Staffage, Figuren in einer Architektur- bzw. Landschaftsdarstellung, die in keine Erzählung eingebunden sind, sondern allein die Aufgabe haben, aufgrund ihrer Erscheinung, ihrer Kleidung usw. die Bedeutung des Ortes zu unterstreichen und aufgrund ihrer Größe die Landschaft und Architektur in ihrer Räumlichkeit und Perspektive für das Auge meßbar zu machen. In der ursprünglichen Bedeutung des Wortes als Beiwerk oder Nebensächlichkeit meint S. auch die Scheinarchitekturen als Versatzstücke und → Kulissen in der Landschaftsmalerei wie im realen Garten, dort v. a. als ephemere Festarchitekturen und als Versatzstücke mit oft kulissenhafter Ausführung bis hin zur Attrappe im englischen → Landschaftsgarten.

Steingarten → Alpinum

Stonypath bei Edinburgh, Little Sparta, von Ian Hamilton Finlay (geb. 1925) geschaffener Garten mit scheinbar ungeregelter Führung durch enge, geschlängelte oder alleenartig

Ian Hamilton Finlay: »Apollo Terroriste«
Plastik im Garten von Little Sparta, Stonypath (Schottland)
(Foto: Heinz Mölder)

und gerade angelegte Wege, überraschend sich öffnenden
weiten Plätzen (Aneinanderreihung flacher Inschriftenstei-
ne), Teichpartien, Wiesenflächen (Bienenstöcke). Finlay
schafft seine Werke in situ, in Little Sparta realisiert der
Künstler seine Idee von einer ortsgebundenen Plastik. Er
besteht entgegen der Vorstellung einer formalen Autono-
mie auf dem Sinngehalt des Kunstwerks (Träger von Bot-
schaften, Ideen). Seine Sicht der Natur ist vergleichbar mit
der Ästhetik des 18. Jh.s, die das Erhabene wie das
Schreckliche gleichermaßen in der Natur wurzeln sieht.
Auch für den Künstlergarten »Little Sparta« gilt »Et in arcadia ego« (»Selbst ich, der Tod, bin in Arkadien!«). Die

vielfältigen Bezüge, Querverweise, Zitate aus antiker wie neuzeitlicher Plastik, Skulptur, Architektur und Literatur sowie seine Hinweise auf historische Ereignisse (Französische Revolution) machen Little Sparta auch zu einem Ort der Inszenierung von Natur als politischer Natur.

Stourhead, Landschaftsgarten (Wiltshire), entstanden zwischen 1741 und 1780. Henry Hoare d. J. (II.), Bankier, zog sich 36jährig zurück auf den Landsitz seines Vaters. Als klassisch gebildeter Amateur begann er die Gestaltung einer Parklandschaft, die Schauplätze der Äneis inszenieren soll und als deren malerisches Vorbild Claude Lorrains *Aeneas in Delos* genannt wird. Durch Aufstauen des Flusses Stour (1754) entstand eine Seelandschaft mit Inseln, durch die geschwungene Wegeführung wechselnde Perspektiven und neue Landschaftsbilder. Die der Antikenverehrung verpflichteten Bauten werden von Henry Flintcroft in palladianischem Stil ausgeführt: Apollo-Tempel (Rundtempel), Pantheon (1754, verkleinerte Interpretation des römischen Vorbildes) mit Skulpturengalerie, Flora-Tempel, palladianische Brücke mit Rasenweg. Zur Anlage gehören zudem eine → Grotte (1748) am Seeufer, darin Figuren eines Flußgottes und einer Quellnymphe (eine ältere Grotte ist vom See überflutet), eine Kapelle in gotischem Stil und der 1772 ebenfalls von Flintcroft gebaute, 50 m hohe »King Alfred's Tower«. Zur »Liegenschaft« gehören ferner das kleine Dorf Stourton mit seinen Tudor-Stil-Cottages, an dessen Übergang zum Park sich eine neugotische Dorfkirche und ein neugotisches Marktkreuz befinden, sowie ein Nutzgarten, Wirtschaftsgebäude und das 1721 von Colen → Campbell entworfene Herrenhaus mit um 1800 angefügten Flügelbauten.

Stowe, Buckinghamshire. Von Beginn des 18. Jh.s an entsteht eine sich phasenweise vergrößernde Gartenanlage um Stowe House. Das Schloß selbst (Entwurf von John Vanbrugh, 1664–1726) belegt die Entwicklung vom klassizistischen Barock zum neopalladianischen Stil. Lord Cobham

(1699–1749), Besitzer von S., war einflußreiches Mitglied der liberal eingestellten Whig-Partei, die gegen die konservative Regierung unter den Königen George I. und George II. opponierte. Die ersten Gärten waren noch geometrisch formal angelegt. Um 1715 wurde die Anlage von Charles Bridgeman erweitert. Ein → »Aha«-Graben ist erstes Zeichen für den Bezug zum Landschaftsaspekt. Bridgemans Nachfolger ab 1730 war William → Kent, der Partien der geometrischen Ordnung auflöste und insbesondere die »Elysischen Felder« (→ Elysion) hinzufügte. Als Landschaftsgarten in einem Tal, auch »epic landscape garden« genannt, ist diese Anlage als Demonstration von Politik und Moral (*moral sence*) im Sinne Lord Cobhams und der Whigs zu lesen. Die Antike und die nationale Geschichte wird mit Bauten, Staffagearchitekturen und entsprechenden → Skulpturenprogrammen als Vorbild zitiert. In Hawkwell Field, einem weiteren, als Landschaftsgarten gestalteten Areal, wird auf dem höchsten Punkt der »Gotische Tempel« (James Gibbs, 1744) errichtet. Das »Griechische Tal«, ein Landschaftspark nach Plänen von Lancelot »Capability« → Brown (ab 1741), bringt die Umgestaltung vom formalen Garten zum frei komponierten Landschaftspark zum Abschluß.

Stuttgart, Schloßgarten Solitude, der württembergische Herzog Karl Eugen (1744–1793) ließ sich seit 1763 ein Lustschloß in der Nähe von Stuttgart erbauen, das als die letzte → Maison de plaisance in der Nachfolge von → Marly-le-Roi gelten kann. Vollendet wurde das Schloß von Philippe de La Guêpière (1715–1773), dessen Schüler Reinhard Ferdinand Heinrich Fischer und Carl von Schell die Anlagen ausbauten. Die nicht mehr erhaltene Gartenanlage wird auf Plänen des 18. Jh.s überliefert. Der von der Schloßanlage abgeschnürte, weitläufige Garten zeichnet sich durch eine Vielfalt variantenreicher → Bosketts aus – darunter sind insbesondere die Spiele- und Labyrinthbosketts hervorzuheben. Es entstand ein spätbarocker Garten mit einer ungewöhnlichen, fast bizarren Formenvielfalt, der unter Einbeziehung von großen Nutzgartenflächen vorwiegend als Lust- und → Irrgarten angelegt war. Landesweite Beachtung fand die Obstbaumzucht des Hofgärtners und Intendanten des Schlosses, Johann Caspar Schiller (1723–1796), dessen Sohn Friedrich → Schiller 1773–75 die dortige »Militär-Akademie« besuchte.

Switzer, Stephen (1682–1745), englischer Gartenarchitekt. S. wandte sich gegen den holländischen und französischen Stil in der barocken Gartenkunst (*Ichnographia Rustica*, 3 Bde., London 1718). Gleichwertig neben dem Lustgarten, den er von überflüssigem Pomp zu befreien suchte, sah er die Anlage von Nutzgärten. Er gilt als Vorreiter der »neuen« Ideale des englischen → Landschaftsgartens – so verlangte er z. B. von einem Gärtner auch philosophische Kenntnisse –, der versuchte, dessen naturverbundene Theorien mit der praktischen Gartengestaltung zu verbinden. Seine Ideen zeigen sich von → Dézallier d'Argenville beeinflußt, nach dessen Vorbild er z. B. erstmals einen → Aha-Graben mit Mauer zeichnerisch vorstellte. Die *Ichnographia Rustica* ist die umfassendste gartentheoretische Schrift in englischer Sprache.

Tapis vert (frz., ›grüner Teppich‹), weitläufige Rasenfläche, in der Regel rechteckig und unbepflanzt. In der ersten Hälfte des 18. Jh.s wird die schlichte Gestaltung nur in entlegeneren Gartenteilen, später auch vor dem Hauptgebäude ausgeformt. Eine Ausnahme bildet England, wo schon zu Beginn des 18. Jh.s im Schloßbereich T. v.s angelegt wurden. → Boulingrin.

Teatro verde (ital., ›grünes Theater‹) → Gartentheater, → Heckentheater

Teehaus, Tee, der im frühen 17. Jh. erstmals in Europa gehandelt wurde, war – neben Kaffee und Schokolade – das der Vorliebe für ostasiatische und allgemein exotische Kunst angemessene Mode- und Luxusgetränk des 18. Jh.s. Chinesische → Pavillons und → Pagoden fanden insbesondere als Teehäuser Eingang in die Gärten (→ Gartenhaus). Ein bekanntes Beispiel ist das Chinesische Teehaus (1754–57), das sich Friedrich der Große im Garten von Sanssouci in → Potsdam errichten ließ.

Teepavillon → Chinoiserie, → Pagode, → Teehaus

Teich → Peschiera, → See

Tempietto (ital., ›Tempelchen‹), seit der Renaissance nach antikem Formenschatz entworfener kleiner Tempel – als Beispiel sei der T. Bramantes in S. Pietro in Montorio in Rom (1502) genannt. Insbesondere im englischen → Landschaftsgarten fand der T. auch als → Gartenhaus Anwendung. → Gloriette.

Teppichbeet, historistische Beetform des 19. und frühen 20. Jh.s, das als rundes, manchmal auch plastisch gewölbtes Beet mit dichter Bepflanzung aus buntlaubigen Blattpflanzen oder Blumen in Mustern angelegt und mit verschiedenen Materialien (Kies, Sand, Steine) farbig gestaltet war. In der Mitte konnte das T. von einer exotischen Pflanze, einer

Statue oder Vase bekrönt werden. Seine Verwendung wird
von den Verfechtern des reinen Landschaftsgartens aufgrund seines fehlenden Bezuges zum übrigen Garten abgelehnt. Zu Beginn des 20. Jh.s gilt es als überholt und wird
allein zur Anwendung in architektonisch angelegten Gärten
empfohlen, so von Walter Baron von → Engelhardt. → Teppichgärtnerei.

Teppichgärtnerei (engl. *carpet bedding*), das Teppichbeet
ist von Fürst → Pückler-Muskau, Ideen von Humphry
→ Repton folgend, im Zusammenhang mit der Verwendung von Blumen bei der Anlage eines Parks erwähnt. Als
eine Art komprimiertes → Parterre sollten Blumenteppiche
in der Rasenfläche vor der Gartentreppe eines Schlosses
oder Hauses eingelassen werden. Die T. wird eine beliebte
und neue Aufgabe in der Beetgestaltung um die Mitte des
19. Jh.s als Ausdruck einer typisch viktorianischen Üppig-
keit im Dekor. Ein in sieben Auflagen bis 1907 erschiene-
nes Werk von Wilhelm Hampel, *Die moderne Teppichgärtnerei*, Berlin 1880, bezeugt die Beliebtheit dieser Form der
Blumengärtnerei, die indes von den Reformern der Gartengestaltung zu Beginn des 20. Jh.s bekämpft wurde. → Teppichbeet.

Terrakotta (ital., ›gebrannte Erde‹), Baumaterial aus un-
glasiertem, gebranntem Ton in Form von Backsteinen und
Ziegeln, aber auch als schmückende, mit Reliefs versehene
Baukeramik seit dem 15. Jh. verwendet. In der figürlichen
Plastik fand T. ebenfalls seit dem 15. Jh. verstärkt Anwen-
dung und war auch in der → Gartenskulptur häufig an-
zutreffen. Als Beispiel seien die allerdings nur schriftlich
überlieferten bunt glasierten T.-Plastiken von Bernard
→ Palissy (1563) genannt. Im Garten gebrauchte man
→ Ziegel aus T. darüber hinaus zur Einfassung von Bee-
ten. Gemahlene T. diente als farbiger Belag für Beete
(→ Broderie, → Parterre). Töpfe aus T. waren als Behält-
nis für nicht winterharte Kübelpflanzen vorgesehen
(→ Pflanzgefäße).

Terrasse, künstlich eingeebnetes Terrain vor einem Gebäude oder in einem Gelände. Die T. ist ein wesentliches Strukturelement zur Gliederung des Gartens in verschiedene Ebenen, die sanft oder steil vom Hauptgebäude ausgehend abfallen oder zu ihm aufsteigen. Charakteristisch für italienische Gärten des 16. Jh.s, wurde die T. auch in Frankreich im 17. Jh. übernommen. Ihr gegensätzliches Strukturelement findet die T. im → Hügel der englischen → Landschaftsgärten.

Theokritos (1. Hälfte 3. Jh. v. Chr.), griechischer (alexandrinischer) Dichter, der die → bukolische Poesie begründete.

Thouin, Gabriel (1747–1827), französischer Gartenarchitekt, der als der eigentliche Protagonist des »jardin paysage« in Frankreich gilt. In den *Plans raisonnés de toutes les espèces des Jardins*, Paris 1819 (dt. *Neue Gartenpläne mit Gebäuden*, Leipzig 1820) stellt T. verschiedene Gartentypen vor, die in Lust- und Nutzgärten zu unterscheiden sind, sich aber auch als Kunstlandschaft über das gesamte Land ausbreiten können. Bezeichnend für seine Entwürfe ist ein in geometrischen Kurven angelegtes Wegesystem. T. entwarf u. a. ein Landschaftsgartenprojekt für → Versailles (1820). In der Parklandschaft großen Ausmaßes (7000 Morgen) sollten historisch gewordene kulturelle und industrielle Denkmäler in der Art von Versatzstücken Teil der Anlage sein. Im Plan der übergroßen Kunstlandschaft war Versailles nicht mehr länger von gartenkünstlerischem Eigenwert, sondern hatte nur noch den Rang einer historischen Staffage. T. war das wichtigste Vorbild für Peter Joseph → Lenné und die durch ihn begründete Lenné-Meyersche Schule, die für den Landschaftsgarten in Deutschland bestimmend wurde.

Tiergarten, als → Jagdgarten eingezäuntes oder umfriedetes Gehege für die Aufzucht, Pflege und Jagd von Wild seit dem Mittelalter. → Ménagerie.

Tivoli, Garten der Villa d'Este (Latium, Rom), nachdem Kardinal Ippolito d'Este die Herrschaft über Tivoli bei

Rom übertragen bekam, ließ er ein ehemaliges Franziska-
nerkloster in den Jahren 1550–72 durch den Architekten
Pirro → Ligorio zu seiner Residenz umgestalten. Die Anlage der Gärten mit den von Giovanni Fontana (→ Frascati)
errichteten Wasserspielen erforderte ungeheure technische
Anstrengungen: Gelände mußte für die Terrassenanlage ab-
getragen und Wassermassen für die 23 großen und unzähli-
gen kleinen Springbrunnen von weither geleitet werden.
Von dem berühmten Statuenschmuck des Gartens, den der
Kardinal aus der nahegelegenen antiken Villa Adriana
herbeischaffen ließ, ist heute nichts mehr zu sehen. Die
Wasseranlagen sind jedoch weitgehend intakt. Von den
zahlreichen → Brunnen und → Fontänen, die durch ein
komplexes mythologisches Skulpturenprogramm verbunden waren, sind das zentrale → Nymphaeum mit der riesigen Fontana dell'Ovato und der berühmte Brunnen mit
den Vogelstimmen hervorzuheben. Die mit Wasserkraft betriebenen → Automaten und Figuren des Vogelstimmen-
Brunnens sind heute nicht mehr erhalten. Im 17. Jh.
(1660/61) kamen ein Brunnen und ein Wasserfall von Gian-
lorenzo Bernini (1598–1680) hinzu, der die große → Wasserorgel mit den Fischteichen verband. Villa und Garten
blieben bis ins 19. Jh. im Besitz der d'Este.

Trehet, Jean (1654–1740), französischer Gärtner und Ta-
pissier. T. kam über die Herstellung von Gobelins und ihrer
Ornamentik zur Gartenkunst. Eine Verbindung zu → Le
Nôtre wird für seine Ausbildung angenommen. Der seit
1680 in Deutschland tätige T. war ab 1686 in Wien ansässig.
Er wurde bald in die Dienste des Wiener Hofes und seiner
Gärten aufgenommen und zum kaiserlichen Gartenninge-
nieur befördert. In den Jahren 1690–92 gestaltete er die
Gärten der Sommerresidenz Favorita auf der Wiesen bei
Wien, seit 1696 arbeitete er – möglicherweise nach Entwür-
fen Fischer von Erlachs – in → Schönbrunn. 1698 fertigte
er auf einer Studienreise nach Frankreich Grundrisse französischer Gärten an. Sein Einfluß auf die Gärten zahlrei-

cher Wiener Barockpaläste und der in den Türkenkriegen zerstörten Sommerschlösser des Adels um Wien scheint aufgrund stilistischer Merkmale gesichert, wenn auch sein unmittelbares Einwirken mangels archivalischer Quellen nicht nachgewiesen ist.

Treibhaus, → Gewächshaus aus einer Eisen-Glas-Konstruktion oder einfacher aus einer gemauerten Rückwand nach Norden und einer durchfensterten Südwand konstruiert, in dem durch Schutz vor schwankenden Witterungseinflüssen und durch intensive Lichtausnutzung sowie gegebenenfalls durch künstlich erzeugte Wärme ein wachstumsförderndes Klima entsteht. Das T. gewährt die Möglichkeit jahreszeitenunabhängigen Austreibens von Pflanzensamen.

Treillage (frz. *treille*, von lat. *trichila* ›Laube, Gitter‹), Rankgerüst als Spalier oder → Laubengang aus → Gitterwerk, meist aus grün oder weiß lackiertem Holz. Die Lau-

Schloß Bellevue bei Meudon für Madame Pompadour
Treillage im Bosquet du Baldaquin. Kupferstich, um 1750

bengänge können von Pavillons an den Kreuzungspunkten unterbrochen werden. Wie die → Berceaux dienten T.n als schattige Spazierwege im Garten.

Trianon, Dorf in der Nähe von → Versailles, das Ludwig XIV. 1668 abreißen ließ, um dort ein Lusthaus mit Garten, das sog. *T. de Porcelaine,* zu errichten (1670/72 erbaut). Das *Petit T.,* auch *Hermitage de T.* genannt, entstand seit 1748 in der Nähe des großen T. Der Name T. übertrug sich in Frankreich allgemein auf freistehende Gartenpavillons. Im 18. Jh. konnte der Begriff auch synonym für → Eremitage gebraucht werden.

Tribolo (Niccolò di Raffaelo de'Pericoli, um 1500–1550), Bildhauer in Rom und Florenz. U. a. war er der Gehilfe Michelangelos bei der Errichtung der Medici-Gräber in Florenz (1533). Seit 1538 war T. im Dienst der Medici als Bildhauer, Gartenarchitekt und Wasseringenieur tätig. Für Cosimo de Medici errichtete T. den Garten der Villa Castello bei Florenz, wo er zunächst die Skulpturenbrunnen (ab 1538), aber auch die Wasserleitungen und die architektonischen Bauten der Gartenanlage erbaute. Im Zusammenhang mit der Vita des T. berichtet Giorgio Vasari (*Le vite de' piu eccellenti Pittori, Scultori e Architettori,* 2 Bde., Florenz 1550) über das erste uns bekannte umfassende → Skulpturenprogramm für einen Garten in der Medici-Villa in → Florenz-Castello, das, ohnehin vermutlich nur unvollständig ausgeführt, sich nur zu einem kleinen Teil erhalten hat. Ab 1549 wurde der Boboli-Garten nach den Entwürfen T.s begonnen. Das Projekt wurde nach seinem Tode im darauffolgenden Jahr von → Ammannati weitergeführt.

Tulpe → Pflanzenmoden

U, V

Utrecht → Heemstede

Vanvitelli, Luigi (1700–1773), in Italien geborener Maler und Architekt. V. begann seine Malerlaufbahn als Schüler bei seinem niederländischen Vater Gaspard van Wittel in Rom. Als Architekt führte er zahlreiche päpstliche Aufträge in Rom aus und wurde der bedeutendste italienische Architekt seiner Zeit. König Karl III. von Neapel rief ihn um 1750 in seine Hauptstadt, wo er neben der Kirche SS. Annunziata (1761–82) ein Aquaedukt und Kasernen erbaute. Seit 1752 errichtete er für Karl III. Schloß und Park in → Caserta, ein gigantisches, an → Versailles angelehntes Projekt, das ihn bis zu seinem Tode beschäftigen sollte. Der riesige, vierflügelige Schloßkomplex ist von einem etwa 84 ha großen Garten umgeben, der die einzige monumentale Anlage nach französischem Vorbild in Italien darstellt.

Varro, Marcus Terentius (116–27 v. Chr.), römischer Feldherr und Historiker. V. verfaßte zahlreiche Bücher zu unterschiedlichsten Themen, von denen nur sein Werk über die Landwirtschaft *Rerum rusticarum libri tres*, verfaßt 37 v. Chr., erstmals gedruckt in Venedig 1472, vollständig erhalten ist. Neben Ackerbau und Großtierhaltung wird darin auch die Zucht von Kleintieren geschildert. Seine detaillierte Schilderung der Anlage eines Landgutes läßt eine recht getreue Rekonstruktion eines antiken Landsitzes zu. Die bei Varro beschriebenen Gartengebäude, darunter ein Vogelhaus und ein Pavillon mit drehbarem Tisch fanden in der Gartenkunst der Neuzeit rege Nachfolge, wie z. B. ein tholosartiger Pavillon auf Schloß Ambras in Tirol belegt, den Merian als *Sommer-Haus, darinnen der umlaufende Tisch* in einem Stich von 1645 überliefert.

Vaux-le-Vicomte (Ile-de-France, Frankreich), der französische Finanzminister Nicolas Fouquet holte den Garten-

architekten André → Le Nôtre an sein 1656 begonnenes
Schloß in Vaux bei Melun und betraute ihn mit der Gestaltung des Gartens. In nur 5 Jahren mit höchstem Aufwand
errichtet, wurde die verschwenderisch ausgestattete Anlage
mit einem opulenten Fest zu Ehren Ludwigs XIV. einge-
weiht, der seinen Minister daraufhin wegen Veruntreuung
von Staatsgeldern zu lebenslanger Kerkerhaft verurteilte.
Der König beschäftigte den Architekten Louis Le Vau, den
Maler Charles Le Brun und Le Nôtre daraufhin in → Versailles. Schloß und Garten verfielen und wurden erst gegen
Ende des 19. Jh.s von einem Privatmann restauriert. Die
Planungen Le Nôtres, die in zahlreichen Stichen und Beschreibungen überliefert sind, wurden dabei allerdings teilweise nur ungenau umgesetzt. Le Nôtre gestaltete eine
streng axiale Anlage um das Schloß, ein orthogonales Raster, von dem drei radiale Schneisen in das angrenzende,
flankierende Waldgebiet ausstrahlen. Hervorzuheben ist die
perspektivische Lösung Le Nôtres, die vorbildhaft wird
für Versailles. Er versteht es, den monotonen Tiefenzug der
Mittelachse durch Staffelung der Ebenen sowie durch die
Anlage von optisch »bremsenden« Nebenachsen aufzulok-
kern. Lebendigkeit und Formenvielfalt aber erhält die
strenge Gartengestaltung erst in den Details, insbesondere
durch die Wasserspiele der Kaskaden- und Grottenanlagen
sowie die Mannigfaltigkeit der Broderieformen.

Veitshöchheim, Hofgarten, in den Grundzügen wurde der
Garten der Sommerresidenz der Würzburger Fürstbischö-
fe, zu Beginn des 18. Jh.s unter Carl Philipp von Greiffen-
clau (1749–54) angelegt, in dessen Regierungszeit auch die
Erweiterung des Sommerschlosses durch Balthasar Neumann fiel. Unter der langen Regentschaft Adam Friedrichs
von Seinsheim (1708–1779, reg. 1755–79) erhielt der Veits-
höchheimer Garten nach 1763 die Ausgestaltung und den
Figurenschmuck, die dem Garten seinen Ruf als dem bedeutendsten deutschen Rokokogarten einbrachten. Von hohen Mauern umschlossen, gliedert sich der Garten seitlich

des Schlosses in drei langgezogene Kompartimente, die durch ein kleinteiligeres Wegesystem erschlossen und in zahlreiche Gartenräume aufgeteilt sind. Der Entwerfer der Gartengestaltung ist nicht überliefert. Gemeinhin wird Seinsheim die Idee zugesprochen, die er mit seinem Garteningenieur Johann Philipp Geigel (1729/30–1800) entwickelt haben soll. Aber auch Johann Prokop → Mayer, der schon vor seinem Dienstantritt 1771 als Hofgärtner in Würzburg mit dem Fürstbischof in Verbindung stand, ist als Urheber des Plans zu erwägen. Für das reiche → Skulpturenprogramm waren die Hofbildhauer Johann Wolfgang von der Auwera (1708–1756), Ferdinand Tietz (1708–1777) und Johann Peter Wagner (ab 1771) zuständig.

Vergil (70–19. v. Chr.), Publius Vergilius Maro, römischer Epiker. Seine Hirtengedichte, die die bukolische Poesie von → Theokritos fortschreiben, wurden mit ihren idealisierenden Beschreibungen des glücklichen Hirtenlebens Vorbild für die europäische Hirtendichtung. In seinem Lehrgedicht vom Landbau (*Georgica*) wird auch ein Nutzgarten mit seinen Pflanzen beschrieben.

Vergnügungspark, als eigenständige und besondere Form aus dem → Volkspark entwickelt. Noch heute sind V.s den Volksparks (z. B. → Prater in Wien) angegliedert. Als erste eigenständige Anlage, die mit Riesenrad oder anderen Fahrgeschäften, Buden u. a. ausgestattet ist, entstand 1843 der wie der Prater noch heute erhaltene Freizeitpark Tivoli in Kopenhagen. Nach dem Vorbild von Disneyworld in den USA entstanden in den letzten Jahren auch in Europa ähnliche V.s.

Versailles, Schloßgarten, angeregt durch die großartige Schöpfung seines Finanzministers Fouquet, → Vaux-Le-Vicomte, plante Ludwig XIV. 1662 die Anlage eines Sommerschlosses in Versailles bei Paris, die maßstabsetzend für alle ehrgeizigen Schloß- und Gartenprojekte des 17. und 18. Jh.s in Europa werden sollte. Mit ungeheurem technischen und finanziellen Aufwand mußte für diese Bauaufgabe ein unwirtliches Sumpfgebiet erschlossen werden. Bereits 1662 begann André → Le Nôtre mit der Anlage der Gärten, deren unendliche in den Horizont ausstrahlenden → Achsen als Inbegriff einer absolutistischen Staatsauffassung gewertet wurden. Die Hauptachse hinter dem Boskettgarten wird bestimmt durch den »Grand Canal«, der als spiegelnde Wasserstraße das Vorbild für zahlreiche nachfolgende Gärten abgab. In den → Parterres und dem angrenzenden → Boskett in Schloßnähe wurden vielfältige Kabinette und Gartensäle errichtet, die zum Teil reich architektonisch ausgestaltet wurden (z. B. die »Colonnade«) und mit Skulpturen und Brunnenbecken (Thetisgrotte und Apollobad) geschmückt sind. Formal und ikonographisch stellen sie das Vorbild für viele europäische Gärten, wie z. B. in → Caserta oder in → San Ildefonso, dar. Ludwig XIV. selbst verfaßte einen Führer durch seinen Garten, in dem er die Sehenswürdigkeiten des Gartens zu einem Rundgang zusammenfaßt. Als Ort glanzvoller Gartenfeste (wie z. B. 1674 anläßlich der Eroberung von Burgund) war Versailles ebenfalls beispielgebend für die europäischen Herrscherhäuser des Barock. Abseits vom Schloß, das bald als Residenz zum ausschließlichen Aufenthalt genutzt wurde, ließ der König 1668 ein Lustschloß erbauen, das Grand → Trianon. Unter Ludwig XVI. entstand auf das Betreiben seiner Frau Marie-Antoinette die Anlage des Petit → Trianon, das Ludwig XV. (1710–1774) sich als Refugium für sich und die Marquise de Pompadour erbauen ließ (1762–66 von Jacques-Ange Gabriel), ein ausgedehnter Landschaftsgarten nach englischem Vorbild, der als die bedeutendste Anlage dieser Art in Frankreich zu werten ist.

Vertugadin, kleiner, grasbewachsener Abhang oder in der Art der ansteigenden Sitzplätze eines → Amphitheaters gebildeter Rasenplatz. Nach dem *Dictionnaire* (1691) von → D'Aviler leitet sich der Name aus dem Spanischen her: mit *vertugado* wurde der Hüftwulst eines Frauenrockes bezeichnet.

Vertumnus → Pomona

Vexierwasser (von lat. *vexare* ›plagen, quälen‹), wörtlich übersetzt »Scherz-Wasser«, V. wurden als → Wasserspiele im Garten zum scherzhaften Bespritzen und Durchnässen der Besucher eingesetzt.

Vignola, Giacomo Barozzi da (1507–1573), Maler und Architekt. V. begann seine künstlerische Laufbahn als Maler in Bologna. Seine erste architektonische Betätigung fand er als Mitarbeiter an den Bauvorhaben in St. Peter und im Vatikan (1534–36). Nach einer Frankreichreise und einem kürzeren Aufenthalt in Bologna war V. seit 1546 im Dienst der Farnese wieder in Rom tätig. Sein gartenkünstlerisch wichtigstes Werk in Rom sind die Orti Farnesiani am Palatin (um 1550). Als Erbauer des Palazzino Farnese in → Caprarola wird er auch mit der dortigen Gartenanlage in Zusammenhang gebracht. Zugeschrieben werden ihm aufgrund einiger formaler und motivischer Gemeinsamkeiten – wie z. B. der Wasserrinnen (→ Catena d'acqua) – auch der Park der Villa Lante in → Bagnaia. Seine *Regola delli cinque ordini dell'architettura* (Rom 1562) zählen zu den wichtigsten Architekturtraktaten des 16. Jh.s und wurden von Charles Augustin → d'Aviler 1691 ins Französische übertragen.

Viktorianischer Garten, Garten des Historismus, s. u. »Gartenstile Europas« S. 29 f.

Villa (ital., ›Haus‹), heute Begriff für ein besonders komfortabel oder luxuriös ausgestattetes Haus. In der Antike unterschied man zwischen einer V. *urbana* (Stadthaus), einer V. *suburbana* (stadtnahe V.) und einer V. *rustica* (Landgut). Seit der Renaissance geht der Begriff im Gegensatz zum städtischen Palast (Palazzo) ganz auf das Landhaus und das stadtnahe Lusthaus über. Voraussetzung dafür waren die Entdeckung der antiken Autoren und Architekturtraktate im Humanismus, u. a. der beiden Villen-Briefe → Plinius' d. J., in denen er seine Villen in der Toskana bzw. bei Ostia beschreibt. Durch eine Konsolidierung der politischen Situation, die es dem Adel erlaubte, die Stadt und die Kastelle zu verlassen, entstanden seit dem 15. Jh. zahlreiche Villen auf dem Lande. Nach Leon Battista → Alberti (*Traktat über die Villa*, verfaßt 1438) sollte die ideale V. und ihr Garten am Hang gelegen sein. Im Vordergrund stand zunächst die landwirtschaftliche Nutzung. Die V. ist jedoch darüber hinaus Ausdruck eines bestimmten Lebensstils der Muße, Kontemplation und Freiheit (→ Locus amoenus). Neben den Nutzgärten spielte die Ausbildung von Lustgärten innerhalb einer Villenanlage eine immer größere Rolle. Im 16. Jh. ließ sich beipielsweise die Florentiner Familie der Medici zahlreiche Villen mit künstlerisch gestalteten Gartenanlagen im Umland von Florenz errichten (→ Florenz-Castello). Auch im Umland von Rom entstanden zahlreiche, meist päpstliche Sommerresidenzen (→ Frascati, Villa Aldobrandini; → Caprarola, Villa Farnese). Nachdem Venedig u. a. durch die Entdeckung Amerikas seine Bedeutung als Handelsstadt verloren hatte, setzte im ausgehenden 16. Jh. eine Stadtflucht und Besiedelung der *terra ferma* im Veneto ein. Die V. wird in der Nachfolge → Palladios zu einer der wichtigsten Bauaufgaben in der europäischen Architektur (→ Maison de plaisance).

Villa rustica → Villa

Villa suburbana → Villa, → Florenz, Boboli-Garten

Villandry, gelegen in Indre-et-Loire, Frankreich. Die Schloßanlage aus dem 12. Jh. wurde in der Renaissance (1532) umgestaltet, die Terrassen und Kanäle stammen aus dem 18. Jh. Bereits vorhandene Gartenbereiche wurden von Joachim Carvallo zwischen 1906 und 1924 zu einer Gartenanlage mit drei verschiedenen Ebenen restauriert. Die obere mit großem, rechteckigem Wasserbassin ist von den unteren beiden, dem »Garten der Herzen« und dem Obstgarten durch eine die Hauptachse bildende Baumallee getrennt. Von hier werden die Burggräben und Gärten durch Kanalsysteme bewässert. Der an die Südseite des Schlosses angefügte »Garten der Herzen« wurde konzipiert von dem Spanier Lozano. Als streng ornamentaler Gartenteil symbolisiert diese mittlere Ebene mit vier Abschnitten mittels kunstvoll zu verschiedenen Herzformen geschnittenem Buchs (→ Ars topiaria) unterschiedliche Arten der Liebe. Von dieser Partie aus besteht die Möglichkeit der Gesamtschau über den Obstgarten in der unteren Ebene. Auch dieser ist kunstvoll geometrisch gestaltet zu strengen Rechteckformen, in denen Gemüse, Kräuter und Blumen zu einem planvollen Gesamtbild von Form und Farbe, Schönheit und Nutzen komponiert sind. Als Vorlage hierfür dienten Stiche von → Du Cerceau.

Villeggiatura (ital., ›Sommerfrische‹), ursprünglich den sommerlichen Aufenthalt auf dem Lande bezeichnend, wurde der Begriff zu einem Synonym für die Villenkultur in Italien. → Villa, → Villengarten.

Villengarten, für die Neuzeit war innerhalb der antiken Gartenkunst v. a. die römische Villenkultur vorbildhaft. Die detaillierten Beschreibungen in den Briefen → Plinius' d. J. ermöglichen eine Rekonstruktion der römischen Villa und ihrer Gärten. Bei der Anlage einer Villa waren die Aussicht, erreicht durch eine Hanglage, sowie eine klimatisch günstige Ausrichtung von Bedeutung. Die Villenanlage bestand aus einem Gebäudekomplex mit Sonnenterrassen und überdachten Wandelgängen und war von Nutz- und Lustgärten umgeben, die mit Kunstwerken und kleinen Lustbauten geschmückt waren. Die Gärten, die aus verschiedenen gegeneinander abgegrenzten Teilen bestanden, waren kunstvoll bepflanzt und gestaltet. Plinius beispielsweise ließ ein sog. → Hippodrom im Garten seiner Villa in der Toskana anlegen. Die Form des langgestreckten Gartenraums war den Circusanlagen für Pferderennen ähnlich. An seinem halbkreisförmigen Ende befand sich ein → Rosengarten und ein Stibadium, eine zum Speisen angelegte, raffiniert mit → Brunnen verbundene Sitzbank. In den Gärten des Plinius befanden sich keine Statuen. Dafür säumten in figürliche Formen geschnittene Buchsbäumchen und Sträucher die Wege. Die Baumschnittkunst (→ Ars topiaria) wurde in der

Gartenkunst der italienischen Renaissance wiederaufgegriffen. Seit dem 19. Jh. wurden am Rande der Städte von einem zunehmend wohlhabenden Bürgertum neue, großzügige Villensiedlungen erschlossen, die von weiträumigen, parkähnlichen Gärten umgeben waren. Der V. gestaltete sich als eines der Hauptaufgabengebiete für Gartenarchitekten des 19. Jh.s. Eine Kombination aus Formen des architektonischen Gartens und des → Landschaftsgartens ergab sich aus den an fürstlichen Gärten orientierten Ansprüchen der Besitzer. Im frühen 20. Jh. wurde der herrschaftliche V. von der bescheideneren Form des → Hausgartens abgelöst, der mehr oder weniger aufwendig in Größe und Gestaltung ausfallen konnte. Zur Entwicklung des nachantiken V.s in der Renaissance und im Barock siehe → Villa, → Gartenpalais.

Viridarium (lat., ›Lustgarten, Park‹), antik-römische Bezeichnung für einen → Lustgarten in Abgrenzung zum → Hortus, dem → Nutzgarten. Gemeint ist zumeist das → Peristyl eines Wohnhauses.

Vogelhaus, ein V. im Garten wird erstmals erwähnt bei Marcus Terentius → Varro. Es ist als tholosartiger → Pavillon mit zwei Laubengängen ausgebildet. In den Laubengängen sind die Vögel gefangen, während der Pavillon einen drehbaren Tisch zum Speisen aufweist. Nutzgebäude und Lusthäuschen sind kombiniert (→ Fasanerie). Vogelhäuser und Volieren waren auch im architektonischen Garten der Renaissance und des Barock wegen des Gesangs oder der bunten Exotik der Vögel beliebt. Sie wurden als einzelne Pavillons oder als kleine Gebäudegruppe angelegt.

Volière (frz.) → Vogelhaus

Volksgarten → Volkspark

Volkspark, neben dem eher als städtische → Promenade zu bezeichnenden Hofgarten in Düsseldorf (1769) war der erste, einer breiteren Öffentlichkeit zugängliche Park in Deutschland der Englische Garten in → München (1789), ebenfalls von Kurfürst Karl Theodor von der Pfalz in Auf-

Rekonstruktion eines Vogelhauses nach den Beschreibungen von
Marcus Terentius Varro (116–27 v. Chr.) in seiner Schrift
*Rerum rusticarum libri tre*s
Aus: Jacobus Laurus, *Antiquae urbis splendor,* Rom 1612

trag gegeben worden. Inwieweit bereits vorher die privaten
herrscherlichen Gärten für breitere Schichten geöffnet waren, ist umstritten. Im Geiste der Aufklärung war z. B. der
Park in → Wörlitz auch für die Bevölkerung bestimmt gewesen. Eine Forderung nach eigenen »Volksgärten« wurde
bereits im Sinne der Aufklärung von dem Gartentheoretiker → Hirschfeld gestellt. Als einer der ersten von städtischer Seite in Auftrag gegebenen V.s entstand 1824 der V. in
Magdeburg von Peter Josef → Lenné. Im 19. Jh. diente der
V. der Unterhaltung und Erholung der gesamten Bevölkerung. Künstlerisch folgt der Garten (als weitere Beispiele
für den V. in Europa seien der St. James Park und der Regent's Park, 1828, in London genannt) den damals üblichen
gestalterischen, auf Abwechslung zielenden Prinzipien, die
sich letztlich noch aus dem englischen → Landschaftsgarten

herleiten lassen: wechselnde Prospekte entstanden durch
den Kontrast weitläufiger, naturbelassener Grünflächen mit
Aussichtshöhen und Baumgruppen. Festgebäude, Musikpa-
villons, Restaurants, Festwiesen für Volksfeste sorgten für
den nötigen Zeitvertreib (→ Vergnügungspark). Während
der Bürgergarten mit seinen weitgeschwungenen Gehwe-
gen, den Blumenparterres, → Rosarien und → Teppichbeeten für die → Promenade angelegt war, zielten die V.s im
Zuge der zunehmenden Industrialisierung der Städte und
ihres Umlandes auf die Erholung der weniger wohlhabenden Bevölkerungsschichten. Die Anlage größerer Wiesenflächen als Sport- und Spielplätze, Schwimmbäder und
Planschbecken u. ä. gehörten gegen Ende des 19. Jh.s zu
den geforderten Gestaltungsmitteln. Wichtige Reformer
und Wegbereiter der öffentlichen Gärten und des städtischen Grüns im frühen 20. Jh. unter sozialen Aspekten waren Alfred → Lichtwark, Leberecht → Migge und Martin
→ Wagner. V.s entstanden vermehrt seit etwa 1900 insbesondere dort, wo keine größeren, für die öffentliche Nutzung vorgesehenen Schloßparks vorhanden waren. Bedeutende und wegweisende Beispiele für V.s im 20. Jh. sind der
V. in Hamburg (1909 von Fritz Schumacher unter Mitwirkung von → Lichtwark), der V. in Köln (1909 von Fritz
→ Encke) und der V. Jungfernheide in Berlin (1922 von Erwin → Barth). → Stadtpark.

De Vries, Jan Vredeman (1527–1604 oder 1623), holländischer Maler, Architektur- und Ornamentzeichner. Das Stichwerk *Hortorum viridariorumque elegantes et multiplices for-
mae* (Antwerpen 1568, zweite Auflage 1583) vermittelt einen
Eindruck der Stadtgärten eines wohlhabenden, aufstreben-
den Bürgertums im 16. Jh. Die in regelmäßige rechteckige
Felder eingeteilten und von Hecken, Zäunen und Laubengängen (→ Berceaux) abgegrenzten Gärten in dem weit ver-
breiteten Stichwerk übten einen großen Einfluß auf die europäische Gartenkunst des Manierismus aus. Die Binnenge-
staltung der einzelnen Kabinette war durch ornamentartig

ausgelegte Beete bestimmt, die sich um ein zentrales Brunnenbecken oder eine beschnittene Baumbepflanzung gruppierten. Angestrebt wurde trotz der abwechslungsreichen Gestaltung der einzelnen Kompartimente eine einfache klare Gliederung des Gartens.

Wagner, Martin (1885–1957), deutscher Architekt. Ab 1926 war W. Stadtbaurat in Berlin. 1935 ging er als Professor nach Istanbul, 1938 an die Harvard University. W. beschäftigte sich aus Gründen der Hygiene und Volksgesundheit mit der Anlage von öffentlichen Grünflächen in der Stadt. Die Gestaltung von nutzbringenden und weniger kostenintensiven Spiel- und Sportplätzen ist ihm deshalb vor der Anlage künstlerischer »Prachtgärten« vorrangiges Anliegen. Seine rational-technischen Ideen, die in der Folgezeit weite Anerkennung fanden, sind festgehalten in *Das sanitäre Grün der Städte* (Berlin 1925). Der radikale Ausschluß ästhetischer Kriterien unterscheidet W. von den Gartengestaltern wie Willy → Lange oder Leberecht → Migge, die ähnliche, für das frühe 20. Jh. charakteristische, auf Gesundheit und Hygiene zielende Ansätze bei der Errichtung öffentlicher Gärten verfolgten.

Walker, Peter (geb. 1932) erwarb 1957 den Master of Landscape Architecture an der Harvard University Graduate School of Design, an der er seit 1958 lehrte. Seit 1957 leitete er eine Bürogemeinschaft mit Sasaki; 1975 gründete er das SWA-Büro in San Francisco, 1983 die Bürogemeinschaft Peter Walker / Martha → Schwartz. Ab 1992 arbeitete W. mit der Bürogemeinschaft William Johnson and Partners in Berkeley. W. führt wie seine Frau Martha Schwartz häufig Aufträge in Europa aus. Die für W. vorbildlichen Gärten des 18. und 19., ebenso wie die der klassischen Moderne des 20. Jh.s werden in seinen Gestaltungen in ihrer Topologie zitiert und insofern zu bedeutungsvollen Orten umgestaltet, als W. sich dabei nicht von funktionalen, ökonomischen und ökologischen Anforderungen bestimmen läßt. Der zur zweckbestimmten Kulisse degradierte Garten kann für W. nur für den Verfall be-

stimmt sein. Vielmehr soll die Aufladung mit Elementen
aus der historischen Gartenkunst und zeitgenössischen
Kunststilen (Pop Art, Minimal Art und → Land Art) zum
Zusammenschluß von Bedeutungsvollem inmitten von Be-
deutungslosem die Zeit überdauern. In seinen Arbeiten
geht W. expressiv mit Farben, Formen und Bildern um. Eu-
ropäisches Beispiel für W.s Arbeitsweise ist die Anlage am
Kempinski-Hotel, Flughafen München, die er gemeinsam
mit Schwartz konzipierte. Streng formale Gestaltung mit
Überlagerungen von Fluchten und → Achsen, Säulen-
eichen, Hecken, dichte Rasendecken und → Ars topiaria in
Form von Rankgerüsten aus Stahl, die mit Kletterpflanzen
überwachsen werden sollen, zitieren den repräsentativen
Garten des Barock. Das formale Element wird im Atrium
durch eine 6 m hohe, gläserne Regalwand aufgenommen,
in deren Fächern unzählige künstliche rote Geranien in
Blumentöpfen aus Kunststoff die Merkmale der Pop Art
zitieren.

Walpole, Horace (1717–1797), englischer Schriftsteller
und Sammler, Sohn des Premierministers Sir Robert Walpole. W. war einer der wichtigsten Förderer der neogoti-
schen Bewegung in England seit der Mitte des 18. Jh.s. Sein
Landhaus Strawberry Hill (Middlesex) wurde seit 1749 auf
Anregung Walpoles nach dem Vorbild eines mittelalterlichen Klosters erbaut. Es gilt als das erste Bauwerk einer
rasch um sich greifenden Vorliebe für den gotischen Stil in
der englischen Architektur (→ Gotikmode) lange vor der
Mittelalterbegeisterung des Historismus.

Wardscher Kasten, Kasten mit Glashaube über einem Be-
hälter für Erdreich zum Transport und zur Aufbewahrung
von Pflanzen, der von dem Arzt und Botaniker Nathaniel
Bagshaw Ward (1791–1868) erfunden wurde. Die zunehmende Umweltverschmutzung im Zuge der Industrialisierung veranlaßte Ward zu Experimenten der Pflanzenauf-
zucht in geschlossenen Gefäßen. Ward war damit nicht zuletzt auch ein Wegbereiter für die häusliche Kultur der

Zimmerpflanze. Seine Erfindung des Kastens als eine Art
Mini-Gewächshaus diente darüber hinaus auch zum
→ Pflanzentransport aus Übersee.

Wasser als Gestaltungsmittel ist ein Teil der vier → Elemente und gilt unter ihnen als die wichtigste Komponente,
als die »lebendige Seele« (Jacques → Boyceau) des Gartens,
übernommen als ein Motiv aus der Vorstellung vom → Paradies, in dem W. mit den vier Paradiesesflüssen im Überfluß vorhanden war. Bereits in der Antike wurden → Brunnen und Becken im Garten errichtet. Sie dienten neben dem
Bewässern der Pflanzen u. a. der Fischzucht (→ Peschiera)
oder dem Kühlen der Getränke und Speisen bei Festmah-
len. Im Mittelalter bildete ein Brunnen mit einem Becken,
das auch zum Baden genutzt wurde, das Zentrum eines
Gartens. W. blieb auch während der Renaissance und des
Barock ein wichtiges Element im Garten. In Rinnen geführt, begleitete es die Treppenläufe im italienischen Garten
der Renaissance (→ Catena d'acqua). In Kanälen geleitet
oder in → Spiegelweihern angelegt, betonte es die Haupt-
achsen der Gartenanlage und bildete lange ruhige Spiegel-
flächen, die das Licht und die Architektur reflektierten.
Das berühmteste Beispiel und das Vorbild für viele nachfolgende Gärten ist der Große → Kanal im Versailler Schloßpark. Große, teils mit Booten auch befahrbare Becken nah-
men im architektonischen Garten des Barock Figurengruppen mit → Fontänen und Wasserorgeln auf. Wasserfälle
und → Kaskaden wurden über natürliche oder künstlich
geformte Stufen geleitet und boten wie die Fontänen und
→ Wasserspiele neben optischen auch mannigfaltige akusti-
sche Reize. Dafür waren oft aufwendige technische Konstruktionen notwendig, wie z. B. der Bau des riesigen Was-
serhebewerks von → Marly-le-Roy (1681–85), mit dem die
Fontänen von → Versailles gespeist wurden. Allgemein
wurden gewaltige ingenieur-technische Anstrengungen un-
ternommen, um einen Garten mit W. zu versorgen. Flüsse
mußten umgeleitet, Land trockengelegt, gewaltige Erdmas-

sen verschoben und ausgehoben werden. Nicht weniger aufwendig als im architektonischen Garten, wenn auch im Erscheinungsbild »natürlicher«, wurde dabei das W. als Gestaltungsmittel im englischen → Landschaftsgarten eingesetzt. Bäche und Flüsse wurden aufgestaut, um Teiche oder → Seen an der gewünschten Stelle malerisch zu inszenieren.

Wasserorgel, Technik aus der Antike (Heron von Alexandria, Vitruv) überliefert und in der Renaissance wiederaufgegriffen. Siehe auch → Automaten; ein bekanntes Beispiel ist die 1668 von Claude Venard entwickelte W. in der Villa d'Este in → Tivoli. Wasser fließt in einen Hohlraum und treibt dadurch die Luft in die Orgelpfeifen. Die Tastatur der mechanischen Orgel wird ebenfalls durch Wasser angetrieben.

Wasserspiele, unter der Erde oder auf andere Weise verborgene Wasserdüsen, mit denen Gartenbesucher zur Belustigung der Gesellschaft naß gespritzt werden können. W. wurden oft in begehbaren → Grotten kombiniert mit figürlichen → Automaten in Form von Tieren (wassertrinkende oder singende Vögel, → Schwetzingen) oder Androiden (→ Brunnen und Grotten in → Pratolino). Bedeutende Beispiele für reiche W. im Garten sind die Villa d'Este in → Tivoli oder Schloß Hellbrunn in → Salzburg. → Wasser, → Wasserorgel, → Vexierwasser.

Watelet, Claude-Henri (1718–1786), französischer Maler und Kunsttheoretiker. W. verfaßte 1774 den *Essay sur les jardins* (dt. *Versuch über die Gärten des Herrn Watelet*, Leipzig 1776). W. war befreundet mit dem Maler François Boucher (1703–1770), der in dem von ihm gestalteten Garten von Moulin mitwirkte. Für W. charakteristische Gestaltungsmittel sind ein formaler Grundriß, idyllische Partien mit scheinbarer »Wildnis« und architektonische Versatzstücke ohne den in englischen → Landschaftsgärten üblichen emblematischen Charakter.

Weber, Roland (1909–1997), Düsseldorfer Gartenarchitekt, der bereits in den 30er Jahren insbesondere bei der

Gestaltung von Hausgärten tätig war. W.s Hauptwerk jedoch fällt in die 50er und 60er Jahre. Ausgehend von dem Vorbild des englischen → Landschaftsgartens, waren sanft modellierte Rasenflächen mit sparsam akzentuierenden Gruppen von Bäumen und Büschen die wichtigsten Gestaltungsmittel in W.s puristischer Gartenkonzeption. Farbe erzielte W. durch das Laub der Bäume, während er auf Blumen entweder ganz verzichtete oder deren Einsatz vorzugsweise auf die Farben Weiß und Blau beschränkte. Weitere Akzente setzte er durch die Integration einzelner moderner Skulpturen in das gärtnerische Umfeld. Als Beispiel für W.s private Gartengestaltung ist zu nennen die Villenkolonie (darunter Webers eigenes Wohnhaus) »An der alten Mühle« in Kalkum bei Düsseldorf. Seit seinem Tod wird das Büro von den Landschaftsarchitekten Klaus Klein und Rolf Maas weitergeführt. Die 1997 gegründete Stiftung Roland Weber fördert u. a. die Ausstattung des → Corps de logis von Schloß Benrath in → Düsseldorf.

Wegesysteme → Achse, → Alleen, → belt, → Berceau, → Croix de St. André, → Étoile, → Jagdgarten (Jagdstern), → Laubengang, → Patte d'oie, → Serpentine

Weikersheim, Schloßgarten, 1709 wurde der Schloßgarten von Weikersheim an der Tauber (Baden-Württemberg) am Stammsitz der Fürsten von Hohenlohe, einer ehemaligen Wasserburg, angelegt. Der durch eine → Orangerie abgeschlossene → Lustgarten mit seinen → Parterres und → Pavillons wird von Kastanienalleen von den Nutzgärten abgetrennt. Der Garten ist v. a. aufgrund seiner Skulpturen von Bedeutung, die u. a. einen Zwergenreigen (→ Callotzwerg, → Gartenzwerg) darstellen. Die zwergenhaften Karikaturen des Hofstaates sind an einer Balustrade an der Gartenseite aufgestellt.

Weimar, Park an der Ilm, die Parkanlage bildet ilmaufwärts mit dem Schloßpark Belvedere mit Rokokoschloß, Kavaliershäusern, → Orangerie, Landschaftsgarten, Schmuckplätzen, Sondergärten mit Kübelpflanzen

und Blumenschmuck, ilmabwärts mit dem Schloßpark Tie-
furt einen sieben Kilometer langen Grünzug, der in den
70er Jahren des 18. Jh.s im englischen Landschaftsstil geprägt ist und als Gesamtkunstwerk in enger Beziehung
zur geistesgeschichtlichen Entwicklung Weimars steht.
Die Gestaltung der Weimarer Parkanlage im »neuen Ge-
schmack« ist eng mit → Goethes Wirken verbunden. Im
April 1776 schenkt Herzog Carl August dem jungen Dichter das Gartenhaus im Ilmtal, das Goethe nach seinen Vorstellungen umbaute. Den zum Grundstück gehörenden
Garten ließ er terrassieren und dreiteilig gestalten: am
Hangbereich hinter dem Haus wurden parkartig Laub-
und Nadelgehölze gepflanzt, Wege und Treppen gestaltet,
im nördlichen Bereich wird eine Obstwiese und vor dem
Haus ein Gemüse- und Blumengarten angelegt. Auf den
Namenstag der Herzogin Luise am 9. Juli 1778 datierte
Goethe die eigentliche Geburtsstunde des Weimarer Parks,
den Beginn einer neuen Ära der Gartenkunst in Weimar.
Für die Feierlichkeiten entwarf er eine Einsiedelei, das sog.
»Luisenkloster«, das Carl August 1784 als Borkenhäus-
chen umbauen ließ und zu zeitweiligem Rückzug nutzte.
Weitere Denkmäler, skulpturale Staffagen und Pflanzungen
ergänzten die Parkanlagen in den Folgejahren. Eine In-
schrifttafel (1782) betont die Freundschaft zwischen Herzog Carl August und dem Fürsten Franz von Anhalt-Dessau, von dessen → Wörlitzer Anlage wesentliche Impulse
für den Weimarer Park ausgegangen waren. In den Jahren
1792–98 wurde, der Vorstellung einer Ideallandschaft folgend, für den Herzog das ›Römische Haus‹ als Gartenresi-
denz im Baustil einer italienischen Villa errichtet. Der
Pflanzenkunde und -kultur galt in den ersten beiden Jahr-
zehnten des 19. Jh.s das Hauptinteresse des Herzogs, so
daß vielfältige Pflanzungen zwischen dem Römischen
Haus und dem Schloß erfolgten. Der Tod des Herzogs
Carl August im Jahre 1828 bedeutete auch das Ende der
Parkentwicklung in Weimar.

Welsch, Johann Maximilian von (1671–1745), Ingenieur und Architekt. W., der die barocke Architektur in Rom, Paris und Wien studierte, arbeitete seit 1704 als Festungsbauer, später insbesondere als Gartenarchitekt im Dienst des Kurfürsten Lothar Franz von Schönborn. Für Schönborn gestaltete W. unter der Mitarbeit des leitenden Gärtners Johann Kaspar Dietmann die Gärten des Schlosses Favorite (zerstört) bei → Mainz (1711–24) sowie der Gärten von Schloß Pommersfelden (1714–17) und Gaibach in Franken. Die Schlösser und ihre Gärten sind durch die Stiche Salomon Kleiners überliefert: *Die kurfürstlich Mainzische Favorita* (1726), *Die hochgräflich Schönbornischen Schlösser Weissenstein ob Pommersfelden und Gaibach* (1728). Mit der → Orangerie in Fulda erbaute W. 1722–24 auch einen der bedeutendsten Orangeriebauten in Deutschland.

Werkzeuge → Gartengeräte

Weyhe, Maximilian Friedrich (1775–1846), deutscher Gartenarchitekt. Der Sohn des Hofgärtners Joseph Clemens Weyhe aus Bonn wurde in der Gartenbaukunst bei seinem Onkel Peter Joseph Lenné d. Ä., Hofgärtner in Brühl, unterwiesen. Auf seine Lehrjahre folgten Studienaufenthalte in München und Schönbrunn bei Wien, wo er auch botanische Studien betrieb. Möglicherweise machte er die Bekanntschaft mit Gabriel → Thouin. Seit 1801 war W. als Hofgärtner in Köln und als Lehrer für → Botanik tätig. 1803 erfolgte ein Ruf nach Düsseldorf, wo Weyhe u. a. durch die Gestaltungen öffentlicher Gartenanlagen seinen über Düsseldorf hinausweisenden Ruhm begründete. Seine gärtnerischen Fähigkeiten bewies er insbesondere in der Bearbeitung kleinerer Anlagen von privaten Gärten, Kurparks sowie Stadtgärten in der niederrheinischen Region. Letztlich der Tradition des frühen Landschaftsgartens verhaftet, bildete W. darüber hinaus auch eigene und charakteristische Gestaltungsprinzipien aus wie z. B. das Zusammenziehen einzelner Gartenabschnitte in großzügigen

Blickachsen oder die Komposition von Bäumen im Rondell. Weyhe wurde zum bedeutendsten Landschaftsgärtner in Nordwestdeutschland. Seine fundierten botanischen Kenntnisse manifestierten sich neben seiner Lehrtätigkeit u. a. auch in der Veröffentlichung eines Arzneipflanzenwerks (*Plates medicales*, 1827).

Whately, Thomas (gest. 1772), englischer Politiker und Schriftsteller. Die 1770 in London erschienenen *Observations on Modern Gardening Illustrated by Descriptions* des Tory-Parlamentariers gelten als die erste theoretische Schrift zum Landschaftsgarten. Stilistisch den Gestaltungsprinzipien Lancelot »Capability« Browns nahestehend, hatte Whately großen Einfluß u. a. auf → Hirschfeld. Whately bestimmte als erster die Gartenkunst als eigenständige Disziplin unter den Künsten.

Wien, Schloßgarten Belvedere, das von Johann Lukas von → Hildebrandt für Prinz Eugen von Savoyen erbaute Belvedere in Wien (ab 1693) ist das bedeutendste der zahlreichen, mit aufwendigen Gartenanlagen ausgestatteten Lust- und Sommerhäuser, die sich der Wiener Adel in der ersten Hälfte des 18. Jh.s erbauen ließ (→ Gartenpalais). Es setzt sich aus zwei Bauten zusammen, dem Unteren Belvedere (1716 fertig) und dem Oberen Belvedere (1721 begonnen). Ursprünglich war das im Tal gelegene Untere B. als Wohnhaus geplant, hinter dem sich – wie in → Schönbrunn – ein terrassierter Garten nach dem Vorbild von Gärten der italienischen Renaissance (z. B. → Caprarola) in Hanglage bis zu einem Belvedere als Abschluß der Gesamtanlage erstrecken sollte. Eine Planänderung jedoch sah einen zweiten Bau als neues Hauptschloß (Oberes Belvedere) vor und zog einen Richtungswechsel in der Umgestaltung des bereits angelegten Gartens in französischer Manier nach sich. Genau entgegengesetzt zur ersten Planung bildete nun das Untere Belvedere den Abschluß des Gartens, der sich in weiten Stufen den Hang hinabzieht. Für die Gartengestaltung wurde der Münchner Hofgärtner Dominique → Girard herangezogen. Das ursprüngliche Aussehen der vom Hauptschloß ausstrahlenden Gartenteile ist durch ein Stichwerk (1731–40) Salomon Kleiners überliefert, das Schloß und Garten Belvedere gewidmet ist.

Wien, Schloßgarten Schönbrunn, Josef I. von Habsburg plante unmittelbar nach seiner Kaiserkrönung 1690 einen Schloßneubau in Schönbrunn bei Wien und verpflichtete dafür Johann B. Fischer von Erlach (1656–1723). Die Ausgestaltung des Gartens – vielleicht nach den Entwürfen Fischer von Erlachs – lag in den Händen des französischen Gärtners Jean → Trehet, der seit 1690 in höfischen Diensten in Wien stand. Bis 1705 entstand das langgestreckte, von Boskettiräumen flankierte → Parterre nach französischen Vorbildern. Die Arbeiten kamen dann zum Erliegen und wurden erst ab 1743 von Kaiserin Maria Theresia wiederaufgenommen, die den Garten so ausgestalten ließ, wie er sich in den Grundzügen heute noch präsentiert. Das Parterre wird bestimmt durch hohe Hecken- und Baumwände, in deren Nischen Statuen aufgestellt wurden. Der Garten, der streng axial auf das Schloß ausgerichtet ist, steigt nach italienischem Vorbild über einen Hang an, der ursprünglich mit → Terrassen und → Wasserspielen bestückt werden sollte. Von den Planungen wurde nur die 1770 erbaute offene Säulenhalle (→ Gloriette) als → Belvedere verwirklicht. Wie für den Schloßgarten Belvedere in → Wien wirkten auch in Schönbrunn französische und italienische Vorbilder gleichermaßen auf die Gartengestaltung ein.

Wintergarten, man unterscheidet öffentliche und private Wintergärten. Im 19. Jh. wurden nach dem Vorbild der englischen Kristallpaläste von → Loudon und → Paxton riesige und parkähnlich geräumige Wintergärten angelegt, wie z. B. der W. im Regents Park in London (1846) oder der Jardin d'Hiver in Paris (1847). Die teils tropisch temperierten Wintergärten ermöglichten ein öffentliches Promenieren im Grünen auch in der kalten Jahreszeit und konnten wie die fürstlichen → Orangerien des Barock als Festsaal genutzt werden. Darüber hinaus wurden Wintergärten in kleinerem Format an öffentliche und private Gebäude und Wohnhäuser angegliedert. Den bürgerlichen, privaten W. leistete sich ein aufstrebendes und wohlhabendes Bürgertum insbesondere in der zweiten Hälfte des 19. Jh.s. Als das früheste Beispiel eines privaten W.s gilt bezeichnenderweise derjenige von John Claudius → Loudon, den dieser nach eigenem Entwurf 1824 für sein Wohnhaus errichten ließ. Seit etwa 1860 gehörte der W. zur üblichen Ausstattung einer Villa. → Gewächshaus, → Palmenhaus.

Wise, Henry (1653–1738), königlicher Hofgärtner zur Regierungszeit von König William III. (1689–1702) und Königin Anne (1702–1714), gehört zu den letzten Vertretern des formalen Stils in der englischen Gartenkunst. Ab etwa 1688 arbeitete W. mit George London zusammen. Vor 1700, in Absprache mit diesem, konzentrierte sich W. auf die Königlichen Gärten, während London die Landsitze besuchte und betreute. 1699 nahm er die Arbeiten in Hampton Court auf, wo er u. a. im nördlichen Parkabschnitt das berühmt gewordene → Labyrinth anlegte. Nach ihrem Regierungsantritt im Jahre 1702 beauftragte Königin Anne W. mit der Umgestaltung einer Reihe von königlichen Anlagen. Von 1706 bis 1716 war W. an Gestaltungsarbeiten in Blenheim beteiligt.

Wörlitz, Park bei Dessau, der als erste nach den Ideen des englischen Landschaftsgartens gestaltete Anlage auf dem Kontinent gilt. Fürst Leopold Friedrich Franz v. Anhalt-Dessau (1740–1817), inspiriert von ausgedehnten England- und Italienreisen, ließ in den Jahren 1769–73 (Erweiterungen bis 1813) das Terrain am Wörlitzer See, eine mit der Elbe verbundene Niederungslandschaft (120 ha) nach Plänen seines Architekten Friedrich Wilhelm von → Erdmannsdorff und seines Hofgärtners Johann Friedrich → Eyserbeck zu einem Gesamtkunstwerk umgestalten. Angeregt durch die Bekanntschaft mit Johann Joachim Winckelmann (1717–1768) und dessen *Geschichte der*

Der englische Garten in Wörlitz
Nischen im Rundteil des Labyrinths
(Foto: Manfred Paul)

Kunst des Altertums, studiert der Fürst Werke der Antike. Ideengeschichtlich ist in Wörlitz der Rückgriff auf die Antike als sinnstiftende Form besonders augenfällig. Eine vermittelnde Rolle spielt der englische → Palladianismus. Der See der Anlage, durch künstlich angelegte Kanäle mit weiteren Teichen verbunden, windet sich in weitgezogenen Schleifen um Schloß und Park. An Uferstreifen und künstlichen Inseln erschließen sich wechselnde Parkbilder, die eine Rezeption der Anlage in fünf Akten mit sieben Szenen ermöglicht. Auf dem gesamten Weg durch den Park wird der Besucher mit Inschriften, Architekturen und Skulpturen von aufklärerischen Topoi begleitet. Die Rousseauinsel, Ermenonville nachgebildet, ist als Hommage an Jean-

Jacques → Rousseau zu verstehen. Pendant hierzu ist die Johann Gottfried Herder (1744–1794) gewidmete Insel. Von einer Bethöhle des Eremiten führt der Weg zur Zelle des Mystagogen. Das Gotische Haus (1769–90) – als Privatwohnung des Fürsten geplant und in mehreren Bauphasen erweitert – gilt als eine der Hauptattraktionen von Wörlitz.

Wohngarten, Privatgarten, neuer Begriff für den Hausgarten seit etwa 1930, der u. a. erstmals von Harry → Maaß, einem Theoretiker des modernen, expressionistischen Gartens (*Gartentechnik und Gartenkunst*, Nordhausen 1931), angewandt wurde.

Wolseley, Lady Frances (1872–1936), gründete 1904 das erste Ausbildungsinstitut für Frauen, die sich als Gärtnerinnen ausbilden wollten: die »Glynde School for Lady Gardeners«. W. leitete damit eine Entwicklung ein, die Frauen fortan dazu ermunterte, sich wissenschaftlich und professionell mit Gartenkunst auseinanderzusetzen. Zu ihren Befürwortern gehörten Gertrude → Jekyll und William → Robinson.

Wurzgarten, (spät)mittelalterliche Bezeichnung für einen → Kräuter- und Gewürzgarten, später auch für einen → Blumengarten, z. B. beschrieben in dem Minnelied *Von dem Mayenkrantz* eines unbekannten Dichters aus dem 15. Jh. oder in der Liedersammlung der Nonne Clara Hätzerlein von 1471.

——————— X, Y ———————

Xystus (lat., von altgriech. *xystos*), als Teil der römischen Villa, überdachte, teils gepflasterte, teils bepflanzte → Terrasse oder → Promenade im Garten, die auf drei Seiten von Kolonnaden umgeben ist.

Yerres, Nebenfluß der Seine; wenige Kilometer südöstlich von Paris mit dem Yerres-Tal und gleichnamiger Ortschaft (heutiges Département Essonne). Zu großer Bekanntheit gelangte Yerres durch den Garten des Künstlers Gustave Caillebotte (1848–1894), impressionistischer Maler im Kreis von Auguste Renoir und Claude Monet. Caillebotte malte zahlreiche Ansichten des Familienbesitzes (erworben 1860). Die Anlage mit klassizistischem Landhaus und großräumigem Landschaftsgarten im englischen Stil weist darüber hinaus verschiedene freistehende Gebäude wie Zierbauernhof, schweizerisches Haus (Holzbau mit Molkerei), Orangerie, Kapelle, Exedra u. a. m. auf. Die zwischen 1814 und 1848 entstandene Anlage wurde als typischer Landsitz der Pariser gehobenen Mittelklasse im 19. Jh. von Caillebotte intensiv gepflegt. In die zwei Jahre nach Verkauf von Yerres (1879) erworbene Anlage von Petit Genneville ließ er seine in Yerres erworbenen gärtnerischen Kenntnisse einfließen. Er konzipierte seinen Garten nach farbtheoretischen Grundsätzen und neuesten botanischen Erkenntnissen. Den Obstgarten legte er nach ästhetischen und ökonomischen Gesichtspunkten an. Dank der Konstruktion eines Gewächshauses mit Heißluftofen gelang dem Künstler die Kultivierung von exotischen Gewächsen. In gartenkünstlerischen Fragen stand Caillebotte mit Claude Monet, der sich in → Giverny einen Garten angelegt hatte, in ständigem Austausch.

Z

Zaun (von althochdt. *zun* ›Einfriedung‹), ursprünglich aus Holz oder Gerten geflochtene Einfriedung, die die ältere, aus lebenden Pflanzen gebildete → Hecke als Umgrenzung eines Bezirks ersetzt. Der Z. dient als Schutz vor Eindringlingen und zur Abgrenzung des privaten Eigentums. Dabei wurde der Z. zunehmend kunstvoll gestaltet und konnte auch aus anderen Materialien wie Eisen (→ Ziergitter) geformt sein.

Ziegel (lat. *tegula* ›Dachziegel‹) → Terrakotta

Ziergitter, schmiedeeiserne Gitter dienten zunächst ausschließlich praktischen Zwecken, bis sie um 1300 kunstvolle Formen insbesondere in der sakralen Kunst, etwa als Chorgitter, entwickelten. Im 17. und 18. Jh. gewinnen Z. als Gestaltungselement der profanen Architektur an Bedeutung. Als Abgrenzung eines Platzes nehmen sie in der Gestaltung Bezug auf die große Architektur (z. B. die verlorenen Gitter vor der Würzburger Residenz). In der Gartenarchitektur wurden Z. als Brüstung und Geländer von → Terrassen und Treppen verwendet sowie als Gartentore in die Umfassungsmauern eingelassen. Neben dem herrschaftlichen Monogramm entfaltete sich an den Gittern ein üppiger Ornamentschmuck aus Rocaille (Muschelwerk) und pflanzlichen Motiven. Sowohl in Deutschland als auch in Frankreich entstanden meisterhafte Formen. In der Gartenkunst konnten Z. zudem aus anderen, natürlichen Materialien hergestellt werden und traten damit in Zusammenhang mit den hölzernen → Treillagen. So wurde Pierre Le Nôtre, der Großvater von André → Le Nôtre (1631–1700), dem berühmten Gartenarchitekt von Versailles, mit einem kunstvoll verzierten Gitter aus Weiden- und Haselnußruten als Meister in die Pariser Gärtnerzunft aufgenommen.

Zimmergarten, der Z. gehört zur bürgerlichen Gartenkultur des 19. Jh.s, Blumen und Pflanzen wurden im Innenraum kultiviert, am Fenster, oder in einem Mini-Gewächshaus wie dem → Wardschen Kasten. Ein Protagonist des Z.s war in Deutschland Jakob Ernst von Reider (→ Blumisterei). → Wintergarten.

Zirkel, großes, kreisförmiges → Parterre im Schloßpark von → Schwetzingen. Waren kreisförmige Gartenräume im → Boskett keine Seltenheit (→ Rondell), so ist die Kreisform für ein Parterre einmalig. Die ungewöhnliche Form wurde von dem Hofgärtner Ludwig → Petri entworfen und von Nicolas → de Pigage umgestaltet. Sie geht wahrscheinlich zurück auf das strahlenförmige, von einem kreisförmigen Platz ausgehende Schneisensystem eines → Jagdgartens.

Zirkelhaus, kreis- oder halbkreisförmig angeordneter Bau v. a. in barocken Gartenanlagen (→ Schwetzingen), der sich in der Anlage von → Jagdgärten herleitet und ursprünglich der Tierhaltung diente.

Zitrusbäumchen, die ursprünglich aus Asien stammenden Gewächse gelangten bereits in der Antike nach Europa. Neben der schon bei Vergil (70–19 v. Chr.) bekannten Zitronatzitrone, die dieser »goldener Apfel« nannte (vgl. dazu auch die Gärten der → Hesperiden), wurden im 11. Jh. die → Pomeranze (Bitterorange) und im 13. Jh. die Zitrone in Europa angebaut. Z. wurden zunächst in Sizilien und durch die Araber vermittelt auch in Spanien (Cordoba, Garten im Hof der Moschee: Patio de los Aranjos, um 976 n. Chr.) kultiviert. Seit der zweiten Hälfte des 16. Jh.s wurden die Pflanzen auch in Deutschland eingeführt. Die immergrünen, Früchte und Blüten gleichzeitig tragenden Z. waren wegen ihres Duftes und Symbolgehaltes (Symbol des ewigen Lebens, Herkulesikonographie, Hesperiden) die beliebtesten Pflanzen des architektonischen Gartens des Barock (→ Orangerie).

Zoologischer Garten → Tiergarten

Zwinger, Raum zwischen den Mauern der Befestigungs-
anlage einer Burg oder Stadt, wo auch wilde Tiere gehalten
wurden. Der sog. Zwinger in Dresden, 1711–28 von Matthäus Daniel Pöppelmann (1662–1736) erbaut, ist ein Fest-
und → Orangeriegebäude, dessen Name aufgrund der bau-
lichen Lage an einer ehemaligen Bastion geprägt wurde.
Formal gilt der Bau als außergewöhnliche und einmalige
Umsetzung einer ephemeren Festarchitektur für höfische
Turnierspiele (→ Spiele) in Stein. Die durch einen langen,
eingeschossigen Galerietrakt verbundenen und von Bogenga-
lerien exedraartig umfaßten → Pavillons öffneten sich ursprünglich nach Nordosten hin zum Elbufer in Gärten und
Wasserkaskaden. Die heute rundum geschlossene Anlage
entstand durch den von Gottfried Semper 1834 errichteten
Anbau einer Gemäldegalerie.

Ausgewählte Gärten in Europa

Deutschland

Bamberg, Schloß Seehof/Marquardsburg (→ Seehof)
Bayreuth, Schloßgarten Eremitage
Bayreuth, Sanspareil
Brühl, Garten von Schloß Augustusburg
Düsseldorf, Schloß und Park Benrath
Hannover, Königliche Gärten Herrenhausen
Hombroich (bei Neuss), Museumsinsel
Kassel, Schloßpark Wilhelmshöhe
Mainz, Schloßgarten Favorite (nicht mehr erhalten)
München, Englischer Garten
München, Schloßpark Nymphenburg
Muskau, Schloßpark
Potsdam, Park Schloß Sanssouci
Schwetzingen, Schloßgarten
Stuttgart, Schloßgarten Solitude (nicht mehr erhalten)
Veitshöchheim, Hofgarten
Weikersheim, Schloßgarten
Weimar, Park an der Ilm
Wörlitz (bei Dessau), Schloßpark

Frankreich

Fontainebleau, Schloßgarten
Giverny, Fondation Claude Monet
Lunéville, Gärten des Stanislaus Leszczyński
   (nicht mehr erhalten)
Marly-le-Roi, Schloßgarten
Paris, Cimetière du Père Lachaise

Saint-Germain-en-Laye, Schloßgarten
Vaux-le-Vicomte (bei Melun), Schloßgarten
Versailles (bei Paris), Schloßgarten
Villandry (Indre-et-Loire), Schloßgarten

Großbritannien

Blenheim (Oxfordshire)
Castle Howard (Yorkshire)
Chatsworth (Derbyshire)
Chiswick (bei London)
Dungeness (Kent)
Rousham (Oxfordshire)
Stonypath (bei Edinburgh), Little Sparta
Stourhead (Wiltshire)
Stowe (Buckinghamshire)

Italien

Bagnaia, Garten der Villa Lante
Bomarzo, Sacro Bosco
Caprarola, Park des Palazzo Farnese
Caserta, Schloßpark, Palazzo Reale
Florenz, Boboli-Garten, Palazzo Pitti
Florenz-Castello, Villa Medicea di Castello
Florenz-Castello, Villa Medicea La Petraia
Frascati, Garten der Villa Aldobrandini
Garavicchio (Prov. Grosseto), Skulpturengarten
Maser, Villa Barbaro
Pratolino (bei Florenz), Parco Demidoff
Tivoli, Garten der Villa d'Este

Niederlande

Apeldoorn, Schloßgarten Het Loo (→ Het Loo)
Heemstede (bei Utrecht), Schloßgarten
Hoge Veluwe, Nationalpark bei Otterlo

Österreich

Laxenburg (bei Wien), Schloßpark Laxenburg
Salzburg, Schloßgarten Hellbrunn
Salzburg, Schloß Mirabell
Wien, Schloßgarten Belvedere
Wien, Schloßgarten Schönbrunn

Schweiz

Sankt Gallen, Klostergarten (nicht mehr erhalten)

Spanien

Aranjuez (bei Madrid), Schloßgarten
Barcelona, Park Güell
Escorial (bei Madrid), Schloßgarten
Granada, Gärten der Alhambra
Granada, Gärten der Generalife
Madrid, Park Buen Retiro
San Ildefonso (bei Segovia), Schloßgarten von La Granja

Literaturhinweise

Quellen

Addison, Joseph: Description of a Garden in Natural Style. In: The Spectator Nr. 477, 1711–12.

Blondel, Jean François: De la distribution des maisons de plaisance, et de la décoration des édifices en général. Paris 1737–38.

Boyceau, Jacques: Traité du jardinage selon les raisons de la nature et de l'art. Paris 1638.

Chambers, William: A Dissertation on Oriental Gardening. London 1772. – Reprogr. Nachdr. Farnborough 1972.

Colonna, Francesco: Hypnerotomachia Poliphili. Venedig 1499. – Reprogr. Nachdr. Padua 1980.

Dézallier d'Argenville, Antoine Joseph: La Théorie et la Pratique de Jardinage. Paris 1709.

Hirschfeld, Christian Cay Lorenz: Theorie der Gartenkunst. Leipzig 1782.

Loudon, John Claudius: Encyclopaedia of Gardening. London 1822. (Dt.: 4 Bde. Weimar 1823–26.)

[Plinius, Gaius Caecilius Secundus:] C. Plini Caecili Secundi Epistularum libri decem / Gaius Plinius Caecilius Secundus: Briefe. Lat.-dt. Hrsg. von Helmut Kasten. München 1968.

Pope, Alexander: An Essay on the Pleasures of the Garden. In: The Spectator Nr. 477, 1712.

Rousseau, Jean-Jacques: Julie ou la Nouvelle Héloïse. Lettre de deux amants habitants d'une petite ville au pied des Alpes. Amsterdam 1761. (Dt. Ausg.: München 1978.)

Sckell, Friedrich Ludwig: Beiträge zur bildenden Gartenkunst. München 1825.

Varro, Marcus Terentius: Rerum rusticarum libri tres. Venedig 1472. (Engl. Ausg.: London 1973.)

Vitruv: Zehn Bücher über Architektur. Übers. und mit Anm. versehen von Curt Fensterbusch. Darmstadt 1964.

Walpole, Horace: Essay on Modern Gardening. 1785 (1770). In deutscher Übers. von August Wilhelm Schlegel hrsg. von Frank Maier-Solgk, Heidelberg 1994.

Watelet, Claude-Henry: Essay sur les jardins. Paris 1774.

Allgemeine Darstellungen

Adams, William Howard: The French Garden 1500–1800. London 1979.

Bazin, Germain: DuMont's Geschichte der Gartenbaukunst. Köln 1990.

Berckenhagen, Ekhart: Deutsche Gärten vor 1800. Hannover/Berlin [u. a.] 1962.

Beuchert, Marianne: Symbolik der Pflanzen. Frankfurt a. M. / Leipzig 1996.

Bienfait, A. G.: Oude Hollandsche tuinen. 2 Bde. 's-Gravenhage 1943

Böhme, Gernot / Böhme, Hartmut: Feuer, Wasser, Erde, Luft. Eine Kulturgeschichte der Elemente. München 1996.

Börsch-Supan, Eva: Garten-, Landschafts- und Paradiesmotive im Innenraum. Berlin 1967.

Brown, Jane: Kunst und Architektur englischer Gärten. Entwürfe aus der Sammlung des Royal Institute of British Architects von 1609 bis heute. Stuttgart 1991.

Bucher, Annemarie (Red.): Vom Landschaftsgarten zur Gartenlandschaft. Gartenkunst zwischen 1880 und 1980. Hrsg. vom Archiv für Schweizer Gartenarchitektur und Landschaftsplanung. Zürich 1996.

Buttlar, Adrian von: Der Landschaftsgarten. München 1980.

– Der Landschaftsgarten des Klassizismus und der Romantik. Köln 1989.

Carroll-Spillecke, Maureen: Der antike griechische Garten. München 1989.

Chatfield, Judith: Die schönsten italienischen Gärten. Köln 1991.

Clark, H. F.: The English Landscape Garden. London 1948. (Gloucester 1980.)

Clark, Ronald: Gärten 1999/2000. Der Reiseführer zu privaten und öffentlichen Parks und Gärten in Deutschland. Hrsg. von der Deutschen Gesellschaft für Gartenkunst und Landschaftskultur. München 1999.

Clifford, Derek: A History of Garden Design. London 1962. (Dt.: Geschichte der Gartenkunst. München 1966.)

Cowel, Frank Richard: Gartenkunst. Von der Antike bis zur Gegenwart. Stuttgart/Zürich 1978.

Dami, Luigi: Il giardino italiano. Mailand 1924.

De Jong, Erik: Natuur en kunst. Nederlandse tuin- en landschaps-architectuur 1650–1740. Amsterdam 1995.

Dennerlein, Ingrid: Die Gartenkunst der Régence und des Rokoko in Frankreich. Diss. München 1962. (Bamberg 1972, Worms 1981.)

Dohna, Ursula Gräfin zu: Gärten und Parke in Ostpreussen. 400 Jahre Gartenkunst. Herford 1993.

Elliot, Brent: Victorian Gardens. London 1986.

Forkl, Hermann (Hrsg.): Die Gärten des Islam. Stuttgart 1993.

Franzen, Brigitte: Die vierte Natur. Gärten in der zeitgenössischen Kunst. Köln 2000.

Ganay, Ernest de: Les jardins de France et leur décor. Paris 1949.

– Bibliographie de l'art des jardins. Paris 1989.

Gothein, Marie-Luise: Geschichte der Gartenkunst. 2 Bde. Jena 1914. – Nachdr. der 2. Auflage von 1926: Geschichte der Garten-kunst. Hildesheim / New York 1977.

Hansmann, Wilfried: Gartenkunst der Renaissance und des Barock. Köln 1983.

Harvey, John: Medieval Gardens. London 1981.

Hennebo, Dieter: Das Berufsbild des Garten- und Landschaftsar-chitekten. Hrsg. vom Bund deutscher Landschaftsarchitekten. München 1973.

– Gartendenkmalpflege. Grundlagen der Erhaltung historischer Gärten und Grünanlagen. Stuttgart 1985.

– Gärten des Mittelalters. München/Zürich 1987.

– / Hoffmann, Alfred: Geschichte der deutschen Gartenkunst. 3 Bde. Königstein 1983.

Hobhouse, Penelope: Illustrierte Geschichte der Gartenpflanzen. München/Wien 1999.

Jesberg, Paulgard: Lust zum Gartenhaus. Kulturgeschichtliche Be-trachtungen zum Gartenhaus. Münster 1995.

Keller, Herbert: Kleine Geschichte der Gartenkunst. Berlin 1994.

Kern, Hermann: Labyrinthe. Erscheinungsformen und Deutungen. 5000 Jahre Gegenwart eines Urbildes. München 1982.

Kluckert, Ehrenfried: Gartenkunst in Europa. Von der Antike bis zur Gegenwart. Köln 2000.

Krückemeyer, Thomas: Gartenstadt als Reformmodell. Siedlungs-konzeption zwischen Utopie und Wirklichkeit. Siegen 1997.

Lauterbach, Iris: Der französische Garten am Ende des Ancien Régime. »Schöne Ordnung« und »geschmackvolles Ebenmaß«. Worms 1987.

– Bibliographie der französischen Gartenliteratur im 18. Jahrhundert. In: Das 18. Jahrhundert 15 (Marburg 1991) S. 193–205.

Laws, Bill: Künstler und ihre Gärten. München 1999.

Mac-Dougall, Elisabeth / Franklin Hamilton Hazlehurst (Hrsg.): The French Formal Garden. Dumbarton Oaks Colloquium on the History of Landscape Architecture III. Washington 1974.

Mader, Günter: Gartenkunst des 20. Jahrhunderts. Gartenarchitektur und Landschaftsarchitektur in Deutschland. Stuttgart 1999.

Mägdefrau, Karl: Geschichte der Botanik. Leben und Leistung großer Forscher. Stuttgart 1973.

Mayer-Tasch, Peter Cornelius / Mayerhofer, Bernd (Hrsg.): Hinter Mauern ein Paradies. Der mittelalterliche Garten. Frankfurt a. M. 1998.

Müllenbrock, Heinz-Joachim: Der englische Landschaftsgarten des 18. Jahrhunderts und sein literarischer Kontext. Göttingen 1986.

Panten, Helga: Die Bundesgartenschauen. Eine blühende Bilanz seit 1951. Stuttgart 1987.

Park und Garten im 18. Jahrhundert. Colloquium der Arbeitsstelle 18. Jahrhundert der Gesamthochschule Wuppertal. Heidelberg 1978.

Plumptre, George: Great Gardens. Great Designers. London 1996.

Ree, Paul van der / Smienk, Geerit / Clemens Steenbergen: Italian Villas and Gardens. Amsterdam 1992.

Racine, Michel: Le Guide des Jardins de France. [o. O.] 1990.

Segall, Barbara: Gärten in Spanien und Portugal. Ein Reiseführer zu den schönsten Gartenanlagen. Basel 2000.

Spillecke, M. Caroll: Kepos. Der griechische Garten. Berlin 1989.

Strong, Roy: The Renaissance Garden in England. London 1979.

Taylor, Patrick: Period Gardens. London 1991.

Thacker, Christopher: Die Geschichte der Gärten. Zürich 1979.

Vercelloni, Virgilio: Historischer Gartenatlas. Eine europäische Ideengeschichte. Stuttgart 1994.

Weilacher, Udo: Zwischen Landschaftsarchitektur und Land Art. Basel 1996.

Wiewelhove, Hildegard (Hrsg.): Gartenfeste. Das Fest im Garten, Gartenmotive im Fest. Ausstellung im Museum Huelsmann, Bielefeld. Bielefeld 2000.

Wimmer, Clemens Alexander: Geschichte der Gartentheorie. Darmstadt 1989.

Zu den Autorinnen

MICHAELA KALUSOK, geb. 1961 in Burghausen/Bayern, lebt und arbeitet in Düsseldorf. Studium der Kunstgeschichte, Geschichte und Archäologie in Würzburg mit Promotion über das Thema *Tabernakel und Statue. Die Figurennische in der italienischen Kunst des Mittelalters und der Renaissance*. 1990 Mitarbeiterin beim »Census of the Works of Art and Architecture Known to the Renaissance« in Rom, Bibliotheca Hertziana. 1992/93 Lehraufträge an der Heinrich-Heine-Universität Düsseldorf. 1993–95 Volontariat bei den Staatlichen Museen in Kassel. Seit 2001 Wissenschaftliche Mitarbeiterin beim Aufbau des Gartenkunstmuseums Schloß Benrath in Düsseldorf. Themen- und Arbeitsschwerpunkte: europäische Skulptur und Architektur vom 12. bis zum 18. Jahrhundert; Gartenkunst.

GABRIELE UERSCHELN, geb. 1948 in Meerbusch bei Düsseldorf. Studium der Kunstgeschichte, Philosophie, Pädagogik und Psychologie in Köln. Studienabschluß mit einer Arbeit über das Thema *Klassische und moderne Legitimationsprobleme der Ästhetik*. 1980–2000 Wissenschaftliche Mitarbeiterin am Clemens-Sels-Museum in Neuss und kunstwissenschaftliche Leiterin der Städtischen Kunstsammlungen. 1998 Konzept für das Gartenkunstmuseum im Ostflügel von Schloß Benrath, seit 2000 Leiterin des »Aufbaus Gartenkunstmuseum Schloß Benrath«. Seit 1999 Lehrauftrag an der Heinrich-Heine-Universität Düsseldorf. Themen- und Arbeitsschwerpunkte: englischer und französischer Symbolismus des 19. Jahrhunderts; zeitgenössische Malerei; Mythologie; Naturästhetik und Gartenkunst.

Der Verlag Philipp Reclam jun., Stuttgart, dankt dem Gartenkunstmuseum der Stiftung Schloß und Park Benrath (Düsseldorf), das einen großen Teil der Abbildungen zur Verfügung gestellt hat.